브랜드 연상

소비자는 브랜드를 보며 무엇을 떠올리는가

브랜드

소비자는 브랜드를 보며 무엇을 떠올리는가

연상

지준형 지음

한울
아카데미

머리말

 2002년이었다. 미국 텍사스 오스틴대학교에서 광고학 박사 과정을 밟고 있었다. 선택과목 중 하나로 심리학과에 개설된 "Knowledge Representation(지식 표현, 인지심리학의 분야 중 하나)"이라는 과목을 들었다. 담당 교수는 마크먼 박사(Dr. Markman)였다. 당시 인지심리학에서 떠오르는 별이었다. 마케팅 관련 논문도 다수 발표한 분이었다. 기대 반 걱정 반의 마음으로 수업을 들었다. 2000년 9월에 박사 과정을 시작했기 때문에 이수 수업(coursework)이 거의 끝나가는 시점이었지만 여전히 학위논문의 주제를 결정하지 못한 상태였다. '떠오르는 별의 수업인 만큼 돌파구가 되어주지 않을까'라는 기대가 있었다. 그러나 따라갈 수 있을지 걱정이 되었다. 심리학에 대한 공부가 거의 되어 있지 않았기 때문이다. 결과는 '할렐루야!'였다.

 그야말로 신대륙을 발견한 느낌이었다. 외부 세계에 대한 다양한 정보를 사람이 어떻게 인식하고 머릿속에 저장하는지, 저장된 정보를 어떻게 기억해 내는지에 대한 다양한 이론[공간 표현(spatial representations), 형태 표현(featural representations), 네트워크 모델(network models), 구조 표현(structured representations), 의식 표현(mental representations) 등]을 배웠다. 그중에서도 특히 네트워크 모델 중 하나인 '연상 네트워크 이론(Associative Network Theory)'에 관심이 갔다. 아니 관심 이상이었다. 전율을 느꼈고, 몸에 소름이 돋았다. 초·중·고는 물론 대학 및 대학원 전 과정에 걸쳐 그렇게 몰입했던 수업은 없었다. 매주 한 명씩 한 개의 이론을 맡아 핵심 내용을 발제하고, 두 시간여에 걸쳐 토론을 이끌도록 되어 있었다. 당연히 연상 네트워크 이론을 맡았다. 심리학의 '심' 자도 제대로 모르는 다른 전공 학생이 더군다나 영어로 심리학 박사 과정 학생들과의 토론을 이끄는 일은 결코 쉽지 않았다. 그러나 다행히도 토론이 끝난 뒤 마크먼 교수의 첫마디는 "엑설런트(Excellent)!"였다. 학위논문 주제를 결정한 순간이었다.

나는 박사 과정에 들어가기 전 제일기획에서 AE(Account Executive, 광고기획자)로 근무했다. 삼성전자 전담팀이었고, 담당 제품은 '애니콜'이었다. 삼성전자 '갤럭시'의 조상에 해당된다. 애니콜이 처음 출시된 것은 1988년이다. 서울올림픽을 맞아 휴대폰 시장에 첫발을 내딛은 것이다. 사실 무모한 도전이었다. 휴대폰을 사용하는 사람이 많지 않았고, 기술력도 충분치 않았다. 그보다 더 큰 문제는 '모토롤라(Motorola)'라는 막강 브랜드가 한국을 포함한 전 세계 휴대폰 시장을 장악하고 있었다. 어느 누구도 모토롤라의 아성을 넘볼 수 없었다. 그러나 1994년부터 엄청난 반전이 일어났다.

삼성전자가 처음 휴대폰을 출시했을 때 사용한 브랜드명은 '애니콜'이 아니라 'SH-100'이었다. 브랜드명이라기보다는 '모델명'이었다[물론 AMA(American Marketing Association, 전미 마케팅협회)의 정의에 따르면 모델명도 브랜드명의 일부이다]. 그러다가 1994년부터 애니콜이라는 브랜드명을 사용하기 시작했다. 제일기획의 작품이다. 동시에 "한국 지형에 강하다"라는 슬로건을 사용해 대대적인 광고캠페인을 진행했다. 당시의 휴대폰은 디지털이 아닌 아날로그였다.

전파가 끊기는 경우가 많았고 음질도 좋지 않았다. 국토의 약 70%가 산악 지형인 한국은 휴대폰을 사용하기에 최악의 조건이었다. 지금으로서는 상상하기 어렵지만 '그땐 그랬다'. 그러나 삼성전자와 제일기획은 이를 기회로 삼았다. 통화 성공률을 향상시킨 SH-770 모델을 출시하는 동시에 한국의 지형에 특화된 휴대폰, 즉 한국 지형에 강한 휴대폰임을 강조한 것이다. 이를 입증하기 위해 산, 섬, 오지 등에서 시험 통화가 이루어졌고 해당 장면은 광고를 통해 소비자에게 전달되었다. 토종 브랜드이기 때문에 가능한 차별화였다. 모토롤라는 당황했고 결국 한국의 휴대폰 시장을 애니콜에 내주고 말았다. 1996년 애니콜의 시장점유율은 약 70%에 달했다. 기적이었다. "한국 지형에 강하다" 캠페인 역시 대한민국 광고사에 한 획을 그은 캠페인이 되었다.

그러나 '화무십일홍(花無十日紅)'이었다. 1997년 한국통신프리텔(KT가 1997년에 설립한 이동통신 회사. 2001년에 KT프리텔로 명칭이 바뀌었다가 2009년에 KT에 합병되었다), 한솔PCS(한솔그룹이 1996년에 설립한 이동통신 회사. 2001년에 KT프리텔에 합병되었다), LG텔레콤이 PCS(Personal Communication System) 서비스를 시작했다. 디지털통신의 시대가 열린 것이다. 이전까지 SK텔레콤과 신세기통신(포항제철과 코오롱이 컨소시엄을 구성해 1994년에 설립한 이동통신 회사)이 제공했던 통신 서비스는 아날로그였다. 이러한 변화에 맞춰 애니콜 역시 최초의 PCS폰 SPH-1100을 출시했다. 기술력에는 문제가 없었다. 그러나 "한국 지형에 강하다" 캠페인이 오히려 걸림돌이 되었다. 앞에서 언급한 바와 같이 "한국 지형에 강하다" 캠페인은 통화 성공률에 초점을 맞췄다. 그러나 PCS 휴대폰이 등장하면서 통화 성공률은 더 이상 문제가 되지 않았다. 통화 성공률은 기본이고 깨끗한 통화 음질이 중요해진 것이다. "한국 지형에 강하다"는 통화 음질을 강조하기에 적합하지 않았다. 새로운 캠페인이 필요한 시점이었다. 그러나 전 국민이 기억하는 슬로건을 버리고 새로운 슬로건을 사용하는 것은 쉬운 일이 아니었다. 나이키가 "저스트 두 잇(Just Do It)"이라는 슬로건을 버리고 새로운 슬로건을 사용하는 것을 상상할 수 있을까? 그야말로 끝없는 회의가 이어졌다. 그러나 묘안을 찾기 어려웠다. 결국 새로운 슬로건으로 "작은 소리에도 강하다"가 결정되었다. "한국 지형에 강하다"와의 연결고리를 위해 '강하다'는 유지하되, 통화 성공률을 강조하는 '한국 지형' 대신 통화 음질을 강조하는 '작은 소리'를 사용하기로 한 것이다. 소비자들에게 이러한 변화를 알리기 위해 2017년 10월부터 대대적인 캠페인을 진행했다. 그러나 결과는 참담했다. 한국 지형에 강하다 캠페인 못지않은 물량 공세를 폈는데도 "작은 소리에도 강하다"라는 새로운 슬로건을 기억하는 소비자는 거의 없었다. 결국 1998년 1월, 3개월 만에 캠페인이 중단되었다.

삼성전자에는 낭패였고, 제일기획에는 수모였다. 나 또한 능력이 부족함을 뼈저리게 느꼈다. 사실 당연한 결과였다. 나의 학부 전공은 광고학이 아닌 국사학이었다. 광고 관련 수업은 들어본 적도 없었다. 그러다가 졸업 후 우연히(?) 광고학을 전공하게 되었고 미국 플로리다대학교에서 석사 학위를 받았다. 제일기획에서 근무하면서 광고의 매력에 깊이 빠졌지만 업계에서 성장하기 위해서는 더 많은 공부가 필요했다. 결국 1999년 사직서를 제출하고 광고학으로 박사 학위를 받기 위해 텍사스 오스틴대학교로 향했다. 처음에는 기대와 설렘이 컸다. 브랜드 전략에 대해 다양한 공부를 하고 싶었고 학위 과정이 끝나면 탁월한 브랜드 전략가가 되어 현업으로 복귀할 계획을 세웠다. 그러나 2년이 지나도 갈피를 잡을 수 없었고 심지어 무엇을 공부해야 할지 감조차 잡을 수 없었다. 마크먼 교수의 수업은 이런 나에게 광명이 아닐 수 없었다.

이 책은 그 후로 이어진 나의 공부의 작은 결과물이다. 브랜드 전략에 대한 여러 주제 가운데 특히 '브랜드 연상(Brand Associations)'에 초점을 맞췄다. 브랜드 전략의 핵심이라고 믿기 때문이다. 브랜드 연상에 대한 다양한 이론과 그간의 연구 결과를 정리했고 이러한 이론 및 연구 결과를 현업에 어떻게 적용할 수 있을지에 대한 나의 소견도 제시했다. 브랜드 연상에 초점을 맞춘 최초의 책이라고 자부한다. 그러나 이제 시작일 뿐이다. 브랜드 이미지, 브랜드 정체성, 브랜드 자산, 브랜드 성격, 브랜드 명성, 브랜드 포지셔닝, 브랜드 확장 등 브랜드 전략에 관한 연구 주제는 무궁무진하다. 모두 브랜드 연상과 직간접적으로 연결되는 주제들이다. 이 책의 곳곳에서도 이러한 연결 관계를 언급하고 있다. 향후 브랜드 연상을 중심으로 각 주제를 더욱 깊이 다룬 저술을 이어가고자 한다. 이 책은 이를 위한 첫걸음이다. 이 책을 통해 브랜드 연상과 브랜드 전략에 대한 관심 및 연구가 촉진되길 소망한다.

2019년 8월

지준형

차 례

제1장
들어가며

이 책의 핵심 주제는 '브랜드 연상'이다. 브랜드 연상은 소비자가 특정 브랜드에 대해 떠올릴 수 있는 모든 기억을 말한다. 따라서 브랜드 연상은 해당 브랜드에 대한 소비자의 체험, 지식, 느낌, 평가 등을 대변하며 새롭게 형성되기도 하고 시간이 지남에 따라 잊히기도 한다(Boivin, 1986; Keller, 1993; Krishnan, 1996). 또한 브랜드 연상은 브랜드에 대한 소비자의 체험, 지식, 느낌, 평가 등이 기억 속에 저장되는 정보의 단위로서 소비자에게 해당 브랜드가 어떤 의미가 있는지 유추해 볼 수 있는 근거가 된다(Keller, 1998). 특히 해당 브랜드의 제품속성 또는 혜택과 관련된 연상은 소비자의 브랜드 태도를 높이는 데 도움이 될 뿐만 아니라 해당 브랜드를 구매해야 하는 구체적인 이유를 제공함으로써 구매를 유발할 수 있다(한상만·권준모, 2000; Aaker,1991; Yoo et al., 2000).

그러나 이 책은 브랜드 연상만을 논하지 않는다. 브랜드 연상을 이해하기 위해서는 '브랜드'라는 개념 자체뿐만 아니라 소비자의 기억과 관련해 지금까지 제시된 다양한 이론을 알아야 하기 때문이다. 분명 쉽지 않은 작업이다. 그러나 분명 의미 있는 작업이고 언젠가는 반드시 해야 하는 작업이다. 브랜드 연상이라는 개념이 브랜드에 대한 다양한 논의와 소비자의 기억에 대한 다양한 이론을 연결해 주는 매우 중요한 연결 고리라고 믿기 때문이다. 지금이 바로 그 '언젠가'라는 믿음으로 이 책을 쓴다.

많이 알려진 바와 같이 "브랜드"라는 단어는 노르웨이의 고어 "brandr"에서 유래했다. 의미는 'to burn', 즉 '태우다'이다. 요즘도 그런 경우가 있지만 과거에는 자기가 키우는 가축의 살갗을 불에 달군 인두로 태워서 특정 마크나 심벌(symbol)을 새겨 넣어 그 가축이 자신의 것임을 나타냈다. 브랜드라는 단어는 바로 이런 행위에서 유래된 것이다. 이를 통해 브랜드의 고유한 특성 또는 기능 2가지를 생각해 볼 수 있다. 첫째는 그 대상이 되는 것을 식별 가능하게 해준다는 것, 즉 다른 것으로부터 구분 짓는다는 것이다. 그리고 둘째는 살갗에 불로 새긴 마크나 심벌이 평생 남는 것처럼 브랜드 역시 지속성 또는 일관성이 있다는 것이다. 이 2가지 특성을 결합해 말하면 브랜드는 결국 '그 대상이 되는 것을 지속해서 그리고 일관되게 식별 가능하게 만들어주는 것'이라고 할 수 있다.

브랜드의 이러한 특징을 전미 마케팅협회(AMA: American Marketing Association)는 다음과 같이 정의하고 있다.

브랜드는 어떤 판매자나 판매 그룹이 제공하는 특정 제품이나 서비스를 경쟁사의 제품 또는 서비스와 차별시켜 식별 가능하게 해주는 이름, 용어, 사인, 심벌, 디자인 혹은 이 모든 것의 결합이다(A brand is a name, term, sign, symbol, or design, or a combination of them, intended to identify the goods and services of one seller or group of sellers and to differentiate them from those of competition).

우리가 일반적으로 브랜드라고 말할 때는 특정 제품이나 서비스의 '이름 (name)'을 가리킨다. 예를 들어 '갤럭시(삼성전자의 스마트폰)'와 같은 경우이다. 반면 '용어(term)'란 제품이나 서비스 자체의 고유한 이름이라기보다는 해당 제품 또는 서비스를 식별하기 위한 '호칭'을 가리킨다. 예를 들어 삼성전자에서 생산하는 컬러 레이저복합기의 경우, '갤럭시'와 같이 고유한 이름 대신 'SL-C486'과 같이 해당 제품을 식별하기 위한 모델명을 사용한다. 전미 마케팅협회의 정의에서 말하는 '용어'란 바로 이러한 모델명을 가리킨다.

한편 '삼성전자'는 제품명이 아니라 해당 제품을 생산하는 회사의 이름, 즉 '기업명'이다. 전미 마케팅협회의 정의에 따르면 브랜드는 특정 제품이나 서비스 그 자체를 지칭하는 것이지, 그 제품이나 서비스를 생산 또는 제공하는 기업을 가리키는 것은 아니다. 그러나 구분이 쉽지 않은 경우가 많다. 예를 들어 '나이키'의 경우 기업명인 동시에 제품명이기도 하다. 물론 중점 관리 대상 제품의 경우 '나이키 에어', '나이키 맥스' 등과 같이 좀 더 세부적인 제품명을 사용하기도 한다. 서비스의 경우에는 이러한 구분이 더욱 모호하다. 예를 들어 '이번에 미국에 갈 때 나는 대한항공을 이용할거야'라고 말하는 경우 기업으로서의 '대한항공'을 가리키는 동시에 대한항공이 제공하는 항공 서비스를 가리키는 것이기도 하다. 반면 '갤럭시'의 경우 기업명이 아닌 제품명이라는 것이 명확하다. 이렇게 제품명과 서비스명, 기업명이 혼용되는 경우가 많다는 것을 생각하면 브랜드에 대한 전미 마케팅협회의 정의는 기업명을 포함하는 좀 더 포괄적인 개념으로 수정되는 것이 바람직하다. 이 책 역시 브랜드를 이러한 포괄적 개념으로 사용한다.

다시 브랜드의 정의로 돌아가서 브랜드는 이름이나 용어 외에도 해당 제품이나 서비스, 또는 해당 기업을 식별 가능하게 해주는 모든 것을 포함하는 넓은 의미의 개념이다. 예를 들어 '맥도날드'의 경우 맥도날드라는 이름

뿐만 아니라 '노란색의 M' 자와 같은 '사인(sign)' 역시 브랜드에 포함된다. 마찬가지로 '나이키'의 경우에는 나이키라는 이름과 함께 '스우시(swoosh)'라고 불리는 '심벌'을 사용한다. 사인은 글자의 형태를 띠는 것을 가리키는 반면 심벌은 글자 이외의 문양을 가리킨다는 차이만 있을 뿐이다. 또한 브랜드명과 사인 또는 심벌을 결합해 특정한 포맷으로 사용하는 것을 '로고(logo)'라고 부른다. 한편 이름과 용어, 사인, 심벌 등이 결정되면 경쟁사가 동일한 이름, 용어, 사인, 심벌 등을 사용하지 못하도록 특허를 신청할 수 있다. 그 밖에 특정 디자인, 즉 제품 자체의 모양 또는 제품을 담는 용기의 모양에 대해서도 특허를 신청할 수 있다. 코카콜라의 병과 같이 제품의 로고를 보지 않은 채 병 모양만으로도 해당 제품이 무엇인지 식별 가능한 경우가 이러한 예에 해당한다.

기업이 이러한 브랜드를 사용하는 이유는 무엇일까? 유명 브랜드가 되면 다양한 장점을 누릴 수 있기 때문이다. 우선 경쟁사 대비 높은 가격의 책정을 통해 추가 이윤을 얻을 수 있다. 또한 인지도 형성을 위해 필요한 광고홍보 비용을 절감할 수 있다(Farquhar, 1990). 이러한 금전적 이익 외에도 '브랜드 확장(brand extension)', 즉 동일 제품군 내에서 다양한 제품 라인업을 출시하되 동일한 브랜드를 사용하는 '라인 확장(line extension)'과 제품군이 전혀 다른 신제품을 출시하되 동일한 브랜드를 사용하는 '제품군 확장(category extension)'을 통해 시장 지배력을 늘려나갈 수 있고(Tauber, 1981), 제품 성능, 시장 상황, 자연재해 등 다양한 원인으로 위기가 발생할 경우 더 효과적으로 위기를 극복할 수 있을 뿐만 아니라(Saporito, 1986), 경쟁사의 가격경쟁 및 공격적인 광고 마케팅 활동을 무력화하고, 유통업체를 통한 제품 판매가 용이해지는 등(Aaker and Keller, 1990) 마케팅 4P의 영역 전반에 걸쳐 다양한 혜택을 기대할 수 있다.

브랜드의 이러한 장점은 '브랜드 자산(brand assets)'이라는 개념을 중심으로 연구되어 왔다. 특히 브랜드 자산에 긍정적 영향을 미치는 요인들과 관련해 많은 연구가 진행되었다. 예를 들어 파쿼(Farquhar, 1990)의 경우 브랜드 자산을 높이기 위해서는 3가지 요인, 즉 ① 해당 브랜드에 대한 긍정적 평가, ② 즉각적으로 떠올릴 수 있는 브랜드 태도, ③ 일관성 있는 브랜드 이미지가 있어야 한다고 주장했다. 반면 아그리스와 두비스키(Agres and Dubitsky, 1996)는 광고대행사 영앤루비컴(Young & Rubicam)이 개발한 4가지 브랜드 자산 평가지표, 즉 차별성(differentiation), 관련성(relevance), 자존감(esteem), 지식(knowledge)을 바탕으로 다양한 브랜드의 자산 평가 데이터를 분석했다. 이들에 따르면 특정 브랜드가 시장에서 성공하기 위해서는 무엇보다 먼저 타깃 소비자가 해당 브랜드를 경쟁사 대비 차별적이고, 관심을 끌 만한 요소(relevant differentiations)가 있는 브랜드로 인식해야 한다. 그러나 브랜드 자산을 극대화하기 위해서는 여기에서 한발 더 나아가 소비자의 자존감을 높여주는 브랜드로 인식시키는 동시에 해당 브랜드가 지향하는 바와 관련해 소비자가 정확한 지식을 갖도록 해야 한다. 그 밖에도 브랜드 자산을 높일 수 있는 무수히 많은 방법이 제안되었다.

브랜드 자산과 관련된 연구에 이제 막 입문하는 연구자나 연구 결과를 현업에 적용해 보려는 기업의 경우 이러한 방대함에 압도되어 전체 연구 결과의 작은 편린만을 연구 또는 적용하는 데 그치는 경우가 많다. 저자 역시 지난 10여 년 동안 예외가 아니었음을 고백하지 않을 수 없다. 그러나 혼란이 증가하면 해결책을 제시하려는 연구자가 나오기 마련이다. 예를 들어 초두리(Chaudhuri, 1999)의 경우 브랜드 자산 관련 연구를 ① 기업 관점의 연구, 즉 가격, 시장점유율 등 결과물에 초점을 맞춘 연구와 ② 소비자 관점의 연구, 즉 해당 브랜드에 대한 소비자의 연상에 초점을 맞춘 연구로 분류할 것을 제안한 바 있다. 매우 단순하지만 효과적인 방식이다. 이러한 분류 방식에 따르면 이 책의 연결 관계인 브랜드 연상은 소비자의 관점에서 브랜드 자산을 이해하는 중요한 가교라고 할 수 있다.

문제는 해결책이 하나인 경우는 거의 없다는 것이다. 인간의 미묘한 심리와 세상의 복잡다단한 변화를 해석하려는 사회과학의 숙명일 것이다. 브랜드 자산 관련 연구도 예외는 아니다. 예를 들어 펠드윅(Feldwick, 1996)의 경우 초두리와 달리 브랜드 자산 관련 연구를 2가지가 아닌 3가지, 즉 ① 브랜드 가치 측정(valuation), ② 브랜드 강도(strength), ③ 브랜드 묘사(description)의 관점으로 분류할 것을 제안했다. 브랜드 가치 측정 관련 연구의 경우 해당 브랜드의 금전적 가치를 측정하는 데 관심을 갖는다. 초두리가 제안한 기업 관점의 연구와 같은 맥락이다. 예를 들어 사이먼과 설리번(Simon and Sullivan, 1993)의 경우 기업의 가능성 및 성장성을 판단할 때 흔히 사용되는 토빈즈 큐(Tobin's Q)(Tobin, 1969)라는 방법을 사용해 주식가격 등 기업의 금전적 시장가치에 영향을 미치는 유형자산과 무형자산을 분리하고, 무형자산에서 다시 해당 기업의 브랜드 자산을 분리하는 방법을 개발했다. 크레이븐스와 길딩(Cravens and Guilding, 1999)에 따르면 이러한 방법은 '시장 관점(market-based approaches)'의 브랜드 자산 연구, 즉 특정 브랜드의 인수합병 시 해당 브랜드의 가격을 추산하는 연구에 해당한다. 이들에 따르면 브랜드 자산 관련 연구는 이러한 시장 관점의 연구 외에도 '비용 관점'의 연구, 즉 시장에서의 사전 테스트, 실제 판매 기간 동안의 지속적인 마케팅 커뮤니케이션 및 성능 업그레이드 전 과정을 통해 해당 브랜드를 발전시키는 데 필요한 비용에 대한 분석 그리고 '수입 관점'의 연구, 즉 해당 브랜드로 인해 향후 창출될 것으로 예상되는 수익을 추산하는 연구 등 3가지로 다시 분류될 수 있다.

한편 위에서 펠드윅이 제안한 두 번째 관점, 즉 브랜드 강도와 관련된 연구의 경우 브랜드 강도를 평가하는 다양한 지표의 제시에 초점을 맞춘다. 그중 가장 대표적인 지표는 가격이다. 강한 브랜드, 즉 자산가치가 높은 브랜드의 경우 대부분 프리미엄 가격에 판매되고, 가격 변동이 크지 않기 때문이다(Aaker, 1991; Swait et al., 1993). 이러한 관점을 바탕으로 액설로드(Axelrod, 1993)는 브랜드 자산을 "물리적으로 동일한 경쟁 제품에 비해 해당 브랜드의 구매를 위해 소비자가 추가로 지불하려는 금액(the incremental amount your customer will pay to obtain your brand rather than a physically comparable product without your brand name)"이라고 정의했다. 물론 가격을 바탕으로 브랜드 강도를 평가하는 것에 이의를 제기하는 연구자도 많다. 가격은 기업의 마케팅 전략에 따라 달라지기 때문에 브랜드 자산을 그대로 반영하지 않는다는 것이다. 실제로 자산가치가 높은 브랜드 가운데 경쟁사 대비 프리미엄 가격에 판매되지 않는 브랜드도 많다(Feldwick, 1996).

이에 따라 가격 대신 해당 브랜드에 대한 소비자의 태도, 충성도 등을 브랜드 강도 평가의 지표로 사용한 연구도 많다. 예를 들어 다이슨 외(Dyson et al., 1996)의 경우 특정 브랜드에 대해 소비자가 부여하는 가치는 해당 브랜드에 대한 소비자의 태도에 따라 결정된다고 주장했다. 반면 라이트(Light, 1994)의 경우 브랜드의 성공을 가늠하는 핵심 지표는 브랜드 충성도라고 주장했다. 그러나 소비자의 브랜드 태도, 브랜드 충성도, 브랜드 강도 간의 관계와 관련해 초두리가 실시한 실험 연구에 따르면 소비자의 브랜드 태도는 시장 점유율과 같이 판매와 연결된 결과에 직접적인 영향을 미치는 반면, 프리미엄 가격에 대해서는 브랜드 충성도를 거쳐 간접적으로 영향을 미쳤다. 페어클로스 외(Faircloth, Capella and Alford, 2001)의 연구 역시 브랜드 태도가 구매 의도 및 프리미엄 가격 지불 의사에 미치는 영향은 브랜드 이미지에 의해 매개된다는 것을 보여주었다. 이러한 연구 결과는 브랜드 태도가 브랜드 강도를 평가하는 결정적 지표가 아닐 수 있음을 의미한다.

마지막으로 펠드윅이 제안한 세 번째 관점, 즉 브랜드 묘사와 관련된 연구의 경우 브랜드 이미지의 분석에 초점을 맞춘다. 이러한 관점의 시발점은 1955년 ≪하버드 비즈니스 리뷰(Harvard Business Review)≫에 발표된 가드너와 레비(Gardner and Levy, 1955)의 논문이다. 이 논문에서 두 사람은 지금까지의 연구가 제품의 물리적인 부분, 즉 성능에만 집중해 왔음을 비판하면서 이제부터는 제품의 사회적·심리적인 부분, 즉 이미지에 관심을 가져야 한다고 주장했다. 이들은 제품의 사회적·심리적인 부분을 좀 더 구체적으로 "소비자가 브랜드에 대해 갖고 있는 생각, 느낌, 태도 등의 총합"이라고 정의했는데, 이것이 바로 브랜드 이미지에 대한 최초의 학술적 정의이다.

가드너와 레비의 연구 이후 많은 연구자가 브랜드 이미지가 브랜드 자산에 미치는 영향을 분석했다. 예를 들어 크리슈난(Krishnan, 1996)은 자산가치가 높은 브랜드의 경우 낮은 브랜드에 비해 브랜드 이미지가 훨씬 더 긍정적이라는 것을 보여주었다. 또한 라사르 외(Lassar, Mittal and Sharma, 1995)는 이미지가 좋은 브랜드의 경우 가격과 브랜드 자산가치 역시 높은 경향이 있음을 보여주었다. 권(Kwon, 1990)의 연구에서도 소비자가 선호하는 브랜드는 브랜드 이미지가 긍정적인 경향이 있었다.

이러한 연구들이 소비자가 특정 브랜드에 대해 갖고 있는 생각, 느낌, 태도 등을 '브랜드 연상'이라고 부르기 시작하면서 브랜드 이미지를 브랜드 연상의 관점에서 분석하는 연구가 늘어났다. 예를 들어 비엘(Biel, 1992)의 경우 브랜드 이미지를 브랜드 연상의 복합적 결과물로 정의한다. 마찬가지로 엥겔 외(Engel, Roger and Miniard, 1993)는 브랜드 이미지를 해당 브랜드의 유형 또

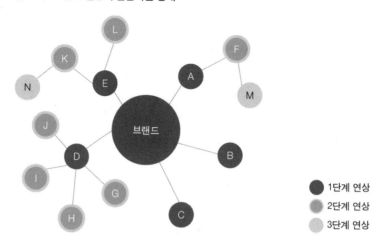

〈그림 1-1〉 브랜드 연상의 일반적인 형태

● 1단계 연상
● 2단계 연상
● 3단계 연상

는 무형의 속성에 대한 소비자의 연상으로 정의한다. 캐퍼러(Kapferer, 1992) 역시 소비자는 브랜드가 제시하는 다양한 '신호'를 통합시킴으로써 해당 브랜드에 대한 이미지를 형성한다는 견해를 제시했다. 다시 말해 브랜드 이미지는 해당 브랜드가 제시하는 다양한 신호를 소비자가 기억하고 인출하며 해석하는 과정을 통해 형성된다는 것이다. 브랜드 연상은 이러한 과정에서 형성되는 기억, 인출, 해석의 구체적인 내용 하나하나에 해당한다.

이상의 내용을 간단히 정리하면 이 책의 연결 관계인 브랜드 연상은 해당 브랜드에 대한 소비자의 이미지를 구성하는 생각, 느낌, 태도 하나하나를 가리키는 것으로서, 브랜드 자산을 파악하는 중요한 개념들 중 하나로 사용되어 왔다는 것이다. 이는 브랜드 연상의 총합인 브랜드 이미지가 소비자의 브랜드 태도 및 구매 의도에 영향을 미치기 때문이다. 브랜드 연상의 이러한 중요성을 고려할 때 브랜드 연상의 형성 및 관리는 기업의 브랜드 전략에서 핵심이 되어야 한다. 일반적으로 브랜드 연상은 〈그림 1-1〉과 같은 네트워크 형태를 띤다고 간주된다. 네트워크를 구성하는 각 개체가 해당 브랜드에 대한 소비자의 연상에 해당한다.

문제는 브랜드마다 연상 네트워크를 구성하는 연상들이 다르고 각 연상의 연결 관계 또한 다르다는 것이다. 따라서 무엇보다 먼저 소비자의 머릿속에 들어 있는 해당 브랜드에 대한 연상들 및 각 연상의 연결 관계를 파악해야 한다. 이와 관련해 무수히 많은 연구가 진행되었다. 이에 대한 핵심 내용은 이 책의 제2장에 정리되어 있다.

한편 〈그림 1-1〉에서 해당 브랜드에 직접 연결되어 있는 연상들을 가리켜 "1단계 연상"이라고 부른다. 소비자가 해당 브랜드를 생각할 때 가장 먼저 떠오를 가능성이 큰 연상들을 가리킨다. 반면 각 1단계 연상에 연결되어 있는 연상들은 순차적으로 "2단계 연상", "3단계 연상"이라고 부른다. 1단계 연상이 떠오름에 따라 파생적으로 떠오를 가능성이 큰 연상들이다. 이는 곧 소비자가 해당 브랜드를 생각할 때 3단계 연상보다는 2단계 연상이, 2단계 연상보다는 1단계 연상이 더 쉽고 빠르게 떠오를 가능성이 크다는 것을 의미한다. 한편 연상의 단계와 관계없이 각 연상은 긍정적·부정적 또는 중립적일 수 있다. 또한 어떤 연상은 매우 구체적인 반면, 다른 연상은 매우 추상적일 수 있다. 더 나아가 〈그림 1-2〉와 같이 해당 브랜드와 경쟁사 브랜드에 대한 소비자의 연상을 비교하면 어떤 연상이 차별적인지(unique associations) 또는 공유되어 있는지(parity associations, 점선으로 되어 있는 것) 파악할 수 있다. 이상의 내용에 대해서도 무수히 많은 연구가 진행되었다. 이 책에서는 각 내용을 강도(제3장), 호감도(제4장), 차별성 vs 공통성(제5장), 구체성 vs 추상성(제6장)으로 나누어 정리했다.

한편 기존 연구에 따르면 동일한 브랜드라 할지라도 소비자의 브랜드 태도 및 구매 의도는 상황에 따라 달라질 수 있다(Miller and Ginter, 1979). 기업

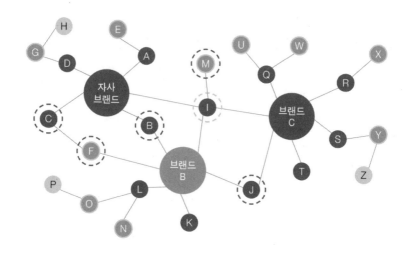

〈그림 1-2〉 자사 브랜드 및 경쟁사 브랜드의 연상 비교

을 매우 혼란스럽게 만드는 부분이다. 이러한 가변성은 서로 다른 상황에서 해당 브랜드에 대한 소비자의 이미지를 구성하고 있는 1단계 연상 중 서로 다른 연상들이 점화(activation)되고, 이로써 서로 다른 2단계·3단계 연상이 파생적으로 점화(spreading activation)되기 때문에 발생하는 현상이다. 이는 곧 특정 연상이 점화됨에 따라 또 다른 연상의 경우 오히려 점화되지 않을 수 있다는 것을 의미한다. 심리학에서는 이러한 현상을 "선풍기 효과(fan effect)" 또는 "부분목록 단서 효과(part-list cuing effect)"라고 부른다. 선풍기 효과와 부분목록 단서 효과는 특정 브랜드에 대한 소비자의 연상 개수를 제한하는 대표적 요인이다. 따라서 '연상 개수(제7장)' 관련 연구 결과와 함께 정리했다.

　이러한 파생점화 현상은 〈그림 1-1〉의 연상 D와 같이 연결되어 있는 연상이 상대적으로 많은 연상에 의해 주로 일어난다. 이른바 '중심성(centrality,

제8장)'이 높은 연상이다. 중심성이 높은 연상을 많이 포함하고 있어서 연상 네트워크가 상대적으로 '조밀한(dense)' 브랜드의 경우 그렇지 않은 브랜드에 비해 소비자의 머릿속에 떠오르는 연상이 많다. 그러나 조밀도의 차이가 브랜드에 대한 소비자의 반응에 미치는 영향에 관해서는 아직 많은 연구가 이루어지지 않았다. 따라서 이 책의 제8장에서는 조밀도와 관련한 현재까지의 연구 결과를 간략히 정리하고, 이와 관련해 향후 어떤 연구가 진행되어야 하는지를 제안했다.

이상의 내용은 다분히 사람의 기억에 대한 기존 연구 결과를 바탕으로 한다. 일반적으로 사람의 기억은 감각 기억, 단기 기억, 장기 기억으로 나뉜다. 우선 무수히 많은 외부 정보 가운데 소비자의 선택적 인지(selective perception)를 통해 받아들여진 일부 정보만이 0.5초에서 4초 정도의 짧은 시간 동안 감각 기억에 저장된다. 사람은 이 중에서 특히 관심을 끄는 일부 정보를 단기 기억(working memory)으로 이동시켜 비교, 평가, 해석, 종합, 추론, 예측 등 인지적으로 처리하고, 이러한 인지적 처리의 결과물을 장기 기억에 저장한다. 이렇게 저장된 정보는 추후 내적 단서(cue) 또는 외적 단서가 주어졌을 때 다시 기억(회상 또는 재인)된다(김재휘 외, 2009).

각 유형의 기억과 관련해 무수히 많은 연구가 진행되었다. 이 중에서 브랜드 연상과 밀접한 관련이 있는 연구는 특히 단기 기억 및 장기 기억과 관련한 연구이다. 우선 단기 기억의 경우 시각과 청각이 가장 핵심적 역할을 맡는 것으로 알려져 있다. 즉 단기 기억에 저장되어 있는 대부분의 정보가 시각 또는 청각을 통해 형성된다는 것이다(Conrad, 1964). 이때 서로 다른 감각기관을 통해 형성된 단기 기억은 서로 분리되어 저장된다. 따라서 시각을 통해 형성된 기억이 전부 또는 일부 지워진다 하더라도 청각을 통해 형성된 기억은 영향을 받지 않는다. 반대의 경우도 마찬가지이다.

단기 기억의 또 다른 특징은 용량이 제한되어 있다는 것이다. 따라서 단기 기억을 극대화하기 위해서는 매우 효율적인 작업이 필요하다. 이를 위해 사람의 뇌는 몇 개의 정보를 묶어서 처리하는 경향이 있다. 심리학에서는 이러한 경향성을 가리켜 "연결 짓기(chunking)"라고 부른다. 이 개념은 밀러(Miller, 1956)가 그의 논문 「마법의 숫자 7 더하기 또는 빼기 2(The magical number seven plus or minus two)」에서 처음 제시한 개념이다. 이후 단기 기억에 대한 정설로 받아들여지고 있다. 브랜드 연상 네트워크에서 서로 연결되어 있는 연상들 역시 덩어리 짓기의 결과물이다. 물론 덩어리 짓기를 한다고 해서 단기 기억의 용량이 무한정 늘어나지는 않는다. 밀러 역시 사람이 기억할 수 있는 의미의 덩어리는 최대 7개라고 말한 바 있다. 브랜드 연상 네트워크도 예외일 수 없다. 즉 브랜드 연상 네트워크의 사이즈 역시 무한정 커질 수 없다는 것이다. 그렇다면 단기 기억을 높이는 가장 좋은 방법은 무엇일까? 기존 연구에 따르면 왕도는 없다. '반복(maintenance rehearsal)'하는 것이 최선이다. 마케팅 커뮤니케이션에서 특정 메시지에 대한 소비자의 기억을 환기시키기 위해 반복 노출이 필요한 것 역시 이러한 까닭이다.

그러나 단기 기억에 저장되어 있는 정보만으로는 사람이 직면하는 복잡다단한 문제를 해결할 수 없다. 방금 전 TV에서 본 광고에 대한 기억만을 바탕으로 제품 구매 여부를 결정할 수 없는 것과 마찬가지이다. 이를 위해서는 단기 기억에 저장되어 있는 정보를 지속해서 장기 기억으로 옮기는 작업이 필요하다. 크레이크와 록하트(Craik and Lockhart, 1972)에 따르면 이를 위해 가장 효과적인 방법은 정보를 처리할 때, '처리 수준(level of processing)'을 높이는 것이다. 즉 대상 정보를 있는 그대로 기억하는 것이 아니라 이미 머릿속에 기억되어 있는 정보와 연결해 기억하거나 의미를 재해석해 기억하는 것이다. 광고 관련 연구에서 흔히 사용되는 '정교화(elaboration)'라는 개념 역시 처리 수준과 관련된 개념이다.

크레이크와 털빙(Craik and Tulving, 1975)은 실험 연구를 통해 이러한 처리 수준의 중요성을 입증했다. 즉 실험 참가자들이 특정 단어를 재인(recognition) 또는 회상(recall)하는 정도가 해당 단어 한 개만 제시한 뒤 기억하도록 했을 때 17%에 불과했던 반면, 압운(rhyme)을 이루는 다른 단어와 함께 제시했을 때 37%, 해당 단어를 사용한 문장을 제시했을 때 65% 등과 같이 상승한 것이다. 압운과 문장이 해당 단어에 대한 처리 수준을 높인 것으로 판단된다. 이를 고려할 때 마케팅 커뮤니케이션을 통해 제시하는 특정 메시지에 대한 소비자의 장기 기억 가능성을 높이기 위해서는 해당 메시지에 대한 처리 수준을 높여야 한다.

물론 특정 정보를 장기 기억하는 것만이 능사는 아니다. 필요할 때 즉각적으로 떠올려 활용할 수 있어야 한다. 기존 연구에 따르면 이를 위해 전략이 필요하다(Williams and Hollan, 1981). 예를 들면 고등학교 동창들을 떠올리기 위해 무작정 기억을 더듬기보다는 당시 참가했던 활동들을 먼저 떠올리고 각 활동에 함께 참가했던 동창들을 떠올리면 훨씬 더 기억이 잘 떠오른다. 고등학교 당시 참가했던 활동들을 먼저 떠올리는 전략을 사용한 것이다. 한편 이러한 전략의 효과를 극대화하기 위해서는 '부호화 특수성(encoding specificity)'을 고려해야 한다. 즉 기억하려는 정보를 처음 기억했을 때의 상황 또는 맥락과 동일하거나 유사한 상황 또는 맥락이 주어졌을 때 해당 정보가 더욱 잘 떠오른다는 것이다. 이러한 경향성을 "맥락 효과(context effect)"라고 부른다(Godden and Baddeley, 1975; Smith, 1979). 마케팅 커뮤니케이션에서도 당연히 동일한 원칙이 적용된다. 동일한 브랜드라 할지라도 상황이 달라지면 서로 다른 연상이 점화되고 이로써 서로 다른 연상이 파생점화되는 것이다. 이에 대한 구체적인 설명은 제3장과 제8장에서 제시했다.

그렇다면 어떤 정보가 일단 장기 기억에 저장되기만 하면 잊히지 않고 평생에 걸쳐 떠오르는 것일까? 이에 대해서는 아직 통일된 결론이 내려지지 않았다. 장기 기억에 저장된 정보라 할지라도 시간이 지날수록 기억의 강도가 약해지는 '부식(decay)' 현상이 발생한다는 의견이 있는가 하면, 적합한 상황과 맥락만 주어지면 평생에 걸쳐 떠올릴 수 있다는 의견도 있다(Bjork, 1972). 전자의 의견 중 대표적인 이론은 왓킨스(Watkins, 1975)가 제안한 '간섭 현상'이다. 즉 아무리 짧은 차이라 할지라도 먼저 기억한 정보는 나중에 기억한 정보에 비해 떠올리기 어렵다는 것이다. 이러한 현상을 가리켜 "후방 간섭(retroactive interference)"이라고 부른다. 그러나 메딘 외(Medin, Nyborg and Bateman, 2001)에 따르면 후방 간섭의 반대 현상, 즉 먼저 기억한 정보 때문에 이후에 주어진 정보를 기억하기 어려워지는 '전방 간섭(proactive interference)' 현상도 존재한다. 따라서 장기 기억의 영속성에 대해서는 부식, 후방 및 전방 간섭 등 다양한 현상이 가능하다고 이해하는 것이 타당할 것이다. 이를 고려할 때 마케팅 커뮤니케이션 역시 형성, 강화, 수정 등 다양한 전략이 필요하다. 이에 대한 구체적인 설명은 이 책 제10장에서 제시했다.

한편 특정 대상에 대해 장기 기억이 축적되면 그 대상에 대한 '지식'이 형성된다. 이에 대해서도 무수히 많은 연구가 진행되었다. 특히 소비자 행동과 관련된 연구는 이 책의 주제인 브랜드 연상과 밀접한 관련이 있다. 우선 지식의 정의에 대해서는 앨버와 허친슨(Alba and Hutchinson, 1987)의 연구가 대표적이다. 이들에 따르면 지식은 '익숙함(familiarity)'과 '전문성(expertise)' 두 개의 차원으로 구성된다. 익숙함이란 특정 대상에 대한 경험의 횟수를 가리키는 반면, 전문성이란 해당 대상과 관련된 업무(task, 예: 구매 결정)를 성공적으로 수행할 수 있는 능력을 가리킨다. 따라서 경험은 지식의 정량적 특징에 해당하고, 전문성은 지식의 정성적 특징에 해당한다. 지식에 대한 이러한 정의는 지식을 내용과 구조의 관점에서 분석해야 한다는 비티(Beattie, 1983)의 견해와도 일치한다.

그렇다면 브랜드 연상과 소비자 지식은 어떤 관계가 있을까? 허프먼과 휴스턴(Huffman and Houston, 1993)의 연구는 이러한 질문에 대한 해답을 제시한다. 이들에 따르면 소비자 지식은 ① 소비자가 추구하는 목적(goals), ② 이러한 목적의 추구를 위해 필요한 제품속성(attributes), ③ 이러한 제품속성이 있는 브랜드 간의 연결로 구성된다. 예를 들어 소비자가 자녀의 출산으로 새 차가 필요할 경우 이에 부합하는 사이즈, 안전성 등의 제품속성을 갖추고 있는 자동차를 구매하는 식이다. 따라서 소비자 지식은 특정 목적과 특정 제품속성 간의 연결 관계로 시작되어 해당 제품속성과 특정 브랜드 간의 연결 관계로 발전되고, 이러한 지식을 바탕으로 소비자가 특정 브랜드를 구입하면 해당 브랜드와 목적 간의 연결 관계가 형성되는 방식으로 구축된다. 이러한 연결 관계가 다양한 목적과 제품속성, 브랜드 간에 축적되면 해당 제품군에 대한 지식이 형성된다는 것이다. 한편 이러한 지식을 바탕으로 소비자가 특정 브랜드를 구매한 후 만족도가 높으면 해당 브랜드와 제품속성, 목적 간의 연결 강도가 더욱 강해지는 반면, 만족도가 낮으면 연결 강도가 약해지고, 이로써 해당 제품군에 대한 소비자의 지식이 변하게 된다. 이러한 과정에 대한 구체적인 설명은 이 책의 제3장과 제8장에서 제시했다.

그러나 이와 같은 지식의 정의는 '객관적 지식(objective knowledge)'에 대해서만 적용된다는 반론도 만만치 않다. 즉 객관적 지식 외에 '주관적 지식(subjective knowledge)'도 있다는 것이다(Brucks, 1985). 예를 들어 소비자 지식과 관련된 박 외(Park, Mothersbaugh and Feick, 1994)의 연구에 따르면 객관적 지식이란 특정 제품군과 관련해 소비자가 기억하는 구체적 정보를 가리키는 반면, 주관적 지식이란 특정 제품군과 관련해 자신이 무엇을 얼마나 알고 있는지에 대한 소비자 스스로의 믿음을 가리킨다. 학자에 따라서는 주관적 지식을 단순히 객관적 지식에 대한 소비자의 믿음으로 여겨 큰 차이가 없는 것으로 이해하기도 한다. 그러나 학자 대부분은 두 지식 간에 큰 차이가 있다고 주장한다. 예를 들어 박과 레시그(Park and Lessig, 1981)에 따르면 객관적 지식은 해당 제품에 대한 소비자의 평가와 구매 결정에 영향을 미치는 반면, 주관적 지식은 소비자 행동에서 발생하는 '구조적 편향(systematic biases)'과 '경험 법칙(heuristics)'에 영향을 미친다. 이는 곧 객관적 지식이 제품에 대한 구체적 정보와 밀접하게 연결되어 있는 반면, 주관적 지식은 제품에 대한 소비자의 경험과 밀접하게 연결되어 있음을 의미한다. 마찬가지 관점에서 루델(Rudell, 1979) 역시 객관적 지식이 새로운 정보의 습득 및 사용을 촉진하는 반면, 주관적 지식은 자신이 이미 기억하는 정보에 대한 의존도를 높인다고 주장했다.

한편 정보처리 방식과 관련된 심리학 이론에 따르면 사람은 어떤 새로운 대상을 접했을 때 그 대상이 기존에 자신이 알고 있던 대상과 얼마나 유사한지에 따라 '범주적 처리(category-based processing)' 또는 '개별적 처리(piece-meal processing)'의 방식으로 해당 대상을 평가한다(Fiske, 1982). 즉 두 대상을 서로 유사하다고 판단할 경우 새로운 대상에 대한 별도의 분석 없이 기존 대상에 대한 평가와 유사하게 평가하는 반면, 두 대상을 서로 다르다고 판단할 경우 기존 대상에 대한 평가와 관계없이 새로운 대상의 속성에 대한 분석을 바탕으로 평가한다는 것이다. 소비자 지식 역시 이와 비슷한 방식으로 형성될 수 있다. 즉 앞에서 설명한 방식이 개별적 처리에 의한 소비자 지식의 발전 과정에 해당한다면, 범주적 처리에 해당하는 '유추 학습(analogical learning)'에 따라서도 소비자 지식이 형성될 수 있다는 것이다. 예를 들어 기존 제품과 사뭇 다른 신제품을 접했을 때, 소비자는 해당 신제품과 가장 유사한 기존 제품을 떠올리고 이 제품에 대한 지식을 전이시켜 신제품을 이해하는 경향이 있다(Gentner and Markman, 1997).

소비자 지식의 이러한 형성 및 발전 과정은 브랜드 연상을 이해하는 데 큰 도움이 된다. 예를 들어 소비자가 특정 브랜드를 처음 접했을 경우 이 브랜드에 대한 연상은 전무한 상태이다. 따라서 이 브랜드에 대한 초기 연상은 소비자가 해당 브랜드를 기존 제품과 얼마나 유사하다고 판단하는지에 따라 달라진다. 즉 소비자가 해당 브랜드를 기존 제품과 유사하다고 판단할 경우 기존 제품에 대해 갖고 있던 연상들 중 상당수의 연상이 해당 브랜드로 전이된다. 이로써 해당 브랜드는 차별적 연상보다는 다른 경쟁 브랜드와 공통된 연상을 갖게 될 가능성이 크다. 반면 소비자가 해당 브랜드를 기존 제품과 다르다고 판단할 경우 이러한 전이가 일어날 가능성이 줄어들고 다른 경쟁 브랜드 대비 차별적 연상을 기억할 가능성이 커진다는 것이다. 이에 대한 자세한 논의는 이 책의 제5장에서 제시했다.

한편 동일한 제품이라 할지라도 소비자 지식의 정도는 저마다 다를 수 있다. 브룩스(Bruks, 1985)에 따르면 이러한 차이는 다섯 개의 관점, 즉 ① 경쟁 브랜드들 간의 차이를 판단하는 데 결정적 영향을 미치는 제품속성을 알고 있는지, ② 해당 제품군과 관련된 전문용어를 얼마나 알고 있는지, ③ 해당 제품의 주요 성능을 평가하는 데 사용하는 기준을 알고 있는지, ④ 주요 제품속성들 간의 관련성을 알고 있는지, ⑤ 해당 제품을 주로 사용하는 상황을 알고 있는지 등으로 세분해서 이해할 수 있다. 이러한 차이로 특정 제품에 대한 지식이 많은 소비자의 경우 지식이 상대적으로 적은 소비자에 비해 새로운 지식을 받아들이는 데 매우 신중한 경향이 있다. 이미 해당 제품군의 다양한 브랜드에 대한 지식이 있을 뿐만 아니라 어떤 정보가 중요한 정보인지 판단할 수 있기 때문이다. 또한 해당 제품군과 관련해 어떤 결정을 내려야 하는 상황(예: 구매 결정)에서 지식이 많은 소비자의 경우 자신의 상황 및 제품 관련 정보를 체계적으로 분류해 합리적인 결정을 내릴 가능성이 크다. 이와 달리 상대적으로 지식이 적은 소비자의 경우 해당 제품과 관련해 손쉽게 얻을 수 있는 단순 정보만으로 결정을 내릴 가능성이 크다(Chi, Glaser and Rees, 1981). 지식의 이러한 차이는 결국 앞에서 언급했던 경험 및 전문성의 차이로 발생한다. 예를 들어 로슨(Lawson, 1998)은 특정 제품에 대한 경험이 증가할수록 해당 제품의 상위 범주 및 하위 범주에 대한 이해가 깊어지고, 결국 해당 제품 및 관련 제품에 대해 '다층적 지식 구조(deep structure)'를 갖게 된다는 것을 보여주었다(〈그림 1-3〉). 제품 지식의 이러한 특징이 브랜드 연상에 미치는 영향에 대해서는 이 책의 제5장에서 자세히 설명했다.

한편 특정 제품에 대한 소비자 지식이 다층적 구조를 형성할수록 구체적 지식보다는 추상적 지식이 많아지고 이로써 각 지식의 연결성 또한 높아지는 경향이 있다. 구체적 지식에 비해 추상적 지식이 더 포괄적이기 때문이다. 이는 곧 특정 제품에 대한 소비자 지식이 많아질수록 앞에서 언급했던 '연결 짓기'가 쉽게 이루어진다는 것을 의미한다(Chase and Simon, 1973). 심리학에서 흔히 사용되는 '스키마(schema)'라는 개념 역시 지식의 이러한 구조적 특징을 설명하는 개념이다(Bartlett, 1932). 예를 들어 소비자는 대상(예: 여행)에 따라 무엇을 고려해야 하는지(예: 장소, 시간, 경비, 음식 등)에 관해 나름의 지식이 있다. 따라서 특정 시점(예: 휴가철)에 특정 대상과 관련된 결정(예: 휴가 계획)을 내려야 할 경우 소비자는 주요 고려 사항과 관련해 머릿속에 기억해 두었던 정보를 떠올리거나 추가로 필요한 정보를 확인한다. 스키마 이론에서는 이러한 고려 사항과 정보를 각각 "프레임(frames)"과 "슬롯(slots)"이라고 부른다. 즉 여행의 스키마는 장소, 시간, 경비, 음식 등과 같은 여러 개의 프레임과

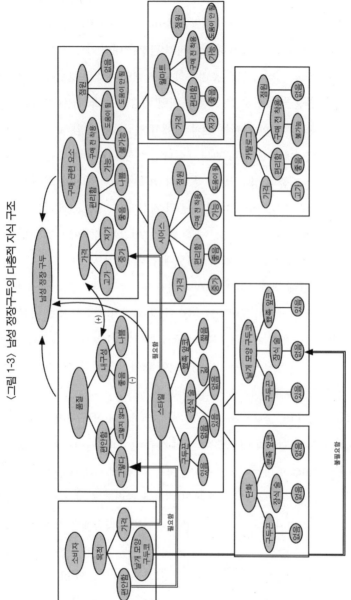

〈그림 1-3〉 남성 정장구두의 다층적 지식 구조

자료: Lawson(1998).

각 프레임에 해당하는 정보인 여러 개의 슬롯으로 구성된다는 것이다. 프레임은 당연히 슬롯에 비해 추상적이고, 슬롯은 당연히 프레임에 비해 구체적이다. 또한 프레임 중에는 연결성이 매우 높은 것도 있다. 여행 장소에 따라 경비와 음식이 달라지는 경우이다. 따라서 대부분의 스키마는 다수의 연결 개념(chunks)을 포함한다. 한편 특정 대상에 대한 소비자의 지식이 많을수록 스키마를 구성하는 프레임들 간의 연결성 또한 많아진다. 즉 스키마가 '조밀(dense)'해지는 것이다. '조밀도(density)'는 브랜드 연상에서도 매우 중요한 개념이다. 스키마의 경우와 같이 동일한 브랜드라 할지라도 소비자의 지식이 많아질수록 브랜드 연상들 간의 조밀도가 높아지는 경향이 있기 때문이다. 이 책의 제9장에서는 브랜드 연상의 이러한 특징이 소비자의 브랜드 태도 및 구매 의도에 미치는 영향에 관해 설명했다.

이상과 같이 브랜드 연상은 인지심리학 분야의 기존 연구 결과와 밀접한 관련이 있다. 그러나 이러한 내용만으로 이 책을 마무리한다면 브랜드 연상에 대한 이론서에 그칠 것이다. 이론은 실제 상황에 적용되어 구체적인 해결책을 제공할 때 진가를 발휘할 수 있다고 믿는다. 따라서 이 책의 제10장과 제11장에서는 브랜드 연상을 활용해 효과적인 마케팅 커뮤니케이션 전략을 수립할 수 있는 방법을 제시했다. 핵심은 브랜드의 아이덴티티와 이미지를 비교 분석해 그 차이를 판단한 뒤 기업이 추구하는 브랜드 아이덴티티에 부합하도록 브랜드 이미지를 형성·강화·수정하는 동시에 브랜드 이미지의 일정 부분을 반영해 브랜드 아이덴티티를 조정하는 것이다. 제10장에서는 이를 위한 구체적인 방법을 제시했다. 또한 이러한 방법을 사용해 마케팅 커뮤니케이션 캠페인의 콘셉트를 도출하고 도출된 콘셉트를 중심으로 효과적인 캠페인 전략을 수립하는 방법을 제시했다. 마케팅 커뮤니케이션 실무 담당자들이 활용할 수 있는 지침서가 될 수 있기를 바란다. 마지막으로 제12장에서는 브랜드 연상에 대한 학계 및 업계의 이해도를 높이고, 효과적인 마케팅 커뮤니케이션 전략을 수립하기 위해 향후 어떤 후속 연구가 필요한지 제시했다.

제2장

브랜드 연상의 도출 방법

브랜드 연상 관련 연구에서 가장 기본적인 동시에 가장 중요한 작업은 소비자의 머릿속에 존재하는 브랜드 연상을 파악하는 것이다. 기존 연구에 따르면 이러한 작업은 다음과 같은 3가지 단계를 통해 진행된다. 첫째, 브랜드 연상의 분석 대상이 될 소비자 그룹을 정하고 이 그룹에 속해 있는 각 소비자의 해당 브랜드에 대한 연상들을 도출한다(elicitation). 둘째, 이 연상들을 이용해 각 소비자의 해당 브랜드에 대한 연상 네트워크를 작성한다(mapping). 셋째, 이렇게 그린 개별 연상 네트워크를 결합해 해당 그룹 전체를 대표하는 단일 연상 네트워크를 작성한다(aggregation).

이와 같은 작업을 통해 파악된 최종 브랜드 연상 네트워크가 타당성을 인정받기 위해서는 각 단계의 작업이 타당한 연구 방법을 바탕으로 이루어져야 한다. 또한 연상 네트워크의 구조에 대한 깊이 있는 이해와 체계적 분석 방법이 확립되어야 한다. 이를 위해 지금까지 다양한 방법이 제시되었다. 그러나 학계와 현업 모두에서 통용되는 방법은 아직 제시되지 않았고 연상 네트워크의 구조에 대한 심도 있는 논의 또한 이루어지지 않고 있다.

이와 관련해 현재까지 가장 대표적인 방법은 ① 존 외(John et al., 2006)의 브랜드 콘셉트 맵(Brand Concept Maps, 이하 BCM), ② 잘트먼과 콜터(Zaltman and Coulter, 1995)의 잘트먼 은유유도 기법(Zaltman Metaphor Elicitation Technique, 이하 ZMET), ③ 헨더슨 외(Henderson, Iacobucci and Calder, 1998)의 네트워크 분석 등이다. 이 장에서는 먼저 각 방법의 내용을 정리하고, 장점과 단점을 분석했다. 이어서 각 방법의 장점을 취하되, 단점을 보완하기 위해 필자(지준형, 2010)가 제안한 방법을 소개하겠다.

1. BCM

BCM의 가장 큰 특징은 앞에서 언급한 세 단계의 작업 가운데 개별 소비자에게서 해당 브랜드에 대한 연상을 도출하는 첫 번째 단계를 생략한다는 점이다. 그 대신 연구자가 해당 브랜드와 관련 업계의 상황에 관해 잘 알고 있는 전문가 집단의 의견, 기존 소비자 조사 자료 등을 토대로 해당 브랜드에 대한 타깃 소비자 집단의 연상을 대표할 만한 20~30여 개의 단어 또는 어구를 결정한 뒤 각 단어와 어구를 종이 카드 한 장에 한 개씩 기록해 놓는다.

이렇게 해당 브랜드의 연상 네트워크를 구성할 단어와 어구들이 결정되면 연구자는 타깃 소비자 집단 중 몇 명을 모은 뒤 각 소비자에게 미리 준비해 둔 카드 묶음을 제시하고, 이 중에서 해당 브랜드에 대한 자신의 연상을 가장 잘 대변하는 단어와 어구들을 선택해 테이블 위에 늘어놓도록 한다. 이어서 해당 브랜드 및 단어와 어구들의 연결 관계 및 연결 강도, 즉 ① 어떤 단어와 어구들이 해당 브랜드에 연결되어 있는지, ② 어떤 단어와 어구들이 서로 연결되어 있는지, ③ 연결 강도를 1(매우 약함)에서 3(매우 강함)으로 구분할 때 각 연결 관계의 강도는 얼마나 되는지 생각하도록 한다. 이에 대한 생각이 끝나면 각 소비자는 테이블 위에 놓여 있는 단어와 어구들을 해당 브랜드명이 적혀 있는 카드를 중심으로 재배치하고 서로 연결되어 있다고 생각하는 카드들 사이에 미리 준비해 둔 막대기 모양의 카드를 놓음으로써 연결 관계를 표시한다. 이때 막대기 모양의 카드에는 1개나 2개, 또는 3개의 선을 그어놓아 각 소비자가 적합한 카드를 선택해 각 연결 강도를 나타내도록 한다(〈그림 2-1〉).

이렇게 개별 소비자의 연상 네트워크를 도출한 뒤 연구자는 이를 취합해 타깃 소비자 집단 전체를 대표하는 단일 연상 네트워크를 작성한다. 이를 위해 먼저 단일 연상 네트워크에 포함할 최종 연상들(단어들 및 어구들)과 이 연상들 간의 연결 관계 및 연결 강도를 결정해야 한다. 이와 관련해 존 외(John et al., 2006)가 제시하는 기준은 ① 해당 연상을 선택한 소비자의 수, ② 해당 연상이 다른 연상들과 맺고 있는 연결 관계의 수, ③ 해당 연상을 선택한 소비자들 가운데 그 연상을 해당 브랜드에 연결한 소비자의 비율, ④ 해당 연상이 개별 소비자의 연상 네트워크에서 다른 연상의 하위 연상으로 놓인 횟수, ⑤ 해당 연상이 개별 소비자의 연상 네트워크에서 다른 연상의 상위 연상으로 놓인 횟수 등이다.

구체적으로 연구자는 우선 ①번 기준에 따라 연구에 참여한 전체 소비자 중 50% 이상의 소비자가 선택한 연상들만을 선택해 최종 연상 네트워크에 포함한다. 이때 ②번 기준을 고려해 45~49%의 소비자가 선택한 연상이라 할지라도 ①번 기준에 따라 선택된 연상들과 비교할 때 다른 연상들과 연결되어 있는 횟수가 동일하거나 더 많은 경우에는 이 연상 역시 최종 연상 네트워크에 포함시킨다. 이와 같이 최종 연상 네트워크에 포함할 연상들을 결정하고 나면 연구자는 나머지 기준을 고려해 1단계 연상, 즉 해당 브랜드에

〈그림 2-1〉 마요(Mayo)에 대한 소비자의 연상 네트워크 예

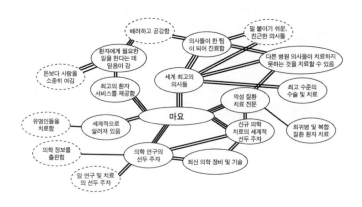

주: 마요(Mayo)는 미국 미네소타주 로체스터에 본사를 둔 종합병원이다.
자료: John et al.(2006).

직접 연결시킬 연상들을 결정한다. 이를 위해 ③번 기준에 따라 50% 이상
의 소비자가 브랜드에 직접 연결한 연상들을 파악하고, ④번 및 ⑤번 기준
에 따라 이 연상들 중 하위 연상으로 놓인 횟수보다 상위 연상으로 놓인 횟
수가 더 많은 연상들을 1단계 연상으로 결정한다.

　다음으로 각 1단계 연상에 연결시킬 2단계 및 3단계 연상을 결정하기 위
해 조사에 참여한 소비자들 중 동일한 두 연상을 연결시킨 소비자의 수를
헤아린다. 〈그림 2-2〉와 같이 엑셀을 사용하면 이러한 작업을 매우 간편하
게 진행할 수 있다. 우선 앞에서 선별한 연상들과 이 연상들의 연결 관계를
엑셀에 입력한다. 이때 첫 번째 열과 행에는 동일한 연상들이 입력되도록
한다. 해당 브랜드명 역시 하나의 연상으로 간주해 입력한다. 다음으로 각
연상이 교차하는 셀에 연결 횟수, 즉 두 연상을 연결시켜 그려 넣은 소비자
의 수를 입력한다.

〈그림 2-2〉 엑셀에 입력한 브랜드와 연상들의 연결 관계 예

▲	A	B	C	D	E	F	G	H	I	J
1		브랜드명	연상 A	연상 B	연상 C	연상 D	연상 E	연상 F	연상 G	연상 H
2	브랜드명		12			58		46	29	
3	연상 A			40			59			
4	연상 B		20		21				4	
5	연상 C		6							
6	연상 D		9				11	7		47
7	연상 E				1			68	56	
8	연상 F		14	62					6	72
9	연상 G		35		57		10			5
10	연상 H					48		64		

한편 동일한 두 연상이라 할지라도 어떤 연상이 상위 단계에 해당하는지는 소비자에 따라 다를 수 있다. 예를 들어 100명의 소비자 중 연상 A와 연상 B를 연결한 소비자가 60명이라 할지라도 이를 세분하면 ① 연상 A를 1단계, 연상 B를 2단계 연상으로 연결한 소비자가 25명, ② 연상 A를 2단계, 연상 B를 3단계 연상으로 연결한 소비자가 15명, ③ 연상 B를 1단계, 연상 A를 2단계 연상으로 연결한 소비자가 15명, ④ 연상 B를 2단계, 연상 A를 3단계 연상으로 연결한 소비자가 5명 등일 수 있다. 이 경우 ①과 ②에서는 연상 A가 연상 B의 상위 단계에 위치하는 반면, ③과 ④에서는 연상 B가 연상 A보다 상위 단계에 위치한다. 이를 고려해 엑셀에 연결 횟수를 입력할 때 〈그림 2-2〉와 같이 연상 A가 상위 단계에 위치한 횟수(40)와 연상 B가 상위 단계에 위치한 횟수(20)를 구분해 입력한다. 엑셀에서는 첫 번째 열에 입력되어 있는 연상들이 첫 번째 행에 입력되어 있는 연상들보다 상위 단계에 해당하는 것으로 간주된다.

반면 연상 C, 연상 E와 같이 100명의 소비자 중 1명만 연결시킨 연상을 최종 연상 네트워크에 연결된 것으로 표시할 수는 없다. 따라서 최종 연상 네트워크에 서로 연결된 연상들로 표시하기 위해 필요한 최소한의 연결 횟수를 결정해야 한다. 이를 위한 BCM의 기준은 다음과 같다. 우선 조사에 참여한 소비자 중 동일한 두 연상을 연결시킨 소비자의 수를 헤아린다. 예를 들어 조사에 참여한 소비자 중 연상 B와 연상 F를 연결시킨 소비자 수는 62명, 연상 E와 연상 G를 연결시킨 소비자 수는 66명 등과 같은 방식이다. BCM에서는 이러한 수치를 "연결 관계의 개수(number of interconnections)"라고 부른다. 다음으로 각 연결 관계의 개수에 해당하는 연상들의 짝이 몇 개나 있는지 헤아린다. BCM에서는 이러한 수치를 "연상 짝의 개수(number of association pairs)"라고 부른다. 예를 들어 조사에 참여한 소비자 중 10명이 연결한 연상들이 ① 연상 A와 연상 D, ② 연상 B와 연상 C, ③ 연상 D와 연상 I 등 3가지라면 연결 관계의 개수 10에 해당하는 연상 짝의 개수는 3이다.

마지막으로 분석 결과를 〈그림 2-3〉과 같은 그래프로 나타낸다(John et al., 2006). 이 그래프의 경우 조사에 참여한 소비자 중 1명만 연결시킨 연상들이 109가지, 4명이 연결시킨 연상들이 9가지, 12명이 연결시킨 연상들이 1가지 등임을 알 수 있다. BCM은 이러한 그래프가 급격히 꺾이는 변곡점의 X값 이상의 소비자가 연결시킨 연상들만을 최종 연상 네트워크에 연결된 것으로 표시할 것을 제안한다. 예를 들어 〈그림 2-3〉의 경우 X값이 4인 지점에서 변곡점이 형성된다. 따라서 조사에 참여한 110명 중 최소한 4명 이상이 연결시킨 연상들만을 최종 연상 네트워크에 연결된 것으로 표시한다. 변곡점의 X값은 대상 브랜드 및 소비자에 따라 달라질 수 있다. 마지막으로 각 연결 관계에 대해 이를 언급한 소비자들이 선택한 연결 강도(1, 2 또는 3)의 평균값을 계산한 뒤 이를 반올림한 값을 해당 연결 관계의 연결 강도

<그림 2-3> 최종 연상 네트워크에 포함시킬 연결 관계 결정을 위한 분석 그래프

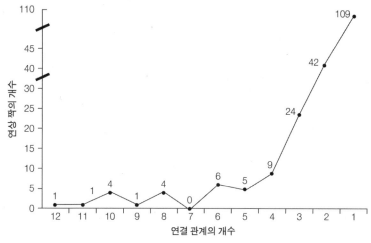

자료: John et al.(2006).

로 결정한다.

한편 해당 브랜드에 대한 소비자의 연상을 도출(elicitation)하기 위해서는 일반적으로 자유연상(free recall) 방법을 사용한다(Boivin, 1986). 대상 소비자에게 해당 브랜드명을 제시한 뒤 머릿속에 떠오르는 연상들을 자유롭게 기술하거나 말하도록 하는 것이다. 이 경우 대상 소비자가 많으면 많을수록 언급되는 연상의 개수가 많아지고, 이로써 전체 소비자 중에서 동일한 연상을 언급한 소비자가 차지하는 비율이 적어지는 경향이 있다. 이렇게 되면 극히 소수의 연상들만으로 최종 연상 네트워크를 구성하게 되고, 이로써 이후 단계 작업의 타당성이 떨어지게 된다.

이와 달리 BCM의 가장 큰 장점은 제한된 개수의 연상만으로 작업이 이루어진다는 것이다. 따라서 모든 소비자가 주어진 연상들만으로 해당 브랜드에 대한 자신의 연상을 나타내기 때문에 앞서 언급한 자유연상 방법의 단점을 보완할 수 있다. 그러나 이러한 장점은 BCM의 큰 단점이기도 하다. 기존 연구에 따르면 소비자의 연상은 주어지는 단서에 따라 매우 달라질 수 있다(Keller, 1987). 즉 동일한 브랜드에 대한 연상이라 할지라도 BCM과 같이 특정 단어와 어구들을 단서로 제공하는 경우와 자유연상 방법과 같이 해당 브랜드명만을 단서로 제공하는 경우의 연상이 매우 다를 수 있다는 것이다. 따라서 BCM을 통해 도출된 연상 네트워크는 해당 브랜드에 대한 소비자의 연상을 정확히 반영한다고 보기 어렵다.

2. ZMET

잘트먼과 콜터가 개발한 ZMET은 3가지 중요한 전제를 바탕으로 한다. 첫째, 어떤 대상에 대한 사람의 연상은 대부분 비언어적인 요소들, 특히 시각적 이미지로 이루어져 있다. 둘째, 사람의 의식 속에 내재되어 있는 시각적 이미지는 언어적으로 표현하기 어려운 경우가 많다. 셋째, 사람의 의식 속에 내재되어 있는 시각적 이미지는 현실 속에 존재하는 시각적 이미지를 통해 은유적으로 표현할 수 있다.

이러한 전제를 바탕으로 연구자는 소수의 소비자들(일반적으로 20여 명)을 모은 뒤 이들에게 며칠 동안 여유를 주고 해당 브랜드에 대한 자신의 연상을 가장 잘 나타낼 수 있는 사진들을 찾거나 직접 찍어오도록 한다. 며칠 후 각 소비자와 다시 만난 연구자는 소비자가 모아 온 사진들을 분석함으로써 해당 브랜드에 대한 소비자의 연상 네트워크를 작성한다. 이를 위해 연구자는 우선 소비자에게 각 사진이 해당 브랜드에 대한 자신의 연상과 관련해 어떤 의미를 내포하는지 설명하도록 한다. 그리고 이 사진들만으로 해당 브

〈그림 2-4〉 ZMET을 통해 도출한 소비자의 이미지 예(대상: 프리미엄 커피)

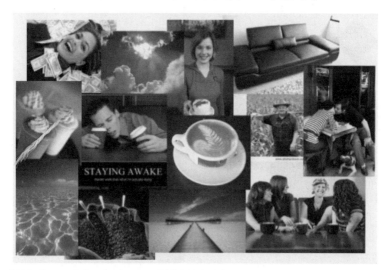

자료: http://cuppacoffeebean.wordpress.com(검색일: 2019.1.25).

랜드에 대한 자신의 연상을 충분히 나타낼 수 있는지 물어보고, 충분치 않다면 추가로 어떤 사진이 필요한지 묘사하도록 한다(〈그림 2-4〉).

　이와 같은 과정을 거쳐 필요한 사진들이 모두 준비되면 연구자는 소비자가 이 사진들을 다시 배열해 비슷한 의미를 내포하는 사진들끼리 분류하도록 한다. 이어서 켈리(Kelly, 1955)가 개발한 '레퍼토리 격자(Repertory Grid)'라는 방법을 사용해 한 묶음으로 분류된 사진들이 공통으로 의미하는 개념을 결정한다. 이를 위해 우선 각 사진 묶음에서 무작위로 3장의 사진을 뽑은 뒤 그중에서 소비자가 염두에 두고 있는 개념을 더 잘 표현하는 2장의 사진을 골라내도록 하고 이러한 선택의 기준이 무엇인지 설명하도록 한다. 나머지 사진들에 대해서도 동일한 작업을 실시해 소비자가 염두에 두고 있는 개념을 구체화한다. 이러한 과정을 통해 해당 브랜드에 대한 소비자의 연상을

〈그림 2-5〉 ZMET을 통해 도출한 브랜드 연상 네트워크의 예(대상: 프리미엄 커피)

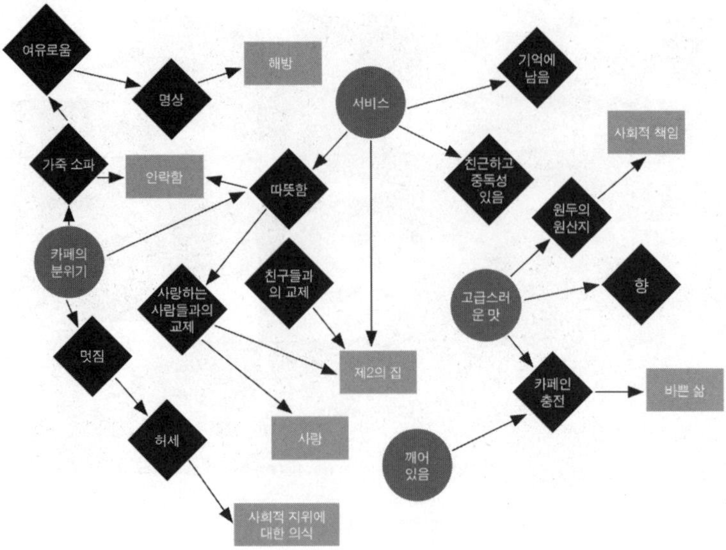

자료: http://thod.tistory.com/entry/ZMET-Research-Process(검색일: 2019.1.20).

대표하는 개념들을 도출한 뒤 마지막으로 소비자가 해당 개념들의 원인-결과 관계를 생각하도록 하고, 이러한 연결 관계를 〈그림 2-5〉와 같은 도표로 그려 나타내도록 한다.

　이와 같은 방법으로 각 소비자의 개별 연상 네트워크를 도출한 연구자는 이를 취합해 해당 브랜드에 대한 전체 소비자의 연상을 대표하는 최종 연상 네트워크를 도출한다. 이를 위해 사용하는 방법은 앞에서 설명한 BCM의 방법과 유사하다. 연구에 참여한 소비자들 중 1/3 이상이 언급한 개념들과 1/4 이상이 언급한 연결 관계들만으로 최종 연상 네트워크를 구성하는 것이다. 이때 최종 연상 네트워크에서 각 연결 관계의 시작점에 해당하는 개념을 "근원 개념(originator constructs)", 끝점에 해당하는 개념을 "종착 개념(destination constructs)", 이 두 개념 사이에 위치하는 개념을 "연결 개념(connector constructs)"이라고 부른다.

BCM과 달리 ZMET에서는 1단계, 2단계, 3단계 연상과 같은 용어를 사용하지 않는다. 그러나 두 방법 모두 각 네트워크에서 소비자가 상위 단계에 해당하는 연상을 떠올리면 이 연상에 연결된 하위 단계의 연상들로 생각이 파생되어 나간다고 가정한다. 그러므로 ZMET를 통해 도출한 연상 네트워크의 근원 개념이란 BCM을 통해 도출한 연상 네트워크의 1단계 연상에 해당하고, 연결 개념과 종착 개념은 근원 개념에 연결된 순서에 따라 2단계, 3단계 연상이라 부를 수 있다.

ZMET의 장점은 무엇보다도 시각적 이미지를 바탕으로 브랜드 연상 네트워크를 도출한다는 점이다. 브랜드에 대한 소비자의 다양한 체험, 지식, 느낌, 평가를 언어로만 표현하는 것은 분명 한계가 있다. 심리학 이론에 따르면 사람의 기억은 의식(consciousness) 여부를 기준으로 구분할 수 있다. 즉 어떤 기억은 그러한 기억이 있다고 분명하게 의식하는 반면, 어떤 기억은 머릿속에 저장되어 있는데도 그러한 기억이 저장되어 있다는 것조차 의식하지 못한다는 것이다. 콜 외(Koll, Wallpach and Kreuzer, 2010)는 기억의 이러한 유형을 〈그림 2-6〉과 같이 분류했다. '의식적 기억(conscious memory)'이 있는가 하면 '무의식적 기억(unconscious memory)'도 있고 의식의 정도가 중간 정도에 해당하는 기억도 있다는 것이다.

또한 사람의 기억은 구체적인 단어를 사용해 개념화할 수 있는지에 따라 '언어적 기억(verbal memory)'과 '비(非)언어적 기억(non-verbal memory)'으로 분류할 수도 있다. 언어적 기억의 경우 구체적 개념을 사용해 표현할 수 있는 기억인 반면, 비언어적 기억은 이러한 표현이 어려운 기억을 가리킨다. 사람이 어떤 대상과 관련해 떠올리는 다양한 시각적 이미지의 경우 특정 단어를

<그림 2-6> 의식 여부 및 정도에 따른 기억의 분류

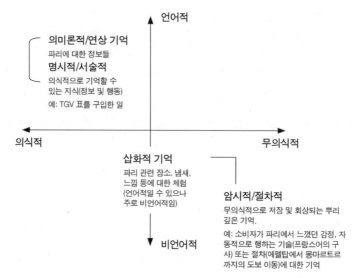

의미론적/연상 기억
파리에 대한 정보들
명시적/서술적
의식적으로 기억할 수
있는 지식(정보 및 행동)
예: TGV 표를 구입한 일

언어적

의식적

무의식적

삽화적 기억
파리 관련 장소, 냄새,
느낌 등에 대한 체험
(언어적일 수 있으나
주로 비언어적임)

암시적/절차적
무의식적으로 저장 및 회상되는 뿌리
깊은 기억.
예: 소비자가 파리에서 느꼈던 감정, 자
동적으로 행하는 기술(프랑스어의 구
사) 또는 절차(에펠탑에서 몽마르트르
까지의 도보 이동)에 대한 기억

비언어적

자료: Koll, Wallpach and Kreuzer(2010).

사용해 구체적 개념으로 표현하기 어려운 경우가 많다. 비언어적 기억인 것
이다. ZMET은 브랜드에 대한 소비자의 기억 속에도 이러한 시각적 요소가
많다는 점에 착안해 개발된 방법이다.

사람의 기억에 대한 이론들 역시 <그림 2-6>과 같이 크게 4가지로 분류
할 수 있다. 그중 가장 대표적인 것이 '의미론적 기억 이론(Semantic Memory
Theory)'이다. 이 이론의 핵심은 사람의 경우 습득한 지식을 여러 개의 정보로
나누어 기억한다는 것이다. 각 정보를 "노드(node)"라 부르고, 여러 개의 노
드가 서로 복잡하게 연결된 네트워크 형태로 기억의 구조를 설명하기 때문
에 이 이론을 "연상 네트워크 이론(Associative Network Theory)"이라고도 부른
다. 이와 같이 습득한 지식, 즉 기억을 여러 개의 정보로 나누어 저장한다는
것은 해당 기억을 분명히 의식하고 있다는 것을 의미한다. 또한 구체적인

개념으로 표현할 수 있다는 뜻이기도 하다. 이러한 특성 때문에 〈그림 2-6〉에서는 의미론적 기억 이론이 2사분면의 상단에 위치해 있다.

콜 외(Koll, Wallpach and Kreuzer, 2010)는 의미론적 기억 이론의 설명을 위해 프랑스 파리에 대한 기억을 예로 들었다. 어떤 사람에게 '파리하면 떠오르는 것들을 얘기해 보라'고 했을 때 그 사람이 파리에 대한 기본적 사실들, 즉 파리와 한국의 시차가 7시간이고, 위도는 서울보다 훨씬 더 위에 있고, 크기는 서울의 1/6 정도 된다와 같이 답했다면 이러한 지식이 바로 파리에 대해 그 사람이 갖고 있는 의미론적 기억이라는 것이다. 한편 그 사람이 과거에 실제로 파리를 여행한 경험이 있을 경우 앞에서와 같은 의미론적 기억 외에도 당시 여행했던 기억을 떠올리며 그곳에서의 경험을 얘기할 수도 있을 것이다. TGV를 탔었다든지, 에펠탑과 몽마르트르 언덕에 올라갔었다든지 등이 예가 될 수 있다. 더 나아가 이러한 체험을 위해 사전에 어떤 준비를 했으며 비용은 얼마나 들었고 또 그곳에서 무엇을 보았는지 등에 대해 좀 더 구체적으로 설명할 수도 있다. 이렇게 머릿속에 분명하게 기억되어 있지만 특정 개념만으로 표현하기보다는 상대적으로 긴 설명이 필요한 기억을 가리켜 "명시적·서술적 기억(explicit·declarative memory)"이라고 부른다. 이러한 기억은 당연히 의식적 기억이다. 또한 특정 단어를 이용해 개념화한 것은 아니지만 언어로 표현할 수 있는 기억이기 때문에 언어적 기억에 해당한다.

한편 앞에서와 같은 얘기를 할 때, 그 사람의 머릿속에는 실제로 당시에 보았던 여러 장면이 시각적으로 떠오를 가능성이 크다. 예를 들어 TGV를 탔었다면 달리는 기차의 창밖으로 빠르게 지나갔던 경치가 떠오를 것이다. 마찬가지로 에펠탑에 올라갔었다면 에펠탑 위에서 내려다본 파리의 전경이 떠오를 것이다. 시각 이외의 감각과 관련된 기억들, 예를 들어 에펠탑 근처에 빵집이 있었는데 그곳을 지나갈 때 맡았던 구수한 빵 냄새 같은 후각적 기억이 떠오를 수도 있고, 주변에 몰려 있던 사람들이 시끄럽게 떠들던 청각적 기억도 떠오를 수 있다. 이와 함께 당시 느꼈던 감정도 떠오를 수 있다. 이러한 기억들을 일일이 언어로 표현할 수는 없다. 그러나 여전히 그 사람의 기억 속에 들어 있는 것들이다. 이와 같이 구체적인 언어로 표현하기 어려운 체험과 관련된 기억을 일컬어 "삽화적 기억(episodic memory)"이라고 부른다.

이러한 삽화적 기억은 의식적 기억뿐만 아니라 무의식적 기억, 즉 그 사람이 체험한 것이기 때문에 기억 저편 어딘가에 들어 있지만 특별한 단서가 주어지지 않으면 떠오르지 않는 기억일 수 있다. 예를 들어 당시 에펠탑에 갈 때 지나갔던 빵집 옆에 스타벅스 커피숍이 있었는데 무심코 그냥 지나갔다면 파리에 대해 생각할 때 쉽게 떠오르지 않을 수 있다. 그러나 나중에 다른 친구와 우연히 스타벅스에 대한 이야기를 하다 보면 당시 파리에서 보았던 스타벅스가 생각날 수 있다. 이와 같이 삽화적 기억은 의식적 기억과 무의식적 기억을 모두 포함하고 있다. 따라서 삽화적 기억은 〈그림 2-6〉에서 X축의 중간에 위치한다.

마지막으로 어떤 기억은 분명히 체험하기는 했는데 도무지 떠오르지 않을 수 있다. 예를 들어 에펠탑에서 내려와 몽마르트르 언덕까지 버스를 타고 갔는데 구체적으로 어떤 행동을 했는지, 예를 들어 버스에 오를 때 오른발부터 올라갔는지, 왼발부터 올라갔는지, 손잡이를 잡았는지, 창에 기대어서 있었는지 등에 대해서는 기억나지 않을 수 있다. 이러한 행동은 특별히 의식하지 않고 거의 반사적으로 또는 기계적으로 이루어지는 것이기 때문이다. 이와 같이 일반적인 순서가 몸에 배어서 의식하지 않아도 기계적으로 이루어지는 행동에 대한 기억을 "암시적·절차적 기억(implicit·procedural memory)"이라고 부른다. 이러한 기억은 당연히 무의식적 기억인 동시에 비언어적 기억에 해당한다.

이와 같은 분류체계에 따르면 ZMET은 의미론적 기억뿐만 아니라 명시적·서술적 기억 그리고 삽화적 기억의 도출에 효과적이다. 그러나 ZMET 역시 연상 네트워크 도출 단계에서 소비자가 선택한 사진들이 내포하는 의미를 다시 언어적으로 표현하도록 하는 한계가 있다. 이는 브랜드 연상을 온전히 시각적 이미지만으로 표현하기는 어렵다는 것을 보여준다. 연구에 참여하는 소비자에게 너무 많은 부담을 준다는 것 또한 ZMET의 단점이다. 이 연구에 참여하기 위해 소비자는 해당 브랜드에 대한 자신의 연상을 시각적으로 나타낼 수 있는 사진을 찾거나 직접 찍어야 한다. 그러나 소비자 스스로도 해당 브랜드에 대해 자신이 갖고 있는 시각적 이미지가 무엇인지 명확하지 않을 수 있다. 또한 머릿속에 있는 시각적 이미지가 상대적으로 명확한 경우에도 이를 정확히 표현하는 사진을 찾거나 직접 찍는 것은 쉬운 일이 아니다. 이러한 단점 때문에 ZMET은 실무에서 거의 사용되지 않고 있다.

3. 네트워크 분석

네트워크 분석은 사람들 사이의 연결 관계로 이루어진 네트워크의 구조를 분석하고 이를 통해 사람들 사이에서 발생하는 다양한 사회현상을 해석하기 위해 개발되었다(Knoke and Kuklinski, 1982; Scott, 1991; Ward and Reingen, 1990). 그러나 사람들 사이의 연결 관계뿐만 아니라 네트워크의 구조를 띠는 다양한 연결 관계를 분석할 때도 사용되고 있다. 뇌세포 조직의 연결 관계(Greicius et al., 2003), 정보의 교환(Haythornthwaite, 1996), 국제무역(Mahutga, 2006),

사용 브랜드의 교체(Henderson, Iacobucci and Calder, 2002), 도시들 간의 경쟁구조(Zenker, Eggers and Farsky, 2013) 등이 대표적인 예이다. 특히 헨더슨 외(Henderson, Iacobucci and Calder, 1998)는 소비자의 브랜드 연상 역시 네트워크 구조를 띠고 있음에 착안해 네트워크 분석에서 사용하는 다양한 개념과 방법을 브랜드 연상의 분석에 적용했다. 구체적인 방법은 다음과 같다.

우선 연구자는 ZMET에서 언급한 레퍼토리 격자 방법을 사용해 브랜드 연상을 도출한다. 그러나 특정 브랜드 하나에 대한 소비자의 연상 도출에 초점을 맞추었던 BCM과 ZMET과 달리 네트워크 분석에서는 여러 브랜드에 대한 소비자의 연상을 동시에 도출한다. 이를 위해 연구자는 해당 제품군에서 연구 대상으로 삼을 복수의 브랜드를 결정한다. 다음으로 연구에 참가할 소비자들을 모은 뒤 각 소비자에게 해당 브랜드들 중에서 3개의 브랜드를 무작위로 추출해 제시하고 서로 더 유사하다고 생각하는 브랜드 2개를 고르도록 한다. 소비자가 브랜드 2개를 고르면 연구자는 다시 그 소비자에게 그러한 선택이 어떠한 기준으로 이루어진 것인지 말하도록 한다. 이때 소비자가 언급하는 기준을 두 브랜드에 대한 소비자의 연상으로 간주하는 것이다. 나머지 브랜드들에 대해서도 동일한 방법을 적용하되 더 이상 유의미한 연상이 도출되지 않을 때까지 작업을 계속한다.

이렇게 각 브랜드에 대해 각 소비자가 갖고 있는 연상들을 도출한 뒤 연구자는 결과를 매트릭스 3개로 나누어 정리한다. 우선 첫 번째 매트릭스에는 해당 브랜드들과 도출된 연상들의 연결 관계를 기록한다. 즉 각 브랜드를 나타내는 열과 각 연상을 나타내는 행으로 이루어진 표를 만들고 각 열과 행이 교차하는 부분에 1 또는 0을 써 넣는다. 이때 1은 소비자가 해당 브랜드에 대해 그 연상을 갖고 있음을 나타내고, 0은 그렇지 않음을 나타낸다(〈표 2-1〉). 두 번째 매트릭스에는 해당 브랜드들의 연결 관계를 기록한다. 첫

〈표 2-1〉 네트워크 분석을 위한 매트릭스 1: 브랜드들과 연상들 간의 연결 관계

	포르셰	람보르기니	닛산 300ZX	재규어	메르세데스	카마로	콜벳
신비롭지 않음	0	0	1	0	0	1	1
일반적인 디자인	1	1	0	1	0	0	0
고급스러운	1	1	0	1	1	0	0
저렴한 가격	0	0	1	0	0	1	1
유럽풍이 아닌	0	0	0	0	0	1	0

자료: Henderson, Iacobucci and Calder(1998).

〈표 2-2〉 네트워크 분석을 위한 매트릭스 2: 브랜드들 간의 연결 관계

	포르셰	람보르기니	닛산 300ZX	재규어	메르세데스	카마로	콜벳
포르셰	2	2	0	2	1	0	0
람보르기니	2	2	0	2	1	0	0
닛산 300 ZX	0	0	2	0	0	2	2
재규어	2	2	0	2	1	0	0
메르세데스	1	1	0	1	1	0	0
카마로	0	0	2	0	0	2	2
콜벳	0	0	2	0	0	2	2

자료: Henderson, Iacobucci and Calder(1998).

번째 매트릭스와는 달리 이 매트릭스에는 행과 열에 모두 해당 브랜드명들을 써 넣는다. 그리고 2개의 서로 다른 브랜드가 교차하는 부분에는 이 브랜드들이 서로 공유하는 연상의 개수를 써 넣는다. 반면 동일한 브랜드가 교차하는 부분에는 소비자가 그 브랜드에 대해 갖고 있는 연상의 개수를 써 넣는다(〈표 2-2〉). 마지막으로 세 번째 매트릭스에는 해당 연상들의 연결 관

자료: Henderson, Iacobucci and Calder(1998).

〈표 2-3〉 네트워크 분석을 위한 매트릭스 3: 연상들 간의 연결 관계

	신비롭지 않음	디자인	고급스러운	저렴한 가격	유럽풍이 아닌
신비롭지 않음	3	0	0	3	1
디자인	0	3	3	0	0
고급스러운	0	3	4	0	0
저렴한 가격	3	0	0	3	1
유럽풍이 아닌	1	0	0	1	1

계를 기록한다. 기록 방식은 두 번째 매트릭스와 유사하다. 즉 행과 열에 모두 해당 연상들을 써 넣고 서로 다른 연상들이 교차하는 부분에는 이 연상들을 공유하는 브랜드의 개수를, 동일한 연상이 교차하는 부분에는 소비자가 이 연상을 연결시켜 기억하는 브랜드의 개수를 써 넣는 것이다(〈표 2-3〉).

앞에서와 같이 각 소비자의 연상 네트워크를 매트릭스 형태로 정리하면 여러 소비자를 대표하는 연상 네트워크 역시 쉽게 도출할 수 있다. 우선 〈표 2-4〉와 같은 매트릭스를 만들어놓는다. 이어서 각 브랜드와 연상, 브랜드와 브랜드, 연상과 연상을 연결한 소비자의 숫자를 센다. 이 수치는 앞에서 작성한 각 소비자의 매트릭스에 해당 연결 관계가 1로 표시되어 있는지를 확인하고, 그렇게 표시한 소비자의 숫자를 셈으로써 파악할 수 있다. 마지막으로 BCM과 ZMET에서와 같이 최종 연상 네트워크에 포함할 연결 관계 결정의 기준, 즉 전체 소비자 중 몇 % 이상의 소비자가 언급한 연결 관계만으로 최종 연상 네트워크를 구성할지 결정해 작업을 마무리한다. 헨더슨 외 (Henderson, Iacobucci and Calder, 1998)는 이에 대한 구체적 기준을 제시하지 않

〈표 2-4〉 네트워크 분석을 위한 최종 매트릭스

	브랜드							규모				
	포르셰	람보르기니	닛산 300ZX	재규어	메르세데스	카마로	콜벳	신비롭지 않음	디자인	고급스러운	저렴한 가격	유럽풍이 아닌
포르셰	1	1	0	0	1	0	0	0	1	1	0	0
람보르기니	1	1	0	0	1	0	0	0	1	1	0	0
닛산 300ZX	0	0	1	1	0	1	1	1	0	0	1	0
재규어	1	1	0	0	1	0	0	0	1	1	0	0
메르세데스	1	1	0	0	1	0	0	0	0	1	0	0
카마로	0	0	1	1	0	1	1	1	0	0	1	1
콜벳	0	0	1	1	0	1	1	1	0	0	1	1
신비롭지 않음	0	0	1	1	0	1	1	1	0	0	1	1
디자인	1	1	0	0	0	0	0	0	1	1	0	0
고급스러운	1	1	0	0	1	0	0	0	1	1	0	0
저렴한 가격	0	0	1	1	0	1	1	1	0	0	1	1
유럽풍이 아닌	0	0	0	0	0	0	0	1	0	0	1	1

자료: Henderson, Iacobucci and Calder(1998).

왔다. 따라서 BCM에서 사용한 방법을 사용하기를 권한다(〈그림 2-3〉 참조).

앞에서와 같은 네트워크 분석의 가장 큰 장점은 브랜드 연상의 도출 단계에서 소비자가 여러 브랜드를 서로 비교한 뒤 유사점과 차이점을 바탕으로 하나의 브랜드가 아닌 여러 브랜드에 대한 연상을 동시에 도출한다는 점이다. 기업이 자사 브랜드의 마케팅 커뮤니케이션 전략을 수립하기 위해서는 소비자의 자사 브랜드에 대한 연상뿐만 아니라 경쟁 브랜드에 대한 연상 또한 분석해야 한다. 이를 고려할 때 네트워크 분석은 소비자가 해당 브랜드를 경쟁 브랜드와 비교해 어떻게 인식하고 있는지, 이를 개선하거나 강화하기 위해 어떤 연상을 중점적으로 관리해야 하는지 등과 관련해 매우 유용한 정보를 제공한다.

〈표 2-5〉 BCM, ZMET, 네트워크 분석의 장점과 단점

	BCM	ZMET	네트워크 분석
장점	전체 소비자 집단을 대표하는 브랜드 연상 네트워크를 도출하기 쉬움.	소비자의 다양한 체험, 지식, 느낌, 평가를 반영할 수 있음.	- 해당 브랜드와 경쟁사 브랜드들에 대한 연상을 동시에 도출할 수 있음. - 매트릭스 형태로 연상 데이터를 저장해 분석이 쉬움.
단점	소비자가 실제로 갖고 있는 브랜드 연상 네트워크와 도출된 브랜드 연상 네트워크 사이에 차이가 있음.	- 시각적 연상을 정확히 표현할 수 있는 그림이나 사진을 찾기가 쉽지 않음. - 최종 단계에서 시각적 이미지를 다시 언어적으로 표현해야 함.	해당 브랜드에 대한 독특한 체험, 지식, 느낌, 평가를 도출할 수 없음.

자료: 지준형(2010).

이러한 장점에도 네트워크 분석은 소비자가 연상의 범위를 서로 다른 두 브랜드를 비교할 수 있는 개념으로 한정한다는 단점이 있다. 앞에서 말한 바와 같이 브랜드 연상은 해당 브랜드에 대한 소비자의 경험, 지식, 느낌, 평가 등 다양한 관점의 생각을 반영한다. 이 중 많은 연상이 해당 브랜드에 대해서만 고유하게 형성된 것일 수 있다. 기업 역시 자사 브랜드에 대한 차별적인 연상을 형성하는 데 마케팅 커뮤니케이션 전략의 목표를 두는 경우가 많다. 이를 고려할 때 브랜드 연상 도출 단계에서는 여러 브랜드의 비교기준이 되는 연상뿐만 아니라 각 브랜드의 고유한 연상 또한 도출되어야 한다. 레퍼토리 격자 방법만으로 충족시킬 수 없는 점이다.

지금까지 설명한 BCM, ZMET, 네트워크 분석의 장점과 단점을 정리하면 〈표 2-5〉와 같다.

4. 새로운 브랜드 연상 네트워크 도출 방법

앞에서 살펴본 바와 같이 기존에 개발된 브랜드 연상 네트워크 도출 방법은 모두 개선의 여지가 있다. 필자(지준형, 2010)는 이러한 방법들의 장점을 살리되 단점은 보완할 수 있는 새로운 방법을 제시한 바 있다. 다음에서는 이를 소개한다. 이 방법 역시 ① 개별 소비자의 브랜드 연상 도출, ② 개별 소비자의 브랜드 연상 네트워크 도출, ③ 타깃 소비자 집단의 브랜드 연상 네트워크 도출 등 3가지 단계로 구성된다.

1) 개별 소비자의 브랜드 연상 도출

필자(지준형, 2010)가 제시한 방법의 가장 큰 특징은 자유연상(free recall) 방법으로 개별 소비자의 브랜드 연상을 도출한다는 것이다. 이미 많은 연구자와 실무자가 같은 목적을 위해 자유연상 방법을 사용하고 있다. 그러나 이를 통해 도출된 연상들로부터 브랜드 연상 네트워크를 그려내는 방법이 확립되어 있지 않기 때문에 대부분의 연구자와 실무자가 이 방법을 효과적으로 사용하지 못하고 있다. 또한 BCM의 장점과 관련해 앞에서 언급한 바와 같이 아무런 단서 없이 다수의 소비자에게 해당 브랜드에 대한 연상을 자유롭게 쓰거나 말하도록 하면 지나치게 다양한 연상이 도출되어 최종적으로 타깃 소비자 그룹을 대표하는 브랜드 연상 네트워크를 도출하기 어렵다.

이러한 문제점을 해결하는 동시에 자유연상 방법을 더 체계적으로 사용하기 위해 필자(지준형, 2010)가 제시하는 방법은 다음과 같다. 우선 각 소비자에게 해당 브랜드가 무엇인지 알려주지 않은 상태에서 해당 제품군을 구매 또는 사용하는 다양한 상황을 머릿속에 떠올리도록 한다. 예를 들어 해당 브랜드가 맥주라면 맥주를 마시는 상황(예: 회식, 운동 후, 퇴근 후 집에서 등)이 될 것이다. 이와 같이 해당 브랜드에 대한 연상을 떠올리기 전에 해당 제품군의 사용 상황을 먼저 생각하도록 하는 이유는 2가지이다. 첫째, 소비자들이 유사한 상황을 생각하도록 함으로써 유사한 연상들이 도출될 가능성이 높아진다. 둘째, 소비자들이 해당 브랜드를 구매 또는 소비 상황과 연결해 생각함으로써 브랜드 태도 및 구매 의도에 직접적으로 영향을 미치는 연상들이 도출될 가능성이 높아진다.

이어서 각 소비자에게 해당 브랜드명을 제시하고 머릿속에 떠오르는 연상들을 종이 위에 순서대로 빠르게 써 내려가도록 한다. 이때 주어지는 시간이 너무 길면 소비자는 연상 개수를 늘리기 위해 이미 써놓은 단어 또는 어구를 중심으로 연상을 확장해 나가는 경향이 있다(Nelson et al., 1993). 이렇게 도출된 연상들은 해당 브랜드와 특별한 연관이 없는 경우가 많다. 따라서 소비자가 지속적으로 해당 브랜드에 연상을 집중할 수 있도록 작업 시간을 1분 정도로 최소화하는 것이 좋다. 다음으로 각 연상에 대한 자신의 태도, 즉 각 연상이 자신에게 긍정적 또는 부정적 의미가 있는지를 해당 단어 또는 어구 옆에 '+' 또는 '-'를 써 넣어 표시하도록 한다. 많은 연상의 경우 이에 대한 태도가 명확하지 않거나 긍정적 의미와 부정적 의미를 모두 내포할 수 있다. 이러한 연상에 대해서는 'o'을 써 넣어 이에 대한 태도가 중립적이라는 것을 표시하도록 한다.

마지막으로 자신의 연상들 중 서로 연결되어 있다고 생각하는 연상들을 선을 그어 표시하도록 한다. 자유연상에 대한 기존 연구에 따르면 어떤 대상을 생각할 때 빠르게 떠오르는 연상들은 이 대상에 직접 연결되어 있는 연상들, 즉 1단계 연상이다. 이 연상들은 서로 연결되어 있을 수도 있지만 그렇지 않을 수도 있다. 이렇게 1단계 연상을 떠올리다가 더 이상 떠오르는

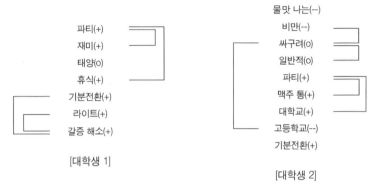

〈그림 2-7〉 미국 대학생들 2명의 버드라이트에 대한 연상

[대학생 1]

[대학생 2]

자료: 지준형(2010).

연상이 없으면 사람들은 대개 이미 떠올린 1단계 연상들 중 어느 한 연상을 중심으로 생각을 파생해 나간다. 그러다가 다시 생각이 막히면 또 다른 연상을 중심으로 기억을 파생해 나가는 등, 생각이 파생되어 나가는 과정은 매우 복잡하다(Friendly, 1977). 소비자에게 각 연상의 연결 관계를 직접 표시하도록 하는 것은 이러한 기억의 파생 과정을 확인하기 위한 방법이다. 〈그림 2-7〉은 저자가 앞의 방법에 맞춰 미국 대학생 10명에게서 버드라이트(Bud Light)에 대한 연상을 도출한 결과 중 2명의 연상만을 제시한 것이다.

2) 개별 소비자의 브랜드 연상 네트워크 도출

앞에서와 같이 해당 브랜드에 대한 개별 소비자의 연상들과 각 연상에 대한 태도, 연상들의 연결 관계가 도출되면 이를 종이에 그림으로 그려 나타낼 수 있다. 우선 종이의 중앙에 해당 브랜드를 나타내는 원을 그린다. 다

〈그림 2-8〉미국 대학생들 2명의 버드라이트에 대한 연상 네트워크

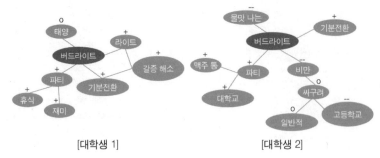

[대학생 1]   [대학생 2]

자료: 지준형(2010).

음으로 앞의 과정을 통해 도출된 연상들 가운데 1단계 연상을 가려낸다. 네
트워크 분석에서는 서로 연결되어 있는 연상들의 그룹을 일컬어 "클릭
(clique)"이라고 부른다(Luce and Perry, 1949). 일반적으로 브랜드 연상 네트워크
는 몇 개의 클릭으로 이루어져 있는데, 각 클릭에서 가장 많은 소비자가 언
급한 연상을 1단계 연상으로 간주한다. 가장 많은 소비자가 언급한 연상의
경우 가장 빨리 떠오를 가능성 또한 크기 때문이다. 한편 어느 연상과도 연
결되어 있지 않은 독립적 연상 역시 하나의 클릭을 이루며 이것 역시 1단계
연상으로 간주한다.

　이렇게 1단계 연상을 가려낸 후 종이 위에 그려져 있는 해당 브랜드 주변
에 각 1단계 연상을 나타내는 원을 그리고, 선을 그어 이 원들과 브랜드를
연결한다. 다음으로 각 클릭에 포함되어 있는 나머지 연상들의 연결 관계를
종이 위에 그대로 그린다. 마지막으로 각 연상 위에 이 연상에 대한 소비자
의 태도를 '+', '-' 또는 'o'을 써서 표시한다. 〈그림 2-8〉은 앞의 방법에 맞춰
〈그림 2-7〉의 연상들을 네트워크 형태로 바꾼 것이다.

3) 타깃 소비자 그룹의 브랜드 연상 네트워크

앞의 과정을 통해 개별 소비자의 브랜드 연상 네트워크가 도출되면 이를 결합해 타깃 소비자 그룹의 브랜드 연상 네트워크를 도출한다. 이를 위해 우선 첫 번째 소비자의 브랜드 연상 네트워크를 그대로 다른 종이에 옮겨 그린다. 다음으로 연결 관계를 나타내는 각 선 위에 작은 막대기를 그어 해당 연결 관계가 지금까지 한 명의 소비자에 의해 언급되었음을 표시한다. 그 위에 두 번째 소비자의 브랜드 연상 네트워크를 추가한다. 이때 두 소비자가 모두 언급한 연상에는 이미 그려져 있는 원 위에 이 연상에 대한 두 번째 소비자의 태도를 나타내는 기호(+, - 또는 0)를 써 넣는다. 반면 새로운 연상은 이를 나타내는 원을 새로 그리고, 그 위에 이 연상에 대한 두 번째 소비자의 태도를 표시한다. 다음으로 이 연상과 기존 연상의 연결 관계를 선을 그어 표시하고, 선 위에 작은 막대기를 그어 해당 연결 관계가 처음 언급되었음을 표시한다. 기존 연상들 중 이 연상과 연결되어 있는 것이 없을 때에는 이 연상을 나타내는 원과 이 연상에 대한 태도를 나타내는 기호만을 그려 넣는다. 나머지 소비자들의 연상 네트워크에 대해서도 동일한 방법을 적용해 모든 소비자에게서 도출된 연상들과 연결 관계, 각 연상에 대한 태도를 종이 한 장에 빠짐없이 기록한다.

이렇게 구성된 브랜드 연상 네트워크는 여러 소비자가 동일하게 언급한 연상들과 연결 관계들뿐만 아니라 개별 소비자의 독특한 경험, 지식, 느낌, 평가를 반영하는 연상들과 연결 관계들 또한 포함하고 있다. 이로부터 타깃 소비자 그룹을 대표하는 브랜드 연상을 도출하기 위해 BCM에서 사용한 기준을 적용해 대표성 있는 연상들과 연결 관계들만을 골라낸다. 다음으로 이렇게 정리된 브랜드 연상 네트워크에서 클릭들을 구분해 낸다. 마지막으로

<그림 2-9〉 미국 대학생 10명의 버드라이트에 대한 연상 네트워크

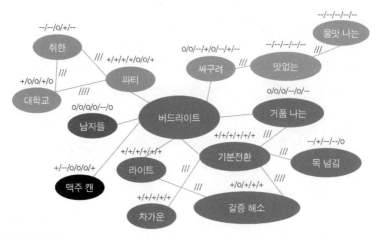

자료: 지준형(2010).

각 클릭에서 언급된 빈도수가 가장 많은 연상을 1단계 연상으로 삼은 뒤 이 연상들과 해당 브랜드를 선으로 연결하면 전체 소비자 그룹의 브랜드 연상 네트워크가 완성된다. 〈그림 2-9〉는 앞의 방법을 사용해 도출한 미국 대학생 10명의 버드라이트에 대한 연상 네트워크이다.

제3장
브랜드 연상의 개별적 특징 1
강도

1. 연상 강도의 특징

　연상 강도는 소비자가 특정 브랜드를 생각할 때 해당 연상이 얼마나 빨리 떠오르는지를 의미한다. 브랜드 연상 네트워크에서는 연상의 위계(1단계, 2단계, 3단계 등)가 각 연상의 강도 차이를 나타낸다. 즉 1단계 연상은 2단계, 3단계 등 하위 연상에 비해 빨리 떠오를 가능성이 크다는 것이다. 그러나 연상 강도는 고정되어 있기보다는 상황에 따라 매우 가변적이다. 동일한 1단계 연상들이라 하더라도 소비자가 해당 브랜드를 생각하는 상황 또는 주어진 단서에 따라 먼저 떠오르는 연상이 다를 수 있기 때문이다. 소비자가 어떤 정보를 기억하는지(availability)와 어떤 정보를 떠올리는지(accessibility)는 서로 다르다는 털빙과 펄스톤(Tulving and Pearlstone, 1966)의 주장과도 부합한다.

　그렇다면 연상 강도에 영향을 미치는 요인은 무엇일까? 펠드먼과 린치 (Feldman and Lynch, 1987)가 제안한 '접근성-진단성 모델(Accessibility-Diagnosticity

Model)'에서 답을 찾을 수 있다. 접근성-진단성 모델에 따르면 소비자의 머릿속에 기억되어 있는 정보가 소비자의 의사결정에 미치는 영향력은 각 정보의 접근성 및 진단성에 따라 달라진다. 접근성은 소비자가 해당 정보를 얼마나 잘 떠올리는지를 가리킨다. 연상 강도와 동일한 개념이다. 반면 진단성은 소비자가 어떤 결정(예: 구매 결정)을 내려야 할 때 해당 정보가 이러한 결정을 내리는 데 도움이 되는 정도를 가리킨다. 따라서 어떤 결정을 내려야 하는 상황에서 소비자가 기억하고 있는 정보 중 특정 정보가 사용될 가능성은 ① 해당 정보의 접근성, ② 해당 정보의 진단성, ③ 다른 정보의 접근성, ④ 다른 정보의 진단성 등 4가지 요소의 복합적 작용으로 결정된다.

우선 최근에 '활성화'된 적이 있는 정보는 그렇지 않은 정보에 비해 접근성이 높다. 최근에 떠올렸던 연상은 다음번에 훨씬 더 쉽고 빠르게 떠올릴 수 있다는 것이다. 또한 광고, 구전, 제품 리뷰 등 간접적으로 주어진 정보보다는 소비자 자신의 직접적인 경험으로 획득된 정보의 접근성이 높다. 후자와 같은 정보의 경우 소비자와의 관련성(Burnkrant and Unnava, 1995), 정보의 신뢰도(Smith and Swinyard, 1983), 명확성(Herr, Kardes and Kim, 1991) 등이 높기 때문이다. 또한 구체적 정보보다는 추상적 정보의 접근성이 더 높다. 사람은 본능적으로 구체적 정보를 그대로 기억하기보다 해당 정보의 의미를 해석해 추상적으로 기억하려는 경향이 있기 때문이다(Alba and Hasher, 1983). 예를 들어 특정 자동차의 가속력이 '0에서 60마일(mile)에 도달하는 데 6초 걸린다'는 정보가 주어졌을 때, 소비자는 이를 그대로 기억하기보다 '가속력이 빠르다(또는 느리다)'고 나름대로 해석해 기억할 가능성이 크다. 이러한 경향성이 브랜드 연상에 미치는 영향에 대해서는 제6장에서 자세히 다루고자 한다.

한편 앞에서와 같은 해석의 과정을 거치지 않고 원래 주어진 그대로 기억하는 정보라 할지라도 상황에 따라 현저성(salience: 특정 상황에서 어떤 대상 또는 정보가 중요하게 여겨지거나 관심을 끄는 정도)이 달라지고(Johnson, 1970), 이에 따라 접근성이 달라질 수 있다. 예를 들어 자동차의 가속력과 관련된 정보의 현저성은 해당 소비자가 스포츠카를 구입하려 할 때와 일반 승용차를 구입하려 할 때 매우 다를 것이다. 같은 맥락에서 라이 외(Lei, Dawar and Lemmink, 2008)는 어떤 단서가 주어지는지에 따라서도 관련 정보의 접근성이 달라질 수 있다는 것을 보여주었다.

소비자의 제품 관여도 역시 정보의 접근성에 영향을 미친다. 즉 동일한 제품이라 할지라도 소비자의 관여도가 낮을 때보다는 높을 때 관련 정보의 접근성이 높아진다. 관여도가 높은 소비자의 경우 낮은 소비자에 비해 관련 정보를 훨씬 더 체계적으로 기억하기 때문이다(MacInnis, Moorman and Jaworski, 1991). 같은 맥락에서 제품 친숙도 역시 정보의 접근성에 영향을 미친다. 특정 제품 또는 제품군에 대해 경험이 많은 소비자의 경우 해당 제품 및 경쟁 제품에 대한 지식 또한 많을 가능성이 크고, 경험이 많을수록 관련 정보의 인출 횟수 및 유용성 확인의 기회가 많아지기 때문이다(Hutchinson and Zenor, 1986). 이러한 경향성은 소비자의 지식, 신념, 판단 등에 부합하는 정보의 접근성에 긍정적 영향을 미친다(Alba, Hutchinson and Lynch, 1991). 다시 말해 독특한 정보보다는 일반적(typical) 정보의 접근성이 높다는 것이다. 소비자는 자신의 지식, 신념, 판단 등에 부합하지 않는 정보에 비해 부합하는 정보를 선호한다는 '확증 편향(confirmation bias)'과도 일맥상통한다(Crocker, 1981). 이러한 경향성은 차별화를 강조하는 광고의 일반적인 원칙과 상반된다. 이에 대해서는 제5장에서 자세히 다루고자 한다.

앞에서와 같은 요인들로 소비자가 특정 상황에서 해당 브랜드에 대해 특정 연상을 떠올리면 다시 이 연상에 가장 강하게 연결해 기억하고 있던 2단계, 3단계 연상이 떠오르는 방식으로 회상이 진행되어 나간다. 연상 네트워크 이론에서는 이러한 현상을 "파생점화(spreading activation)"라고 부른다(Collins and Loftus, 1975).

한편 주어진 상황에서 소비자는 강도가 강한 연상들, 즉 먼저 떠오르는 연상들을 중심으로 해당 브랜드를 판단하게 된다. 그러므로 연상 강도는 소비자의 의사결정, 특히 구매 결정에 직접적인 영향을 미친다(Keller, 1998). 예를 들어 특정 브랜드에 대한 소비자의 태도가 매우 긍정적이라 할지라도 구매 상황에서 해당 브랜드와 관련된 연상이 쉽게 떠오르지 않는다면 그 브랜드가 소비자의 고려 대상(consideration set)에 포함될 가능성이 작아지고, 이에 따라 최종 구매될 가능성 또한 작아진다. 한상만과 권준모(2000)는 실험 연구를 통해 이를 입증했다. 이 연구에 따르면 구매 상황에서 소비자는 브랜드가 제공하는 혜택에 관심을 갖는다. 따라서 혜택과 관련된 연상을 1단계 연상으로 포함하는 브랜드의 경우 그렇지 않은 브랜드에 비해 구매될 가능성이 훨씬 더 크다는 것이다.

2. 연상 강도의 측정방법

앞에서 브랜드 연상의 경우 위계의 차이가 강도의 차이를 나타낸다고 했다. 그러나 위계의 차이는 각 연상의 '상대적' 강도를 나타낼 뿐 구체적 수치(해당 연상을 떠올리는 데 몇 초가 걸리는지)를 알려주지는 않는다. 그렇다면 연상 강도는 어떻게 측정할 수 있을까? 대부분의 연구에서는 컴퓨터 화면에 특정 연상(단어)을 제시한 뒤 소비자에게 해당 연상이 대상 브랜드와 관련이 있는지를 키보드 자판을 눌러 답하도록 하는 방식을 사용한다.

한상만과 강민수(1998)는 이러한 방식을 사용해 치약 브랜드에 대한 소비

<그림 3-1> 치약 브랜드 대상 연상 강도 측정 방법

자료: 한상만·강민수(1998).

자의 연상 강도를 측정하고, 이러한 연상 강도의 차이가 구매 여부에 미치는 영향을 분석했다. 구체적으로 이 연구에서는 브렌닥스, 죽염치약, 클로즈업, 클라이덴, 크린앤화이트 등 총 14개 치약 브랜드 각각에 대해 충치 예방, 잇몸 강화, 구취 제거, 치아 미백 등 4개 연상의 강도를 측정했다. 이를 위해 컴퓨터 화면에 14개 브랜드 중 한 개의 브랜드명을 315ms 동안 보여준 뒤 135ms 간격을 둔 다음 4개 연상 중 1개에 해당하는 단어를 최대 1.75초 동안 보여주었다. 이와 함께 소비자에게 대상 브랜드가 해당 연상과 관련해 성능이 좋은지 또는 나쁜지를 키보드의 1번(좋음) 또는 2번(나쁨)을 최대한 빨리 눌러 표시하도록 했다. 같은 방식으로 1개의 브랜드에 대해 4개의 연상 강도를 모두 측정한 뒤 다음 브랜드에 대해서도 동일한 측정을 반복했다(<그림 3-1>). 분석 결과 연상 강도(4개 연상에 대한 평균 반응속도)는 해당 브랜드의 구매 여부에 긍정적 영향을 미쳤다.

한편 이 연구에서는 연상 강도와 함께 질문지를 사용해 각 브랜드에 대한 선호도(7점 척도)를 측정했는데 매우 흥미로운 결과가 도출되었다. 우선 연상 강도와 선호도가 구매 여부에 미치는 영향과 관련해 ① 연상 강도가 강하고 선호도가 높을 때, ② 연상 강도가 약하고 선호도가 높을 때, ③ 연상 강도가 강하고 선호도가 낮을 때, ④ 연상 강도가 약하고 선호도가 낮을 때 등 4가지 경우의 수가 가능하다. 이 중에서 연상 강도가 강하고 선호도가 높은 경우 해당 브랜드를 실제로 구매한 비율 또한 높았다. 반면 연상 강도가 약하고 선호도가 낮은 경우에는 해당 브랜드를 실제로 구매한 비율이 낮았다. 충분히 예상 가능한 결과이다. 그러나 연상 강도가 강하고 선호도가 낮은 경우, 연상 강도가 약하고 선호도가 높은 경우에는 구매하는 브랜드가 달랐다. 구체적으로 연상 강도가 강하고 선호도가 낮은 경우에는 클로즈업 또는 크린앤화이트를 구매하는 비율이 높은 반면, 연상 강도가 약하고 선호도가 높은 경우에는 브렌닥스 또는 죽염치약을 구매하는 비율이 높았다. 이러한 차이는 왜 발생하는 것일까?

　한상만과 강민수(1998)는 연상 강도와 선호도의 특징에서 원인을 찾았다. 마이어와 슈버네펠트(Meyer and Schvaneveldt, 1971)에 따르면 영어 단어의 일부를 보고 해당 단어를 완성하는 과제에서 해당 단어 또는 이 단어와 밀접한 관계가 있는 단어를 제시한 후 해당 단어를 완성하도록 하는 경우 그렇지 않은 경우에 비해 완성 속도가 빨라진다. 예를 들어 'Mot_'라는 영어 단어를 완성하는 것이 과제일 경우 사전에 여러 단어와 함께 'Mother' 또는 이와 밀접한 관련이 있는 'Family'라는 단어를 보여줄 수도 있고, 전혀 관련이 없는 단어들만을 보여줄 수도 있다. 이때 두 번째 집단보다는 첫 번째 집단이 'Mot_'라는 단어를 완성시켜 'Mother'라고 답할 가능성이 크고, 답하는 데 걸리는 시간 또한 빠르다는 것이다. 마이어와 슈버네펠트는 이러한 현상을 가리켜 "점화 효과(priming effect)"라고 불렀다. 사전에 제시된 단어(점화 단어)가 완성시킬 단어(표적 단어)에 대한 소비자의 기억을 점화시켰다는 것이다. 특히 앞의 예에서 'Mother'라는 단어를 보여주고 'Mot-'라는 단어를 완성시키도록 하는 경우와 같이 점화 단어와 표적 단어가 같을 때 발생하는 점화 효과를 "반복 효과(repetition effect)"라고 부르는 반면, 'Family'라는 단어를 보여주고 'Mot-'라는 단어를 완성시키도록 하는 경우와 같이 두 단어가 서로 다르지만 관련이 있을 때 발생하는 점화 효과를 "연합 효과(associative effect)"라고 부른다.

한편 사전에 여러 단어와 함께 'Mother'라는 단어를 제시한 후 동일한 단어를 보여주고 해당 단어를 본 기억이 나는지 묻거나 사전에 본 단어들 중 기억나는 단어를 쓰도록 하고 'Mother'라는 단어를 쓰는지 확인할 수 있다. 심리학에서는 각각의 경우를 "재인(recognition)" 및 "회상(recall)"이라고 부른다. 재인 및 회상은 대상 정보에 대한 소비자의 의식적인 인출 가능성을 측정한다. 반면 앞에서 설명한 점화 효과는 의식적인 인출이 아닌 무의식적 또는 자동적 인출 가능성을 측정한다는 점에서 큰 차이가 있다(Graf, Mandler and Haden, 1982; Jacoby and Dallas, 1981).

점화 효과를 바탕으로 파지오 외(Fazio et al., 1986)는 '태도 인출 가능성 모델(Attitude Accessibility Model)'을 제안했다. 이 모델에 따르면 소비자가 특정 대상에 대해 긍정 또는 부정의 태도를 한 상태에서 해당 대상을 보거나 생각하면 그 대상에 대한 태도가 기억 속에서 자동적으로 점화된다. 이때 이러한 점화가 얼마나 쉽고 빠르게 발생하는지는 소비자가 해당 대상과 태도를 얼마나 강하게 연결해 기억하고 있는지에 달려 있다. 태도 인출 가능성 모델에서는 이를 "연합 강도(associative strength)"라고 부른다. 이렇게 특정 대상에 대한 태도가 점화되면 이와 연결되어 있는 또 다른 대상에 대한 소비자의 반응속도가 빨라진다. 예를 들어 'Vodka'라는 단어를 제시한 뒤 곧이어 'Pleasant'라는 단어를 제시하고, Pleasant가 긍정적 의미를 갖고 있는지를 답하라고 할 경우 Vodka에 대해 부정적인 소비자에 비해 긍정적인 소비자가 더 빠르게 '그렇다'고 답하는 경향이 있다. Vodka에 의해 긍정적 태도가 점화되었기 때문이다. 이와 유사한 실험을 통해 퍼듀 외(Perdue et al., 1990)도 'Black'이라는 단어보다는 'White'라는 단어를 제시했을 때, 'Old'라는 단어보다는 'Young'이라는 단어를 제시했을 때 이어서 제시된 긍정적 단어에 대한 반응이 훨씬 더 빠르게 나타난다는 것을 보여주었다.

앞의 연구 결과를 고려할 때 한상만과 강민수(1998)의 연구에서 연상 강도가 강하고 선호도가 낮은 경우와 연상 강도가 약하고 선호도가 높은 경우에 구매하는 브랜드가 서로 달랐던 것은 브랜드에 따라 무의식적인 연상이 구매에 미치는 영향의 정도가 다르기 때문일 것으로 추측된다. 즉 클로즈업과 크린앤화이트의 경우 무의식적인 연상이 구매에 미치는 영향이 큰 반면 브렌닥스 또는 죽염치약의 경우 무의식적인 연상보다는 의식적인 평가(선호도)에 따라 구매가 결정된다는 것이다. 한상만과 강민수(1998)는 이러한 차이를 정서적 반응과 인지적 반응의 차이로 설명했다. 연상 강도는 해당 브랜드에 대한 소비자의 정서적 반응을 측정하는 반면, 선호도와 같이 특정 질문에 답하도록 하는 방식은 해당 브랜드에 대한 소비자의 인지적 반응을 측정한다는 것이다. 얼핏 생각하기에는 동일한 브랜드에 대한 정서적 반응과 인지적 반응의 상관관계가 매우 높을 것으로 예상된다. 그러나 한상만과 권준모(2000)의 연구에 따르면 두 반응 간의 상관관계는 제품군에 따라 다르기는 하지만 평균적으로 30~40% 정도로 예상만큼 높지 않다. 따라서 앞의 2가지 측정 방식을 복합적으로 사용함으로써 브랜드에 대한 소비자의 정서적 반응과 인지적 반응을 모두 측정하는 것이 바람직하다.

3. 소비자의 브랜드 연상 기억 방식

이상의 내용을 고려할 때 기업은 선호도 등과 같이 해당 브랜드에 대한 소비자의 인지적 반응을 높여야 할 뿐만 아니라 브랜드의 혜택과 관련된 주요 연상들을 강하게 기억시켜 정서적 반응 또한 높여야 한다. 이를 위해서는 소비자가 브랜드 연상을 기억하는 방식에 대한 이해가 필요하다. 이와 관련된 대표적인 이론은 ① 인간 연상 기억(HAM: Human Associative Memory) 이론과 ② 변형 네트워크(adaptive network) 이론 등 2가지이다. 인간 연상 기억 이론은 앤더슨과 바워(Anderson and Bower, 1972)가 제안한 이론이다. 이 이론에 따르면 두 대상 간의 연상 강도는 소비자가 두 대상을 연결해 생각하는 빈도에 정비례한다. 따라서 특정 혜택의 제공을 강조하는 브랜드의 광고를 반복해 보는 횟수가 증가할수록 소비자가 해당 브랜드를 생각할 때 그 혜택에 대한 기억을 떠올릴 가능성이 크다. 반면 레스콜라와 와그너(Rescorla and Wagner, 1972)가 제안한 변형 네트워크 이론에 따르면 두 대상 간의 연상 강도는 소비자가 어떤 맥락에서 두 대상을 연결해 생각하는지에 따라 달라진다. 예를 들어 소비자가 특정 혜택의 제공을 강조하는 브랜드의 광고를 아무리 여러 번 본다고 하더라도 동일한 혜택의 제공을 강조하는 경쟁 브랜드의 광고를 먼저 보았다면 해당 브랜드와 혜택을 연결해 떠올릴 가능성이 적어지거나 심지어 떠올리지 못할 수도 있다는 것이다. 반오셀라와 재니스체프스키(van Osselaer and Janiszewski, 2001)는 이러한 현상을 가리켜 "단서 상호작용(cue interaction)"이라고 불렀다.

그렇다면 두 이론 중 어떤 이론이 맞는 것일까? 이에 대한 답을 얻기 위해 반오셀라와 재니스체프스키(van Osselaer and Janiszewski, 2001)는 실험 연구를 진행했다. 구체적으로 이들은 〈표 3-1〉과 같이 5개의 실험용 초콜릿 케이크를 제작했다(실험 1). 각 케이크는 코코아 함유량(mild vs strong)과 촉촉함(moist vs dry) 정도에 차이가 나도록 만들었다. 이 케이크들에는 각각 트리츠(Treats), 딜라이트(Delight), 딜라이트 위드 베이커스 블렌드 시럽(Delight w/ Baker's Blend Syrup), 부온 초콜릿(Buon Chocolate), 부온 초콜릿 위드 실큰 모셀

<표 3-1> 반오셀라와 재니스체프스키의 실험 1

디자인			디자인의 조작		
브랜드	혜택 1	혜택 2	가상 브랜드	혜택 1	혜택 2
L	-	-	트리츠	적은 양의 코코아	건조함
F_1	-	+	딜라이트	적은 양의 코코아	촉촉함
F_1I_1	+	+	딜라이트 위드 베이커스 블렌드 시럽	많은 양의 코코아	촉촉함
F_2	+	-	부온 초콜릿	많은 양의 코코아	건조함
F_2I_2	+	+	부온 초콜릿 위드 실큰 모셀스	많은 양의 코코아	촉촉함
F_2I_2	+	+	부온 초콜릿 위드 실큰 모셀스	많은 양의 코코아	촉촉함

자료: van Osselaer and Janiszewski(2001).

스(Buon Chocolate w/ Silk'n Morsels)라는 가상의 브랜드명을 붙였다. 브랜드명에 포함된 베이커스 블렌드 시럽과 실큰 모셀스는 해당 브랜드에 포함된 원재료의 명칭이다.

　실험이 시작된 후 참가자들은 우선 트리츠 케이크를 시식하고 이 케이크의 코코아가 얼마나 진한지, 촉촉함 정도는 얼마나 되는지 평가했다. 이어서 나머지 케이크를 <표 3-1>과 같은 순서로 시식하고, 각 케이크를 먹을 때마다 트리츠에 대한 평가를 기준으로 해당 케이크의 코코아 함유량 및 촉촉함 정도를 평가했다. 부온 초콜릿 위드 실큰 모셀스는 두 번 연달아 시식한 뒤 평가했다. 모든 평가를 마친 실험 참가자에게는 추가 질문을 했다. 머핀맨(Muffin Man)이라는 새로운 머핀을 만들려고 하는데 베이커스 블렌드 시럽 또는 실큰 모셀스가 첨가된 것 중 어느 머핀의 초콜릿 맛이 더 진할지(그룹 1) 또는 어느 머핀이 더 촉촉할지(그룹 2) 선택해 보라는 것이었다.

이러한 질문에 두 그룹 모두 실큰 모셀스가 첨가된 머핀을 선택한 참가자가 많다면 인간 연상 기억 이론이 맞다는 것을 의미한다. 이들의 경우 초콜릿 맛이 강하고 촉촉한 부온 초콜릿 위드 실큰 모셀스를 두 번 연달아 시식했기 때문이다. 다시 말해 실큰 모셀스라는 원재료에 강한 초콜릿 맛과 촉촉함이라는 연상이 두 번에 걸쳐 반복적으로 연결된 것이다. 이와 달리 두 그룹 모두 베이커스 블렌드 시럽이 첨가된 머핀을 선택한 참가자가 많다면 변형 네트워크 이론이 맞다는 것을 의미한다. 실큰 모셀스와 마찬가지로 베이커스 블렌드 시럽이 첨가된 케이크 역시 초콜릿 맛이 강하고 촉촉하다. 그러나 실큰 모셀스가 첨가된 케이크와 달리 베이커스 블렌드 시럽이 첨가된 케이크는 한 번밖에 시식할 기회가 없었다. 그런데도 실큰 모셀스가 아닌 베이커스 블렌드 시럽이 첨가된 머핀의 초콜릿 맛이 더 강하고 촉촉할 것으로 예측하는 참가자가 더 많다는 것은 베이커스 블렌드 시럽이 첨가된 케이크를 먼저 시식함으로써 베이커스 블렌드 시럽과 초콜릿 함유량 및 촉촉함 간의 연결 관계가 강하게 기억에 남았고, 이후에 실큰 모셀스가 첨가된 부온 초콜릿 위드 실큰 모셀스를 반복적으로 시식했는데도 이러한 연결 관계가 그대로 유지되었다는 것을 의미한다. 실험 결과는 두 그룹 모두 베이커스 블렌드 시럽이었다. 즉 변형 네트워크 이론이 맞다는 것이다. 변형 네트워크 이론의 타당성은 초콜릿 함유량과 촉촉함 2가지 혜택 모두를 예측하도록 한 실험 2에서도 입증되었다. 즉 1개의 단서(원재료)와 1개의 결과(혜택)뿐만 아니라 2개의 결과(혜택 1, 혜택 2)에 대해서도 변형 네트워크 이론이 타당하다는 것이다.

그러나 반오셀라와 재니스체프스키(van Osselaer and Janiszewski, 2001)에 따르면 이러한 실험 결과로 인간 연상 기억 이론이 완전히 잘못되었다고 말할 수는 없다. 초콜릿 함유량 및 촉촉함을 예측하도록 했던 실험 1 및 실험

2와 달리 첨가된 원재료 자체를 추측하도록 한 실험 3에서는 인간 연상 기억 이론의 타당성을 입증하는 결과가 나왔기 때문이다. 실험 3에서 사용된 케이크는 실험 1 및 실험 2에서 사용된 케이크와 동일했다. 실험 참가자들은 두 그룹으로 나뉘었다. 각 그룹에는 '내추럴(Natural)' 카카오보다 '더치(Dutch)' 카카오를 사용할 경우 초콜릿 맛이 더 강해진다는 정보와 함께 각 케이크를 시식하면서 해당 케이크가 내추럴 카카오와 더치 카카오 중 어떤 카카오를 사용했을지 추측해 보라는 질문이 주어졌다. 이와 함께 첫 번째 그룹에는 각 케이크의 초콜릿 함유량 정도를 평가하도록 한 반면, 두 번째 그룹에게는 촉촉함 정도를 평가하도록 했다. 즉 첫 번째 그룹의 경우 추측하도록 한 질문(더치 카카오 vs 내추럴 카카오)과 평가하도록 한 질문(초콜릿 함유량의 정도) 간에 관련성이 있었던 반면, 두 번째 그룹의 경우 이러한 관련성이 없었다. 더치 카카오 또는 내추럴 카카오의 사용 여부를 추측하도록 하고 이와 관련이 없는 촉촉함 정도에 대해 평가하도록 했기 때문이다. 각 케이크를 시식한 순서는 〈표 3-2〉와 동일했다. 시식을 마치고 난 후 최종적으로 각 그룹에게 더치 카카오를 사용해 새로운 머핀 제품을 만들려고 하는데 실큰 모셀스 또는 베이커스 블렌드 시럽 중 어떤 원재료를 사용해야 하는지 질문이 주어졌다.

실험 결과는 정반대였다. 첫 번째 그룹의 경우 실큰 모셀스보다 베이커스 블렌드 시럽을 선택한 참가자가 많았다. 변형 네트워크 이론과 일치하는 결과이다. 반면 두 번째 그룹의 경우 베이커스 블렌드 시럽보다 실큰 모셀스를 선택한 참가자가 많았다. 인간 연상 기억 이론과 일치하는 결과이다. 반오셀라와 재니스체프스키(van Osselaer and Janiszewski, 2001)는 이러한 차이의 원인을 시식에 대한 참가자들의 동기가 주어진 과제에 부합하는지가 달랐기 때문이라고 설명한다. 즉 첫 번째 그룹의 경우 어떤 케이크에 더치 카카오가 사용되었는지 추측하는 과제와 함께 초콜릿 함유량을 평가하는 '쾌락적(hedonic) 동기'가 부여되어 과제와 동기가 서로 부합했던 반면, 두 번째 그룹의 경우 첫 번째 그룹과 동일한 과제가 주어지고, 쾌락적 동기(촉촉함 정도의 평가) 역시 부여되었지만 쾌락적 동기의 내용이 주어진 과제에 부합하지 않았다는 것이다.

반오셀라와 재니스체프스키(van Osselaer and Janiszewski, 2001)의 이러한 연구 결과는 브랜드와 특정 연상 간의 연결 관계가 상황에 따라 변형네트워크 이론 또는 인간 연상 기억 이론에 부합되는 방식으로 형성될 수 있으며, 두 이론 중 어떤 이론이 작용하는지는 소비자에게 어떤 동기가 있는지에 따라 결정된다는 것을 보여준다. 이러한 결과를 광고가 소비자의 브랜드 연상에 미치는 영향에 적용하면 다음과 같은 예상이 가능하다. 예를 들어 우유가 많이 들어 있어서 매우 고소한 아이스크림 브랜드들이 있고, 이 브랜드들이 모두 이러한 특징을 강조하는 광고를 집행할 경우 고소한 맛의 아이스크림을 선호하는 소비자는 맨 처음 본 광고의 아이스크림(브랜드 A)을 가장 고소한 아이스크림으로 기억할 가능성이 크다. 반면 고소한 맛이 아닌 개운한 맛의 아이스크림을 선호하는 소비자는 가장 많이 본 광고의 아이스크림(브랜드 B)을 가장 고소한 아이스크림으로 기억할 가능성이 크다.

아울러 이 연구의 마지막 실험(실험 4) 결과에 따르면 브랜드와 특정 연상 간의 연결 관계에 대한 과거의 경험을 소비자가 반추해 보는지 역시 두 이론 중 어떤 이론이 작용할지를 결정하는 데 영향을 미친다. 즉 소비자가 브랜드와 특정 연상 간의 연결 관계를 경험의 순서에 따라 기억한 뒤 이러한 연결 관계가 실제로 맞는지 반추해 보는 과정이 없을 경우 변형 네트워크 이론에 따라 연결 관계가 형성된다. 반면 이를 반추해 보는 과정이 있을 경우 인간 연상 기억 이론에 따라 연결 관계가 형성된다는 것이다. 전자와 같은 경우를 가리켜 "전방 연상(forward- looking association)"이라고 부르고 후자와 같은 경우를 "후방 연상(backward-looking association)"이라고 부른다. 이를 고려할 때 앞에서 브랜드 A를 가장 고소한 아이스크림으로 기억하는 소비자라 할지라도 과거에 보았던 광고를 떠올릴 경우 가장 많이 보았던 광고의 아이스크림, 즉 브랜드 B를 떠올릴 가능성이 크고, 이로써 브랜드 A가 아닌 브랜드 B를 구매할 가능성 또한 커진다는 것이다. 소비자가 매장을 찾아 고소한 아이스크림을 구매하려 하는데 마침 매장에 설치되어 있는 브랜드 B의 POS(Point of Sales) 광고를 보고 TV에서 본 브랜드 B의 광고를 떠올리는 경우 등이 이러한 예가 될 것이다.

4. 소비자의 브랜드 연상 기억 방식을 활용한 광고전략

광고는 브랜드 연상의 형성을 위해 기업이 효과적으로 사용할 수 있는 수단 중 하나이다. 광고를 통해 해당 브랜드가 특정 혜택을 제공한다는 것을 강조하고 이를 반복적으로 노출하면 이를 본 소비자는 해당 브랜드와 혜택을 연결해 기억할 가능성이 크다. 한편 서로 다른 브랜드가 광고를 통해 같은 혜택을 강조하는 경우도 많다. 해당 제품군에 대해 소비자가 중요하게 여기는 혜택이 많지 않거나, 한두 개의 특정 혜택을 다른 혜택들에 비해 훨씬 더 중요하게 여기는 경우에는 더욱 그렇다. 치석과 구취 제거가 중요한 치약, 세척력과 향기가 중요한 세탁제 등이 예가 될 것이다. 이를 고려할 때 광고를 통해 소비자가 특정 혜택을 다른 브랜드가 아닌 우리 브랜드에 연결시켜 기억하도록 만드는 것 또는 소비자가 특정 혜택을 생각할 때 다른 브랜드보다 우리 브랜드가 먼저 떠오르도록 만드는 것이 중요하다.

이와 관련해 앞에서 설명한 전방 연상과 후방 연상의 가능성은 기업의 광고전략에 매우 중요한 시사점을 제시한다. 즉 구체적인 광고전략의 수립에 앞서 소비자가 해당 브랜드와 특정 혜택의 연결 관계를 전방 연상 또는 후방 연상 중 어떤 방식으로 기억하도록 하는 것이 더 효과적일지 판단해야 하고, 이를 바탕으로 구체적인 광고 메시지 및 집행 방식을 결정해야 한다는 것이다. 예를 들어 동영상 광고의 제작 방법과 관련해 베이커 외(Baker, Olson and Behmann, 2004)는 매우 재미있는 연구 결과를 제시한 바 있다. 일반적으로 동영상 광고는 여러 개의 장면으로 구성된다. 대개의 경우 이 장면들 중 한두 장면은 해당 브랜드명이나 로고를 강조해 보여준다. 이러한 장면은 동영상 광고의 마지막에 삽입하는 경우가 많다. 그러나 베이커 등은 이러한 삽입 방식이 효과적이지 않다고 주장한다. 소비자가 혜택, 브랜드명(또는 로고) 순서로 구성된 동영상 광고를 볼 경우 브랜드명이 아닌 혜택이 기억의 중심에 자리 잡게 되고, 브랜드명은 이 혜택을 기억할 때 떠오르는 파생 연상들 중 하나로 기억될 가능성이 크기 때문이다. 더 나아가 동일한 혜택을 강조하는 경쟁 브랜드가 있을 경우 해당 브랜드가 아닌 경쟁 브랜드가 떠오를 가능성이 있고 이러한 경쟁 브랜드가 증가할수록 해당 브랜드가 떠오를 가능성은 더욱 줄어든다. 베이커 외(Baker, Olson and Behmann, 2004)는 실험 연구를 통해 이러한 가능성을 입증했다. 이를 바탕으로 이들은 브랜드명 또는 로고를 강조하는 장면은 가급적 동영상 광고의 앞부분에 배치해야 한다고 주장한다. 그래야만 해당 브랜드명 또는 로고가 기억의 중심에 자리 잡고 광고가 제시하는 혜택이 파생 연상들 중 하나로 기억될 수 있다는 것이다. 선풍기 효과 및 부분목록 단서효과 등을 통해서도 동일한 예측이 가능하다. 이에 대해서는 이 책 제7장에서 더욱 자세히 다루고자 한다.

광고뿐만 아니라 마케팅 전략의 수립에도 전방 연상 및 후방 연상의 가능성을 고려할 필요가 있다. 공동 브랜딩(co-branding)에 대한 쿠냐 외(Cunha, Forehand and Angle, 2015)의 연구 결과가 좋은 예이다. 공동 브랜딩은 '둘 이상의 기존 브랜드가 결합해 새로운 브랜드를 출시하거나 광고 등의 마케팅 커뮤니케이션 활동을 공동으로 실시하는 전략적 활동'을 의미한다(Rao and Ruekert, 1994). 제품 번들링(product bundling: 둘 이상의 제품을 하나의 패키지로 제공하는 것), 광고 제휴(advertising alliance: 광고를 통해 서로 다른 기업의 브랜드를 함께 언급하는 것), 구성요소 브랜딩(ingredient branding: 특정 브랜드에 또 다른 브랜드가 재료, 성분, 부품 등 물리적 형태로 결합되는 것), 공동 판촉(joint sales promotion: 일시적 또는 제한적으로 2개의 브랜드가 공동으로 판매 촉진을 실시하는 것), 이중 브랜딩(dual branding: 2개의 브랜드가 매장 안의 매장 등의 형태로 매장을 함께 사용하는 것) 등 다양한 형태의 결합이 가능하다.

어떤 형태의 공동 브랜딩이라 할지라도 이를 통해 긍정적 성과를 거두기 위해서는 두 브랜드의 장점을 살려 시너지를 거둘 수 있어야 한다. 이러한 전제는 유명 브랜드와 신규 브랜드의 공동 브랜딩에도 동일하게 적용된다. 즉 유명 브랜드는 신규 브랜드로부터 새로운 활력을 공급받을 수 있어야 하고, 신규 브랜드는 유명 브랜드의 후광효과를 누릴 수 있어야 한다. 그러나 쿠냐 외(Cunha, Forehand and Angle, 2015)에 따르면 유명 브랜드와 신규 브랜드의 공동 브랜딩으로 이러한 효과를 얻기 위해서는 공동 브랜딩이 제공하는 혜택을 소비자가 전방 연상이 아닌 후방 연상의 방식으로 기억해야 한다. 전방 연상이 이루어질 경우 신규 브랜드에 오히려 해가 될 수 있다는 것이다.

이를 입증하기 위해 쿠냐 외(Cunha, Forehand and Angle, 2015)는 유명 브랜드인 켈로그 시리얼(Kellogg's Cereal)과 가상의 신규 브랜드인 프라임 푸드(Prime Foods)를 사용해 실험 자극물(공동 브랜드: 구성요소 브랜딩)을 만들고 참가자들에게 이러한 공동 브랜드가 다른 일반 시리얼에 비해 식이섬유 함유량이 많아서 젊은 층의 건강 관리에 좋다는 정보를 제시한 뒤 읽도록 했다. 이어서 이들에게 프라임 푸드가 단독으로 출시할 예정인 시리얼에 대한 구매 의도를 측정했다. 공동 브랜딩을 통해 프라임 푸드가 후광효과를 얻었다면 단독 출시할 예정인 시리얼을 구매하려는 의도 역시 증가할 것으로 기대되기 때문이다. 이때 한 그룹에는 공동 브랜드 관련 정보의 제시와 구매 의도 관련 질문 간에 시간 여유를 두지 않았고, 나머지 한 그룹에는 5초의 시간 여유를 두었다. 아주 미세한 차이였지만 결과는 놀라웠다. 즉 전자의 그룹에 비해 후자의 그룹이 훨씬 더 높은 구매 의도를 보인 것이다.

쿠냐 외(Cunha, Forehand and Angle, 2015)는 이러한 결과의 원인을 전방 연상과 후방 연상의 차이로 설명했다. 즉 앞과 같은 공동 브랜드 관련 정보를 접한 소비자의 경우 유명 브랜드(Kellogg's Cereal)에 우선 관심을 갖게 되고 이로써 공동 브랜드가 제공하는 혜택(식이섬유 함유량의 증가) 또한 유명 브랜드에 의한 것으로 인식한다. 먼저 관심을 둔 대상에 따라 결과에 대한 판단이 결정되는 전형적인 전방 연상이다. 이러한 경우 유명 브랜드에 대한 소비자의 긍정적 태도가 신규 브랜드에 전이되지 않기 때문에 신규 브랜드의 단독 제품에 대한 구매 의도 역시 증가되지 않는다. 반면 공동 브랜드에 대한 정보를 접한 뒤 소비자가 잠깐이라도 해당 브랜드의 혜택이 어디서 기인한 것인지 생각해 본다면 신규 브랜드의 긍정적 기여를 인식하게 된다. 우선 관심을 둔 대상만이 아닌 주어진 정보를 전체적으로 고려하는 후방 연상이 이루어지는 것이다. 따라서 유명 브랜드에 대한 소비자의 긍정적 태도 역시 신규 브랜드로 전이될 가능성이 커진다. 이러한 결과를 바탕으로 쿠냐 외(Cunha, Forehand and Angle, 2015)는 공동 브랜드의 경우 인쇄광고보다는 동영상 광고를 사용할 것을 제안한다. 동영상 광고의 경우 장면의 순차적 구성으로 소비자의 관심을 유명 브랜드와 신규 브랜드 모두에 유도할 수 있지만 인쇄 광고의 경우 이러한 순차적 구성이 어렵고, 이로써 소비자의 관심이 유명 브랜드에만 집중될 가능성이 크기 때문이다.

제4장

브랜드 연상의 개별적 특징 2

호감도

1. 연상호감도의 특징

소비자가 특정 브랜드를 생각할 때 떠오르는 연상은 긍정적이거나 부정적일 수 있다. 긍정, 부정 여부를 판단하기 어렵거나 긍정적 측면과 부정적 측면이 모두 있는 중립적 연상도 있다. 브랜드 연상 관련 이론에서는 연상의 이러한 특징을 가리켜 "호감도(favorability)"라고 부른다. 같은 맥락에서 켈러(Keller, 2001)는 연상호감도를 "소비자가 해당 연상을 중요하거나 가치 있게 여기는 정도"라고 정의했다. 호감도는 강도, 차별성과 함께 브랜드 연상의 개별적 특징을 설명하는 중요한 개념이다. 데이신과 스미스(Dacin and Smith, 1994)는 그중에서도 호감도가 브랜드 연상의 가장 기본적이며 중요한 특징이라고 주장했다.

안광호 외(안광호·이학식·하영원, 2006)에 따르면 소비자는 특별한 호감도가 없는 브랜드보다 호감도가 높은 브랜드를 더 빨리 떠올리는 경향이 있다.

브랜드에 대한 호감도가 높다는 것은 해당 브랜드에 대해 긍정적 연상을 많이 한다는 것을 의미한다. 반면 브랜드에 대해 특별한 호감도가 없다는 것은 해당 브랜드에 대해 긍정적 연상을 하고 있지 않거나, 중립적 연상을 하고 있다는 것을 의미한다. 따라서 안광호 외(안광호·이학식·하영원, 2006)의 연구 결과는 긍정적 연상이 중립적 연상에 비해 연상 강도가 강하다는 것을 시사한다.

부정적 연상이 많아서 호감도가 낮은 브랜드는 어떨까? 이를 직접적으로 분석한 연구는 없다. 그러나 부정적 연상이 긍정적 연상보다 연상 강도가 강하다는 연구 결과는 많다(Kardes, 1986). 따라서 호감도가 낮은 브랜드의 경우 호감도가 높은 브랜드 못지않게 빨리 떠오르거나 오히려 더 빨리 떠오를 것으로 추측된다. 이러한 경향성은 구매 결정 상황에서 더욱 두드러지게 나타난다. 구매 결정 상황에서는 결정에 도움을 주는 진단적(diagnostic) 연상이 중요하고, 이로써 진단적 연상의 강도가 강해진다. 이와 관련한 앨버와 허친슨(Alba and Hutchinson, 1987)의 연구에 따르면 소비자는 긍정적 연상보다 부정적 연상을 더욱 진단적이라고 여긴다. 특정 브랜드에 대한 긍정적 연상의 경우 다른 브랜드에도 적용될 수 있지만, 부정적 연상의 경우 해당 브랜드에만 적용된다고 인식하는 경향이 있다는 것이다. 이러한 경향성을 가리켜 "부정성 효과(negativity effect)"라고 부른다.

부정성 효과는 소비자가 이익보다 손실에 더 민감하게 반응한다는 '전망 이론[Prospect Theory(Kahneman and Tversky, 1979)]'과도 일치한다. 전망 이론에 따르면 소비자는 주어진 상황이 자신에게 이득(gains)이 되는지 손해(losses)가 되는지 판단해, 이득이 된다고 판단할 경우에는 안전한(risk-averse) 선택을 통해 이득을 유지하려 하지만 손해가 된다고 판단할 경우에는 조금이라도 손해를 줄이기 위해 과감한(risk-seeking) 선택을 하는 경향이 있다. 이를 입증하기 위해 카너먼과 트버스키(Kahneman and Tversky, 1983)가 사용한 예 중 대표적인 예를 생각해 보자. 아시아에서 희귀한 질병이 발생해 600명이 사망할 것으로 예상된다. 다음과 같이 A, B 2가지 대책이 있을 경우 어떤 대책을 선택하겠는가?

대책 A: 이를 실행할 경우 200명을 구할 수 있다.
대책 B: 이를 실행할 경우 600명을 모두 구할 가능성은 1/3인 반면, 모두
사망할 가능성은 2/3이다.

이와 같은 선택 상황에서 대부분의 사람은 대책 A를 선택할 것이다. 대책 B의 경우 모두 구할 가능성이 있지만 모두 사망할 위험이 있는 반면, 대책 A의 경우 200명을 확실히 구할 수 있기 때문이다. 모험을 피하고 안전을 선택하는 경우이다. 그렇다면 다음과 같이 또 다른 2가지 대책 C, D에 대한 선택은 어떨까?

대책 C: 이를 실행할 경우 400명이 사망할 것이다.
대책 D: 이를 실행할 경우 아무도 사망하지 않을 가능성은 1/3인 반면, 600
명이 모두 사망할 가능성은 2/3이다.

아마도 대책 D를 선택할 것이다. 대책 C의 경우 400명이 사망하지만, 대책 D의 경우 모두 구할 수 있는 가능성이 있기 때문이다. 안전을 피하고 모험을 선택하는 경우이다. 그러나 놀랍게도 대책 A와 대책 C, 대책 B와 대책 D는 표현 방식만 다를 뿐 생존자 수 및 사망자 수는 같다. 그런데도 이처럼 선택의 차이가 발생하는 것은 주어진 상황에 대한 소비자의 관점, 즉 해

당 상황을 이득의 관점에서 바라보는지(대책 A, 대책 B), 아니면 손해의 관점에서 바라보는지(대책 C, 대책 D)에 따라 선택의 방향성이 달라지기 때문이다.

이처럼 부정성 효과 및 전망 이론을 고려할 때 기업은 자사 브랜드와 관련해 긍정적 연상의 형성뿐만 아니라 부정적 연상의 제거를 위해서도 노력해야 한다. 특정 브랜드에 대해 소비자가 긍정적 연상을 떠올릴 경우 해당 브랜드의 실제 성능이 기대 이하일 수 있는데도 긍정적 연상으로 인해 안전 구매를 할 가능성이 크다. 반대로 부정적 연상을 할 경우 해당 브랜드의 실제 성능이 기대 이상일 수 있는데도 다른 브랜드의 성능이 좋을 가능성을 고려해 모험 구매를 할 가능성이 크기 때문이다.

한편 브랜드에 대한 부정적 연상은 매우 다양한 요인에 따라 형성될 수 있다. 그러나 적절한 대응을 통해 부정적 연상의 피해를 최소화할 수 있다. 예를 들어 브랜드의 여러 제품속성 중 일부에 결함이 발생할 경우 소비자는 해당 브랜드에 부정적 연상을 떠올리고, 부정성 효과의 작용으로 이 연상에 집중하게 한다. 이럴 경우 소비자가 해당 브랜드를 긍정적으로 연상하더라도 기존 브랜드 태도와 구매 의도에 부정적 변화가 발생할 수 있다. 따라서 제품 결함이 해당 브랜드에 미치는 부정적 영향을 최소화해야 한다. 이를 위해서는 소비자가 부정적 연상만을 중심으로 해당 브랜드를 평가하려는 경향을 완화해야 한다(Ahluwalia, 2002). 쿰스(Coombs, 2004)에 따르면 위기가 발생했을 때 기업이 취할 수 있는 대응 방식은 책임 전가, 부인, 희생양, 변명, 정당화, 보상, 사과 등 매우 다양하다. 그러나 필자(지준형, 2015)는 제품 결함으로 위기가 발생했을 때 가장 효과적인 대응 방식은 '보상'이라 생각한다. 제품 결함에 대해 기업이 적절한 보상을 제공할 경우 소비자는 해당 기업이 이러한 위기를 극복할 만한 능력을 갖추고 있으며, 기업의 이익보다는 소비자의 이익을 우선하고 체계적으로 문제를 처리해 나간다는 긍정적 연상을 하게 된다. 이렇게 긍정적 연상을 형성하면 제품 결함으로 인한 부정적 연상이 그 외 연상들에 미치는 부정적 영향을 억제하는 데 효과적이다.

2. 연상호감도가 미치는 영향

매출은 브랜드의 성패를 가늠하는 기본적인 지표이다. 그러나 매출만으로 브랜드의 성패를 판단할 수는 없다. 할인 행사 등 세일 프로모션을 통해 짧은 기간 매출이 급증할 수 있기 때문이다. 이러한 단기 매출 급증은 브랜드 가치를 오히려 떨어뜨리는 요인이 될 수 있다(McQueen, Foley and Deighton, 1993). 따라서 브랜드의 성패를 판단하기 위해서는 매출과 함께 브랜드에 대한 소비자의 인식, 특히 브랜드의 성과(performance)에 대한 인식을 분석해야 한다(Keller, 2001).

크리슈난(Krishnan, 1996)에 따르면 연상호감도는 브랜드의 성과에 대한 소비자의 인식에 결정적 영향을 미친다. 즉 특정 브랜드에 대해 긍정적 연상을 많이 떠올릴수록 해당 브랜드의 성과 역시 긍정적으로 평가한다는 것이다. 또한 긍정적 연상은 브랜드의 전략적 자산(Weigelt and Camerer, 1988)인 동시에 지속적으로 활용 가능한 비교 우위를 제공하고(Barich and Kotler, 1991), 결과적으로 해당 브랜드에 대한 소비자의 선호도와 구매 의도에 긍정적 영향을 미친다(Punj and Hillyer, 2004).

그렇다면 브랜드에 대한 소비자의 긍정적 연상은 반드시 기업이 의도한 연상이어야 할까? 특정 브랜드에 대한 소비자의 연상은 기업의 의도, 즉 광고, PR, 이벤트 등을 통해 형성될 수도 있지만 소비자의 사용 경험, 정보 수집, 구전(word-of-mouth) 등을 통해서도 형성될 수 있다. 문제는 후자의 경우 기업의 의도와 매우 다른 연상이 형성될 수 있다는 것이다. 이렇게 형성된 연상들 중 긍정적 연상이 있다면 해당 브랜드에 어떤 영향을 미칠까? 콜과 폰월파치(Koll and von Wallpach, 2014)의 연구에 따르면 기업의 의도 여부와 관계없이 긍정적 연상은 브랜드 선호도와 구매 의도에 긍정적 영향을 미친다. 소비자는 특정 브랜드에 대해 정보를 수집하거나 구매 결정을 내릴 때 자신의 지식이나 믿음, 즉 연상에 부합하는 방식으로 행동하는 경향이 있기 때문이다(Dearborn and Simon, 1958). 최근 매체가 다양해지고 이로써 소비자가 브랜드를 접하는 방식 역시 다양해지면서 기업이 통제할 수 없는 영역이 증가하고 있다. 따라서 긍정적 연상의 탄력성은 기업에 '굿 뉴스'가 아닐 수 없다.

한편 브랜드 선호도 또는 구매 의도가 낮은 소비자라 할지라도 해당 브랜드에 대해 한두 개 정도 긍정적 연상을 떠올릴 수 있다. 예를 들어 애플의 휴대폰인 아이폰에 대한 선호도가 낮아 삼성 갤럭시를 사용하는 소비자라 할지라도 고(故) 스티브 잡스(Steve Jobs)에 대해서는 긍정적일 수 있다. 콜과 폰월파치(Koll and von Wallpach, 2014)에 따르면 이러한 연상 역시 해당 브랜드에 긍정적 영향을 미친다. 이러한 연상을 떠올리는 소비자의 경우 그렇지 않은 소비자에 비해 해당 브랜드에 대한 부정적 구전을 퍼뜨릴 가능성이 작다는 것이다.

더 나아가 긍정적 연상을 활용해 소비자의 낮은 브랜드 선호도를 반전시키거나 시장에서 퇴출 직전인 브랜드를 극적으로 회생시킬 수도 있다(Krishnan, 1996). 대표적 사례 중 하나로 남성용 향수 올드 스파이스(Old Spice)를 들 수 있다. 올드 스파이스는 1937년 셜턴사(Shulton Co.)가 출시한 제품이다. 처음에는 여성용 향수로 출시되었으나 1938년부터 남성용 향수도 출시했고 이후에는 남성 전용 향수로 판매되었다. 중견 브랜드로서 1980년대까지 꾸준히 판매를 유지했고, 한국에서도 1980년대부터 1990년대 초까지 유한양행과 제휴해 판매되었다. 주 타깃은 중년 남성으로, 광고 또한 이러한 이미지를 강조했다. 그러나 1990년대 초에 들어와 판매가 급감했고 결국 P&G에 매각되었다. 판매 부진의 원인을 파악하기 위해 P&G가 실시한 연구에 따르면 소비자는 올드 스파이스에 대해 '진부한', '지루한' 등과 같이 부정적 연상을 했다. 반면「항해사의 노래(sailor ditty, 올드 스파이스의 과거 광고에 삽입되었던 배경음악)」, 큰 배, 바다, 남녀 간의 사랑 등 긍정적 연상들도 있었다. P&G는 이 중에서 '바다'와 '남녀 간의 사랑'을 활용해 "당신의 항해에 바람이 되다(Wind in your sails)"라는 새로운 광고 캠페인을 집행했고(1992년). 올드 스파이스는 이 캠페인의 성공으로 회생할 수 있었다. 긍정적 연상을 재활성화의 지렛대(leverage)로 활용한 것이다. 긍정적 연상의 이러한 간접 효과는 매출 중심의 브랜드 평가를 통해서는 결코 파악할 수 없는 부분이다.

물론 동일한 긍정적 연상의 효과가 한없이 이어질 수는 없다. 올드 스파이스 역시 2000년대에 들어와 다시 부진을 겪게 되었고 결국 과거 연상들을 모두 버리고 새로운 연상들을 만들기에 이른다. 이를 위해 2010년에 집행된 새 광고 캠페인 "당신의 남자에게 이런 향기가 날 수도 있다(The man your man could smell like)"는 남성이 아닌 여성을 타깃 구매층으로 삼고, 미식축구 선수 출신 배우인 아이제이아 무스타파(Isaiah Mustafa)를 등장시켜 섹시함, 세련됨, 유머러스함 등 기존과는 전혀 다른 이미지를 강조했다(〈그림 4-1〉).

한편 필자(지준형, 2010)는 긍정적 연상을 활용해 해당 브랜드의 이미지를 형성하거나 재활성화할 경우 해당 연상을 통해 소비자가 파생적으로 떠올릴 가능성이 있는 2차 또는 3차 연상들을 고려해야 한다고 강조했다. 해당 연상이 아무리 긍정적이라 할지라도 파생적으로 떠오르는 2차, 3차 연상은 부정적일 수 있기 때문이다. 예를 들어 '파티'와 '휴식'이라는 두 연상의 경

〈그림 4-1〉 올드 스파이스의 과거 광고 캠페인 및 2010년 광고 캠페인

| 1992년 이전 올드 스파이스 광고 | Wind in your sails (1992) | The man your man could smell like (2010) |

우 일반적으로 긍정적 연상에 해당한다. 그러나 파티의 경우 '즐거움'이라는 또는 다른 긍정적 연상과 함께 '술 취함'이라는 부정적 연상이 떠오를 수 있다. 반면 휴식은 '피로 회복', '재충전' 등 긍정적 연상 외에 파생될 수 있는 특별한 부정적 연상을 생각하기 어렵다. 따라서 파티보다는 휴식이라는 연상을 활용해 광고전략을 수립하는 것이 훨씬 더 효과적이다. 필자(지준형, 2010)는 이와 같이 긍정적 연상으로 파생되는 또 다른 긍정적 연상의 정도를 가리켜 "긍정 파생성"이라고 불렀다. 앞에서 언급한 올드 스파이스 사례 역시 이러한 긍정 파생성의 결과일 수 있다. 즉 올드 스파이스에 대해 소비자가 갖고 있던 「항해사의 노래」, 큰 배, 바다, 남녀 간의 사랑 등이 과거에는 다양한 긍정적 연상을 파생시킨 반면, 세월이 흐르면서 긍정 파생성이 약화되었을 가능성이 있다.

3. 긍정적 연상의 형성 요인

앞에서 설명한 연상호감도의 영향력을 고려할 때 기업은 자사 브랜드에

대해 소비자가 긍정적 연상을 떠올리도록 해야 한다. 이를 위해서는 소비자가 어떤 요인들 때문에 특정 브랜드에 대해 긍정적 연상을 떠올리는지 이해할 필요가 있다. 우선 슈니트카 외(Schnittka, Sattler and Zenker, 2012)에 따르면 특정 브랜드에 대한 소비자의 친숙도(familiarity)가 높으면 구매 여부와 관계없이 해당 브랜드에 대해 긍정적 연상을 떠올릴 가능성이 커진다. 특정 브랜드를 자주 접하는 것만으로도 해당 브랜드에 대한 선호도가 높아진다는 '단순 노출 효과'(Zajonc, 1968)와 일맥상통한다. 따라서 기업은 소비자가 해당 브랜드를 접할 기회를 극대화해야 한다.

광고는 이를 위해 기업이 효과적으로 활용할 수 있는 방법 중 하나이다. 더 나아가 광고에 소비자가 일반적으로 선호하는 유명인, 음악, 장소, 사물 등을 포함시켜 반복적으로 집행할 경우 각 대상에 대한 소비자의 선호도가 해당 브랜드로 전이되는 추가적인 효과를 기대할 수 있다. 잘 알려진 파블로프(Pavlov, 1927)의 '고전적 조건화(classical conditioning)'가 발생하는 것이다. 곤(Gorn, 1982)은 실험 연구를 통해 이러한 가능성을 최초로 입증했다. 그는 실험 참가자들에게 파란색 펜 또는 베이지색 펜을 나눠주고, 사람들이 일반적으로 좋아하는 음악 또는 싫어하는 음악을 들려주었다. 펜 색깔과 음악 종류의 조합은 무작위로 이루어졌다. 이어서 실험 참가에 대한 답례로 파란색 펜 또는 베이지색 펜을 선택하도록 했다. 그러자 참가자 대부분이 색깔에 관계없이 사람들이 일반적으로 좋아하는 음악을 들려주며 나눠주었던 펜을 선택했다. 음악에 대한 호감이 펜으로 전이되는 고전적 조건화가 발생한 것이다. 그 이후로 여러 연구에서 유사한 결과가 도출되었다(Allen and Janiszewski, 1989; Bierley, McSweeney and Vannieuwker, 1985).

한편 맥스위니와 비얼리(McSweeney and Bierley, 1984)에 따르면 고전적 조건화는 ① 형성(acquisition), ② 고단계 조건화(higher order conditioning), ③ 일반

화(generalization), ④ 분리(discrimination), ⑤ 소멸(extinction), ⑥ 억제(inhibition) 등
다양한 양상을 띨 수 있다. 우선 특정 자극과 특정 대상이 연결되는 횟수가
많아지면 해당 대상에 대한 반응의 정도가 강해진다. 예를 들어 소비자가
자신이 선호하는 모델이 등장하는 광고를 반복적으로 보면 해당 모델 선호
도가 해당 브랜드에 전이됨에 따라 긍정적 브랜드 태도를 갖게 된다. 그러
나 긍정적 브랜드 태도가 일정 정도까지 상승하면 광고를 반복적으로 보아
도 더 이상 브랜드 태도가 상승하지 않는다. 맥스위니와 비얼리는 이러한
현상을 가리켜 조건화가 '형성'되었다고 부른다. 이렇게 특정 모델과 특정
브랜드 간에 조건화가 형성되면 해당 브랜드와 연결된 또 다른 대상에게
동일한 결과가 전이될 수 있다. 예를 들어 조건화에 의해 긍정적 태도가 형
성된 브랜드가 협업(collaboration)을 통해 다른 브랜드와 공동으로 프로모션
을 진행할 경우 이 브랜드에 대한 소비자의 태도 역시 긍정적으로 변할 수
있다. 맥스위니와 비얼리는 이러한 현상을 가리켜 "고단계 조건화"라고 부
른다.

고단계 조건화의 가장 이상적인 파급효과는 '일반화'이다. 고단계 조건화
를 통해 긍정적 태도가 형성된 제2의 브랜드가 조건화의 시발점이 되었던
모델과 연결되지 않아도 해당 브랜드에 대한 긍정적 태도는 그대로 유지되
는 경우이다. 예를 들어 앞에서 언급했던 협업 프로모션이 끝난 후 제2의 브
랜드가 단독으로 집행한 광고에 해당 모델이 등장하지 않음에도 이 브랜드
에 대한 긍정적 태도가 유지될 수 있다. 그러나 이렇게 이상적인 파급효과
가 발생하는 경우는 많지 않다. 대부분의 경우 제2의 브랜드에 형성되었던
긍정적 태도가 감소하거나 사라지는 '분리' 현상이 발생하기 때문이다. 더
나아가 해당 모델이 원래 브랜드의 광고가 아닌 다른 브랜드의 광고에 등장
할 경우 해당 모델과 원래 브랜드 간에 형성되었던 조건화가 '소멸'될 수도

있고, 원래 브랜드가 의도적으로 광고 모델을 교체함으로써 더 이상의 조건화를 '억제'할 수도 있다.

이와 같은 고전적 조건화의 다양한 양상이 브랜드 연상과 관련해 시사하는 바는 무엇일까? 특정 브랜드가 특정 대상에 반복적으로 연결되면 소비자는 해당 브랜드와 대상을 연결시켜 기억하게 된다. 이렇게 형성된 연상은 이후 다양한 요인 때문에 다른 브랜드에 연결될 수도 있고(고단계 조건화), 다른 브랜드에 의해 활용될 수도 있으며(일반화), 두 브랜드를 생각할 때 더 이상 떠오르지 않거나(분리 또는 소멸), 다른 연상 때문에 잘 떠오르지 않을 수도 있다(억제). 이를 고려할 때 기업이 고전적 조건화 방식만으로 특정 연상을 형성하거나 관리하는 것은 쉽지 않다. 또한 고전적 조건화로 연상을 형성하기 위해서는 반복 노출이 전제되어야 한다. 그러나 대부분의 경우 이를 위한 예산은 매우 제한되어 있다. 따라서 반복 노출을 통해 특정 연상을 형성하는 방식에는 한계가 있다. 그렇다면 효과적인 대안은 무엇일까?

'기대가치 이론(Expected Value Theory)'과 '기대효용 이론(Expected Utility Theory)'에서 답을 찾을 수 있다. 우선 기대가치 이론에 따르면 소비자는 가격 대비 가치, 즉 가성비가 높은 브랜드를 선호한다. 이 이론에서 말하는 가치란 브랜드가 제공하는 실질적 혜택(utilitarian benefits)을 의미한다(Medin, Nyborg and Bateman, 2001). 따라서 가격은 저렴하되 소비자가 원하는 제품속성을 갖춘 브랜드에 대해 소비자는 긍정적 연상을 떠올리고, 이로써 해당 브랜드를 구매할 가능성 역시 커진다. 이를 고려할 때 기업은 소비자가 원하는 제품속성을 파악하고 다양한 마케팅 커뮤니케이션을 통해 해당 브랜드가 이러한 속성을 갖추고 있다는 것을 효과적으로 전달해야 한다.

한편 기대효용 이론에 따르면 소비자는 실질적 혜택보다 심리적 혜택(psychological benefits)을 추구하는 경우가 더 많다(von Neumann and Morgenstein,

〈그림 4-2〉 브랜드 연상의 유형

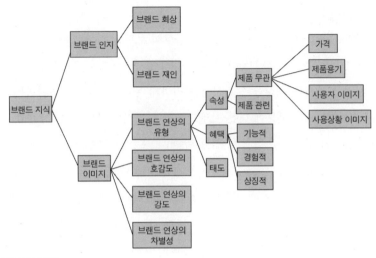

자료: Keller(1993).

1944). 이 이론에서 말하는 심리적 혜택이란 소비자가 추구하는 목적의 충족을 의미한다. 따라서 소비자는 자신이 추구하는 목적을 충족시켜 주는 브랜드를 선호한다. 특별히 놀라운 얘기는 아니다. 그러나 소비자가 추구하는 목적은 실질적인 것에서부터 심리적인 것까지 매우 광범위하다. 따라서 브랜드는 제품속성뿐만 아니라 다양한 요소를 통해 소비자의 목적을 충족시켜 줄 수 있다. 이는 곧 소비자의 브랜드에 대한 긍정적 연상 또한 매우 다양할 수 있다는 것을 의미한다. 이와 관련해 켈러(Keller, 1993)는 브랜드 연상의 유형을 크게 속성(attributes), 혜택(benefits), 태도(attitudes) 등 3가지로 구분했다(〈그림 4-2〉). 속성은 다시 제품속성과 비(非)제품속성(가격, 제품 용기, 사용자 이미지, 사용 상황 이미지)으로 세분되고 혜택은 기능적·경험적·상징적 혜택으로 세분된다. 따라서 소비자는 특정 브랜드에 대해 각 유형에 해당하는 긍정적 연

상을 떠올릴 수 있다.

이와 같은 차이에도 두 이론은 모두 소비자가 항상 합리적 판단을 내린다고 간주한다. 전통 경제학의 기본적인 관점이다. 두 대상 간의 연결 관계에 대한 소비자의 인식은 단순 반복 노출이 아닌 연결 결과에 대한 소비자의 평가, 즉 연결 관계의 타당성에 대한 소비자의 판단에 따라 형성된다는 '신파블로프식 조건화[Neo-Pavlovian Conditioning(Rescorla and Wagner, 1972)]'와도 일치하는 견해이다. 그러나 소비자는 합리적 판단에 능하지 않다(Bettman, Johnson and Payne, 1991). 합리적 판단을 내리기 위해서는 판단에 필요한 정보가 완벽하게 있어야 하는데 이는 불가능한 일이기 때문이다. 상대적으로 쉬운 결정에 대해 간혹 합리적 판단을 내릴 수는 있다. 그러나 전통 경제학의 바람과 같이 '항상' 합리적 판단을 내리는 것은 비현실적이다. 그렇다고 해서 소비자의 판단이 대부분 비합리적인 것은 아니다. 합리적 판단을 내리기 위해 다양한 단서를 활용한다. 다만 다양한 편향(heuristic)에 따라 활용하는 단서가 달라지고 이로써 전통 경제학에서 말하는 합리성에 부합하지 않는 판단을 내릴 수 있다는 것이다. 물론 이러한 판단 역시 소비자의 관점에서 볼 때 비합리적 판단이 아닌 '최선의' 판단일 수 있다. 사이먼(Simon, 1955)은 이러한 판단을 가리켜 "제한적 합리성(bounded rationality)"이라고 불렀다.

소비자가 최선의 판단, 즉 제한적 합리성을 추구하는 방식은 가용성 편향(availability heuristic), 폰 레스토프 효과(Von Restorff effect), 대표성 편향(representative heuristic), 기준점과 조정(anchoring and adjustment), 인과관계 스키마(causal schemas), 사후 과잉확신 편향(hindsight bias), 과신(overconfidence), 판단의 상대성(relativity of judgment) 등 매우 다양하다(Kahneman and Tversky, 1974). 누틴(Nuttin, 1985)이 제안한 '이름글자 효과(name letter effect)' 역시 이러한 편향 중 하나이다. 소비자는 자신이 소유하고 있거나 자신과 관련 있는 대상을 그렇

지 않은 대상에 비해 더 선호하는 경향이 있다는 것이다. 존스 외(Jones et al., 2004)는 실험을 통해 이러한 경향성을 입증했다. 이들은 무작위로 특정 숫자를 결정한 뒤 각 실험 참가자의 이름과 해당 숫자를 연결해 보여주었다. 이어서 해당 숫자 또는 다른 숫자가 씌어 있는 셔츠를 입은 여성의 사진을 보여주고, 각 여성에 대한 호감도를 측정했다. 분석 결과 자신의 이름과 연결되었던 숫자가 씌어 있는 셔츠를 입은 여성에 대한 호감도가 그렇지 않은 여성에 대한 호감도에 비해 더 높게 나타났다. 브렌들 외(Brendl et al., 2005)에 따르면 이러한 이름글자 효과는 자존감 상승에 대한 소비자의 동기가 자신의 이름에 대한 긍정적 태도를 높이고, 이러한 긍정적 태도가 자신의 이름과 연결된 대상에게 전이된 결과이다.

한편 그린월드 외(Greenwald et al., 2002)는 이름글자 효과를 다양한 방식으로 적용할 수 있다고 주장했다. 이들에 따르면 소비자는 자기 자신(the self), 대상(an object), 평가(valence) 간에 균형을 이루려는 경향이 있다(〈그림 4-3〉). 이때 자기 자신과 평가 간의 관계는 "암묵적 자부심(implicit self-esteem)", 대상과 평가 간의 관계는 "암묵적 태도(implicit attitude)", 자기 자신과 대상 간의 관계는 "암묵적 자기 정체성(implicit self-identity)"이라고 부른다. 대부분의 경우 소비자의 암묵적 자부심은 긍정적이다. 즉 자기 자신을 부정적이기보다는 긍정적으로 평가한다. 따라서 어떤 대상이 소비자 자신과 연결될 경우 해당 대상에 대한 합리적 판단 결과와 관계없이 암묵적 자부심, 암묵적 자기 정체성, 암묵적 태도 간에 균형을 이루려 하고, 이로써 해당 대상에 대해 긍정적 태도를 갖게 된다는 것이다. 하이더(Heider, 1946)의 잘 알려진 '균형이론(Balance Theory)'과도 일맥상통한다.

이상과 같은 기존 연구를 고려할 때 특정 브랜드에 대한 소비자의 긍정적 연상은 조건화, 합리적 판단 또는 제한적 합리성의 결과일 수 있다. 어떤

<그림 4-3> 인지적 연결관계의 일반 모델(자신, 대상, 평가 간의 균형관계)

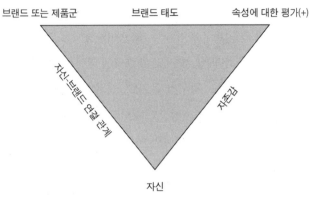

브랜드 또는 제품군   브랜드 태도   속성에 대한 평가(+)

자신-브랜드 연결 관계

자존감

자신

자료: Greenwald et al.(2002).

방식으로든 소비자가 특정 브랜드에 대해 긍정적 연상을 떠올리면 해당 브랜드에 대해 긍정적 태도를 갖게 될 가능성이 크다. 더 나아가 이렇게 형성된 연상은 해당 브랜드에 대해 소비자가 갖고 있던 기존 연상에 대한 호감도를 상승시킨다. 콜과 폰월파치(Koll and von Wallpach, 2009)는 미국 및 아시아, 유럽의 11개 국가에서 실시한 온라인 서베이를 통해 이를 입증했다. 구체적인 연구 방법 및 결과는 다음과 같다. 우선 소비자들에게 대상 브랜드(패션, 가정용 장식 제품, 보석)를 제시하고 각 브랜드에 대해 떠오르는 연상들을 적도록 했다. 이어서 각 연상에 대한 호감도를 5점 척도(1점: 매우 부정적~5점: 매우 긍정적)로 평가하도록 했다. 마지막으로 해당 브랜드에 대한 선호도, 정서적 몰입도, 신뢰도, 구매 여부와 구매 횟수를 측정했다. 선호도, 정서적 몰입도, 신뢰도는 해당 브랜드에 대한 소비자의 태도반응 정도(ARI: Attitudinal Response Intensity)를 파악하기 위한 척도로 사용되었다. 반면 구매 여부 및 구매 횟수는 행동반응 정도(BRI: Behavioral Response Intensity)를 파악하기 위해 사용되었다. 총 3266명의 소비자가 설문에 참여했으며, 불성실한 답변을 제외한 후 최종 분석에 사용된 응답자 수는 2870명이었다.

　분석 결과 브랜드에 대한 소비자의 태도반응 정도 및 행동반응 정도는 모두 해당 브랜드에 대한 연상 개수 및 호감도에 긍정적 영향을 미쳤다. 즉 해당 브랜드에 대한 선호도, 정서적 몰입도, 신뢰도가 높을수록 구매 횟수가 많을수록 소비자가 떠올리는 연상도 많았고, 각 연상에 대한 호감도 역시 높았다. 그러나 연상 개수는 행동반응 정도가 상대적으로 더 많은 영향을 미쳤고, 연상호감도는 태도반응 정도가 더 많은 영향을 미쳤다. 연상 개수와 호감도가 브랜드에 미치는 영향은 독립적이라는 크리슈난(Krishnan, 1996)의 주장과 일치하는 결과이다.

　이러한 결과가 시사하는 바는 무엇일까? 특정 브랜드의 구매 횟수가 늘어나면 해당 브랜드의 사용과 관련한 소비자의 경험 역시 다양해질 가능성이 크다. 이로써 해당 브랜드에 대한 연상 개수가 증가한 것으로 추측된다. 반면 해당 브랜드에 대한 선호도, 정서적 몰입도, 신뢰도가 높아지면 동일한 연상이라 할지라도 긍정적으로 생각할 가능성이 크다. 예를 들어 나이키의 심벌 스우시(swoosh)에 대한 호감도는 나이키에 대한 선호도, 정서적 몰입도, 신뢰도가 낮을 때보다 높을 때 더욱 클 것이다. 콜과 폰월파치(Koll and von Wallpach, 2009)의 연구는 이러한 가능성을 보여준다.

4. 연상호감도의 측정 방식

　앞에서 언급한 바와 같이 기업은 자사 브랜드에 대해 소비자가 긍정적 연상을 떠올리게 해야 한다. 부정적 연상보다 긍정적 연상이 많으면 해당 브랜드에 대한 소비자의 태도 역시 긍정적일 가능성이 크기 때문이다. 이를 고려해 기존 연구에서는 흔히 '순 긍정 연상(net positive associations: 특정 브랜드에 대한 소비자의 긍정 연상 개수와 부정 연상 개수)'을 측정한다. 그러나 소비자의 브랜드 태도는 특정 연상 한두 개로 좌지우지될 수 있다. 예를 들어 앞에서 언급한 제품 결함의 경우와 같이 1개의 부정적 연상이 해당 브랜드에 대한 소비자의 긍정적 연상 여러 개를 압도할 수 있다. 반대의 경우도 마찬가지이다. '스티브 잡스'라는 1개의 긍정적 연상이 아이폰에 대한 여러 개의 부정적 연상을 상쇄시킬 수 있다. 아울러 소비자의 부정적 연상 및 중립적 연상을 긍정적으로, 긍정적 연상은 더욱 긍정적으로 변화시키는 작업도 중요하다 (Krishnan, 1996). 이러한 가능성을 종합적으로 고려해 효과적인 브랜드 전략을 수립하기 위해서는 연상호감도를 산술적으로 측정할 수 있어야 한다.

이를 위해 사용할 수 있는 가장 간단한 방법은 소비자에게 특정 브랜드에 대해 떠오르는 연상들을 종이에 적도록 한 뒤, 각 연상이 얼마나 부정적, 중립적 또는 긍정적인지 5점 또는 7점 척도로 평가하도록 하는 것이다. 스피어스 외(Spears, Brown and Dacin, 2006)가 개발한 '차별적 기업 연상 평가 (Unique Corporate Association Valence)' 방법이 대표적인 예이다. 종이 대신 컴퓨터를 사용해 연상들을 입력하도록 하고 각 연상을 하나씩 모니터에 띄워 평가하도록 하면 훨씬 더 수월하게 진행할 수 있다(Koll and von Wallpach, 2014).

한편 슈니트카 외(Schnittka, Sattler and Zenker, 2012)는 차별적 기업 연상 평가 방법과 제2장에서 설명한 BCM을 사용해 대상 브랜드에 대해 소비자가 떠올리는 연상들의 호감도를 측정하고 이를 각 연상의 중요성(importance), 강도(strength), 위계(level)와 산술적으로 곱함으로써 해당 브랜드의 파워(BANV: Brand Association Network Value)를 계산하는 공식을 개발했다(〈공식 4-1〉).

이 공식에서 E_{aj}는 해당 브랜드에 대해 특정 소비자(j)가 갖고 있는 특정

〈공식 4-1〉 브랜드 파워 계산 공식

$$BANV_j = \sum_{a=1}^{m} E_{aj} * S_{aj} * I_{aj} * L_{aj}$$

자료: Schnittka, Sattler and Zenker(2012).

연상ⓐ의 호감도를 7점 척도로 평가한 수치를 가리킨다. 반면 S_{aj}는 연상 강도, 즉 해당 연상이 브랜드 또는 상위 연상을 떠올렸을 때 파생적으로 얼마나 빨리 떠오르는지를 가리킨다. 제3장에서 설명한 것처럼 연상 강도는 일반적으로 컴퓨터를 이용해 측정한다. 모니터에 해당 연상을 띄우고 이 연상이 대상 브랜드 또는 연상과 관련이 있는지를 키보드의 특정 자판을 눌러 표시하도록 하는 방식이다. 반면 제2장에서 설명한 BCM의 경우 소비자에게 실선이 1개, 2개, 3개 그어져 있는 여러 장의 카드를 나눠주고 대상 브랜드와 연상, 연상과 연상 간의 강도를 직접 표시하도록 했다(〈그림 4-4〉). 실선이 1개면 강도가 가장 약하고, 2개면 중간, 3개면 가장 강하다는 뜻이다(John et al., 2006). 슈니트카 외(Schnittka et al., 2012)도 같은 방식으로 연상 강도를 측정했다. 그러나 BCM과 달리 실선이 1개인 연상 강도에는 1점, 2개인 연상 강도에는 4점, 3개인 연상 강도에는 7점을 부여해 7점 척도로 측정한 호감도와 척도의 구간을 통일했다.

다음으로 I_{aj}는 각 연상의 중요성, 즉 소비자가 해당 제품의 구매 여부를 결정할 때 해당 연상이 얼마나 중요한 고려 대상인지를 가리킨다. 연상의 중요성 또한 7점 척도로 측정했다(1점: 전혀 중요하지 않음~7점: 매우 중요함). 마지막으로 L_{aj}는 연상의 위계, 즉 해당 연상이 해당 브랜드에 얼마나 직접 연결되어 있는지를 가리킨다. 제1장에서 설명한 바와 같이 해당 브랜드에 직접 연결되어 있는 연상은 1단계 연상이라 부르고, 1단계 연상에 연결되어 있는

〈그림 4-4〉 존 외(John et al., 2006: 위쪽)와 슈니트카 외(Schnittka et al., 2012: 아래쪽)의 연상 강도 측정 방식 차이

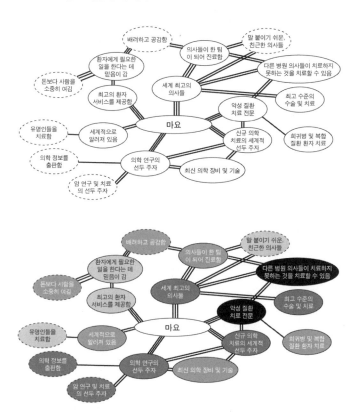

자료: John et al.(2006); Schnittka et al.(2012).

연상은 2단계 연상, 2단계 연상에 연결되어 있는 연상은 3단계 연상 등으로 부른다. 그러나 슈니트카 외(Schnittka et al., 2012)는 7점 척도로 측정한 호감도, 강도, 중요성과 척도의 구간을 통일하기 위해 연상의 위계 역시 1단계 연상에는 7점을 부여하고, 해당 연상 네트워크에서 위계가 가장 낮은 연상에는 1점을 부여했다. 〈그림 4-4〉에서는 3단계 연상인 '돈보다 사람을 소중히 여

김'이 위계가 가장 낮은 연상에 해당한다. 각 연상에 대해 이와 같은 방식으로 호감도, 중요성, 강도, 위계를 측정하고, 이를 곱한 값을 모든 연상에 더하면 최종적으로 해당 브랜드의 파워에 해당하는 값을 얻을 수 있다.

제5장

브랜드 연상의 개별적 특징 3

차별성 vs 공통성

1. 차별적·공통적 연상의 특징

차별적 연상이란 소비자가 특정 브랜드에만 갖고 있는 연상을 가리킨다. 따라서 차별적 연상의 반대말인 공통적 연상은 소비자가 복수의 브랜드에 갖고 있는 연상을 뜻한다(Romaniuk and Gaillard, 2007). 〈그림 5-1〉에서 연상 B, C, F, I, J, M이 이러한 공통적(parity) 연상에 해당한다. 자사 브랜드뿐만 아니라 경쟁사 브랜드 B와 C에 직접 또는 간접적으로 연결되어 있기 때문이다. 특히 연상 I의 경우 세 브랜드 모두에 연결되어 있다. 그 외 나머지 연상들은 특정 브랜드에만 연결되어 있는 차별적 연상이다.

차별적 연상이 브랜드에 미치는 긍정적 영향은 여러 연구에서 입증되었다. 예를 들어 소비자는 차별적 연상이 떠오르는 브랜드를 그렇지 않은 브랜드에 비해 선호하는 경향이 있다(Tversky, 1972). 물론 차별적 연상이 긍정적인 경우에만 그렇다. 부정적인 경우에는 오히려 반대의 결과가 나타난다.

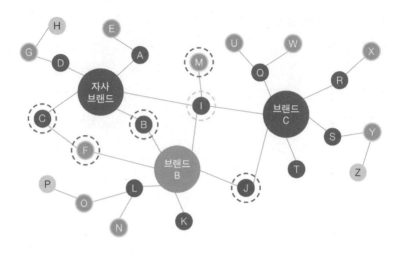

새로 출시된 브랜드 역시 기존 브랜드 대비 긍정적인 동시에 차별적인 혜택을 제공해야만 성공할 수 있다. 기존 브랜드가 아닌 새로 출시된 브랜드를 구입할 경우 대부분의 소비자는 자신의 구매를 정당화하는 데 필요한 근거를 찾기 때문이다(Davidson, 1976). 또한 대부분의 소매점은 유사한 브랜드보다 서로 다른 브랜드를 고루 갖추길 원한다(Alpert et al., 1992).

아울러 긍정적인 동시에 차별적인 연상을 갖고 있는 브랜드의 경우 경쟁사로의 소비자 이탈이 상대적으로 적다(Porter, 1976). 따라서 장기간에 걸쳐 자산을 축적할 수 있다. 크리슈난(Krishnan, 1996)은 자산가치가 높은 브랜드의 경우 낮은 브랜드에 비해 차별적 연상이 많이 있음을 보여주었다. 아커(Aaker, 1991) 역시 브랜드가 자산가치를 높게 평가받기 위해서는 긍정적인 동시에 차별적 연상을 갖고 있어야 한다고 주장했다. 역으로 자산가치가 높은 브랜드에 대해 소비자는 경쟁 브랜드가 제공하지 못하는 차별적인 혜택을 기대한다. 따라서 자산가치가 높은 브랜드는 아무리 사소한 것이라 할지라도 경쟁사와 다른 점이 있어야 한다.

더 나아가 차별적 연상은 구매 결정에도 영향을 미친다. 제4장에서 언급한 바와 같이 소비자는 구매 결정 상황에서 긍정적·중립적 연상에 비해 부정적 연상을 더욱 진단적으로 인식하는 경향이 있다. 그러나 긍정적인 동시에 차별적인 연상은 부정적 연상 못지않게 진단적이다. 이러한 연상은 접근성(accessibility) 또한 높다(Craik and Lockhart, 1972). 소비자가 해당 브랜드를 생각할 때 즉각적으로 떠오를 가능성이 크다는 것이다. 그러므로 기업은 자사 브랜드가 긍정적인 동시에 차별적인 연상을 갖도록 노력해야 한다.

이와 달리 차별적 연상이 브랜드에 부정적 영향을 미친다는 연구도 많다. 부정적 연상이 아닌 긍정적 연상인 경우에도 그렇다. 예를 들어 소비자가 특정 브랜드를 구매하기 위해서는 해당 브랜드가 먼저 소비자의 고려 대상군(consideration set)에 포함되어야 한다. 그러나 기업이 브랜드의 차별성만을 강조할 경우 소비자는 해당 브랜드의 본질, 즉 해당 브랜드의 기본적인 속성에 대해 관심을 갖지 않거나, 이러한 속성에 대한 해당 브랜드의 품질을 의심한다(Barwise and Meehan, 2004). 이러한 상황이 오래 지속될 경우 소비자는 해당 브랜드를 고려 대상군에 포함하지 않으므로 이 브랜드를 구매할 가능성 또한 매우 낮아진다(Keller, Sternthal and Tybout, 2002). 고려 대상군에 포함된다 하더라도 해당 제품군의 대표 브랜드가 아닌 특정 타깃만을 대상으로 하는 니치 브랜드로 인식될 가능성이 크다(Pechmann and Ratneshwar, 1991).

최근 아이폰이 이러한 잘못을 범하고 있다. 2014년에 출시된 아이폰 6 이후 아이폰 광고는 사진 기능에 초점을 맞췄다(〈그림 5-2〉). 사진 촬영과 편집은 스마트폰의 중요한 기능 중 하나이다. 그러나 아이폰이 스마트폰일 수 있는 것은 통화를 할 수 있기 때문이다. 사진 기능은 부가적 기능일 뿐이다. 이를 간과할 경우 아이폰은 스마트폰 시장에서 경쟁력을 잃을 수 있다. 스

<그림 5-2> 사진 기능을 강조하는 아이폰 6 광고

마트폰을 구매하려는 소비자의 고려 대상군에 포함되지 않거나 포함되더라
도 스마트폰과의 연상 강도가 낮아지기 때문이다. 실제로 스마트폰에서 아
이폰이 차지하는 온라인 검색 비중이 아이폰 6 이후 지속해서 감소하고 있
다(<그림 5-3>).

기업이 자사의 브랜드에 대해 차별적 연상을 형성하려 하는 이유는 타사
브랜드와의 경쟁에서 우위를 점하기 위한 것이다. 소비자가 일단 고려 대상
군을 결정하면 차별적 연상의 유무가 각 브랜드에 대한 소비자의 평가와 최
종 선택에 영향을 미칠 수 있기 때문이다. 그러나 호킨스와 호크(Hawkins and
Hoch, 1992)에 따르면 소비자는 고관여 제품보다 저관여 제품을 훨씬 더 많이
구매한다. 따라서 많은 경우 제품에 대한 평가 작업을 거치지 않는다. 고관
여 제품이라 할지라도 고려 대상군의 크기가 1인 경우, 즉 복수의 브랜드를
염두에 두고 비교하기보다는 특정 브랜드만을 대상으로 구매 여부를 결정
할 때가 많다. 이러한 경우 차별적 연상이 구매 결정에 미치는 영향은 매우
적다. 로마니우크와 길라드(Romaniuk and Gillard, 2007) 역시 차별적 연상의 필

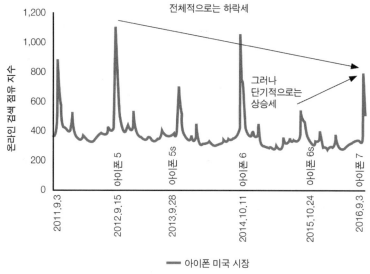

〈그림 5-3〉 스마트폰에서 아이폰이 차지하는 온라인 검색 비중

자료: *Business Insider*(2016).

요성에 대해 회의적이다. 이들에 따르면 자산가치가 높은 브랜드의 경우 그렇지 않은 브랜드에 비해 차별적 연상을 많이 갖고 있다는 기존의 연구 결과는 재검토되어야 한다. 94개의 브랜드를 대상으로 연구를 진행한 결과 이러한 차이가 발견되지 않았기 때문이다. 물론 다수의 브랜드가 차별적 연상을 갖고 있었다. 그러나 해당 브랜드의 자산가치와 차별적 연상의 개수에는 상관관계가 없었다.

그렇다면 소비자는 왜 특정 브랜드에 대해 상대적으로 더 많은 차별적 연상을 떠올리는 것일까? 로마니우크와 길라드(Romaniuk and Gillard, 2007)에 따르면 이러한 차이는 지속적인 것이 아니라 소비자가 해당 브랜드를 생각하는 상황에 따른 일시적 현상이다. 즉 소비자는 대부분의 브랜드에 대해 차별적 연상을 갖고 있다. 그러나 주어진 상황에 따라 특정 브랜드의 차별적 연상이 상대적으로 더 많이 떠오른다. 따라서 또 다른 상황이 주어지면 다른 브랜드의 차별적 연상이 더 많이 떠오를 수 있다는 것이다.

앞에서 정리한 바와 같이 차별적 연상의 가치에 대해서는 찬반양론이 존재한다. 어떤 주장이 맞는 것일까? 아니면 두 주장 모두 양립 가능한 것일까? 이에 대한 답을 내리기 위해서는 차별적 연상의 특징에 대한 명확한 이해가 필요하다. 차별성은 결코 쉬운 개념이 아니기 때문이다. 차별성의 반대 개념인 공통성도 마찬가지이다. 관련 이론도 매우 많다. 2절에서는 먼저 이 이론들의 핵심을 정리했다. 모두 비교(comparison)와 관련된 이론이다. 연상의 차별성과 공통성에 대한 판단은 각 연상을 포함하고 있는 대상을 비교하는 인지적 과정의 결과이기 때문이다.

2. 비교에 대한 이론

1) 범주 이론

비교에 대한 이론 중 가장 대표적인 이론은 '범주 이론(Categorization Theory)'이다. 특정 대상을 보면 사람은 본능적으로 그 대상이 어떤 범주에 속하는지 판단한다. 두리안을 보고 '과일'이라고 판단하거나, BMW Z4를 보고 '자동차'라고 판단하는 식이다. 이러한 판단은 해당 범주에 대한 지식의 정도에 따라 세분될 수 있다. 예를 들어 두리안을 단순한 과일이 아닌 '열대 과일'이라고 판단하거나 BMW Z4를 단순한 자동차가 아닌 '스포츠카'라고 판단하는 경우이다. 어떤 경우라 할지라도 이러한 범주화는 주어진 대상을 특정 범주에 포함시켜 이미 기억하고 있는 대상과의 비교를 통해 이루어진다.

이러한 비교가 어떤 방식으로 이루어지는지에 대해 3가지 대표적인 이론이 있다. 고전적 모델(Classical Model), 추상화 모델(Abstraction Model), 사례 모델(Exemplar Model)이다. 우선 '고전적 모델'에 따르면 어떤 대상이 특정 범주에 포함된다고 판단하기 위해서는 특정 범주에 포함되기 위한 모든 요건을 갖춰야 한다. 이러한 요건을 가리켜 "결정적 요건(defining properties)"이라고 부른다(Bruner, Goodnow and Austin, 1956). 예를 들어 '새'라는 범주에 포함되기 위한 결정적 요건이 '날개, 부리, 깃털이 있고', '다리가 2개이고', '날 수 있어야 한다'는 것이라면 어떤 대상을 새라고 판단하기 위해서는 이러한 요건을 모두 갖추고 있어야 한다. 이에 따르면 닭은 새일 수 없다. 날 수 없기 때문이다. 그러나 기존 연구에 따르면 사람이 특정 대상을 범주화하는 방식은 이렇게 철저하지 않다(Rosch, 1978). 범주화의 대상이 제품인 경우에는 더욱 그렇다. 대부분의 제품군은 결정적 요건이 없기 때문이다(Punj and Moon, 2002).

고전적 모델과 달리 '추상화 모델' 및 '사례 모델'은 범주의 경계선이 모호할 수 있다는 것을 인정한다. 그러나 주어진 대상을 특정 범주에 포함시키는 방식에 차이가 있다. 우선 추상화 모델의 경우 고전적 모델과 같이 해당 범주를 규정하는 요건이 있음을 인정한다. 이러한 요건을 모두 갖추고 있는 대상을 가리켜 "전형(prototype)"이라고 부른다. 실재하는 것일 수도 있고 가상으로만 존재하는 것일 수도 있다. 주어진 대상이 해당 범주에 포함되는지는 이 대상이 전형과 얼마나 많은 요건을 공유하는지에 따라 결정된다. 공유하는 요건이 많을수록 해당 범주에 포함될 가능성이 크다. 반대로 공유하는 요건이 적을수록 해당 범주에 포함될 가능성 또한 적다. 공유하는 요건이 없으면 당연히 해당 범주에 포함되지 않는다. 그러나 소수의 요건만을 공유할 때 주어진 대상의 해당 범주 포함 여부는 전적으로 주관적인 판단에 따라 결정된다. 고전적 모델과 달리 이러한 요건들을 '결정적'이라고 인정하지 않기 때문이다(Rosch and Mervis, 1975). 따라서 추상화 모델에 따르면 닭은 새라고 판단할 수도 있고 새가 아니라고 판단할 수도 있다.

고전적 모델 및 추상화 모델과 달리 사례 모델은 해당 범주를 규정하는 요건들의 존재를 인정하지 않는다. 대신 해당 범주를 대표하는 사례가 있다고 간주한다. 주어진 대상의 해당 범주 포함 여부 역시 대표적 사례와의 유사성 정도에 따라 판단된다. 추상화 모델과 마찬가지로 이러한 판단은 주관적으로 이루어진다. 예를 들어 새를 대표하는 사례가 독수리라고 할 경우 닭이 새인지는 독수리와 얼마나 유사한지에 대한 주관적 판단에 따라 결정된다(Barsalou, 1990).

제품의 경우는 어떨까? 코언(Cohen, 1982)에 따르면 소비자는 경우에 따라 추상적 모델 또는 사례 모델의 방식으로 제품의 범주를 판단한다. 1가지만이 아닌 여러 방식을 사용한다는 것이다. 중요한 점은 두 경우 모두 비교라는 인지적 판단이 이루어진다는 것이다. 추상적 모델을 사용하는 경우 주어진 제품과 전형적 제품을 비교하고 사례 모델을 사용하는 경우 주어진 제품과 대표적 사례, 즉 대표적 브랜드를 비교한다. 이러한 비교 과정을 통해 소비자는 두 브랜드가 어떤 연상을 공유하는지, 어떤 차별적 연상이 있는지 확인하고 이를 바탕으로 두 브랜드의 차별성 또는 유사성 여부를 판단한다. 이러한 비교가 구체적으로 어떻게 이루어지는지에 대해서는 트버스키(Tversky, 1977)의 '대조 모델(Contrast Model)'을 통해 이해할 수 있다.

2) 대조 모델

〈공식 5-1〉 트버스키의 차별성 및 유사성 결정 공식

$$\mathrm{TverskyModelSim}(u, v) = \alpha f(u \cap v) - \beta f(u - v) - r f(v - u)$$

트버스키(Tversky, 1977)에 따르면 두 대상 간의 차별성 또는 유사성은 두 대상이 공유하는 속성과 공유하지 않는 속성, 그리고 이러한 속성의 중요성에 따라 결정된다(〈공식 5-1〉). 다음의 공식에서 $f(u \cap v)$는 두 대상 u와 v가 공유하는 속성을 가리킨다. 반면 $f(u-v)$는 u만 갖고 있는 속성을 가리키고 $f(v-u)$는 v만 갖고 있는 속성을 가리킨다. 즉 차별적 속성이다. 한편 α, β, γ는 공유하는 속성, u만 갖고 있는 속성, v만 갖고 있는 속성의 중요성을 가리킨다. 따라서 두 대상이 다수의 공유하는 속성이 있거나 공유하는 속성이 1개일지라도 매우 중요한 속성일 경우 서로 유사하다고 판단될 가능성이 크다. 그러나 두 대상 중 한 대상만 갖고 있는 차별적 속성이 많거나 많지 않더라도 중요한 속성일 경우 서로 다르다고 판단될 가능성이 크다. 예를 들어 앞에서 예로 든 닭과 독수리의 경우 날개, 부리, 깃털이 있고, 다리가 2개라는 속성을 공유한다. 그러나 닭이 날지 못하는 것과 달리 독수리는 날 수 있다. 따라서 닭과 독수리의 유사성 및 차별성에 대한 판단은 날개, 부리, 깃털이 있고 다리가 2개라는 속성의 중요성 대비 비행 가능 여부의 중요성에 대한 판단에 따라 달라진다.

한편 두 대상이 갖고 있는 차별적 속성의 중요성은 다를 경우가 많다. 닭과 독수리 예의 경우 새라고 부르기 위해 날 수 있다는 속성이 날 수 없다는 속성보다 중요할 수도 있고 그 반대일 수도 있다. 이러한 중요성의 차이에 따라 비교의 방향성이 결정된다(Houston and Sherman, 1995). 예를 들어 닭과 독

수리가 공유하는 속성이 많아 서로 유사하다고 판단된다 하더라도 새라고 부르기 위해 날 수 있다는 속성이 더 중요하다면 대부분의 사람은 독수리가 닭과 유사하다고 판단하기보다는 닭이 독수리와 유사하다고 판단한다는 것이다. 비교의 이러한 방향성은 브랜드 전략에 매우 큰 영향을 미친다. 많은 기업이 경쟁사 대비 우위를 차지하기 위해 차별화 전략을 수립한다. 문제는 기술력의 평준화로 상대적으로 중요하지 않은 속성을 강조하는 경우가 많다는 것이다. 예를 들어 치약의 경우 가장 중요한 기능은 치석과 구취 제거이다. 그러나 차별화를 위해 상쾌함을 강조하거나 잇몸 보호 기능을 강조할 수 있다. 비교의 방향성을 고려할 때 이러한 전략을 통해 경쟁 브랜드 대비 우위를 점하기 위해서는 소비자가 해당 브랜드의 차별적 속성(예: 상쾌함)을 경쟁 브랜드의 차별적 속성(예: 잇몸 보호 기능)보다 더 중요하다고 인식해야 한다. 그렇지 않으면 아무리 차별성을 강조한다 하더라도 경쟁 브랜드에 유사한 브랜드, 즉 미투 브랜드로 인식될 가능성이 크다.

이상과 같이 대조 모델은 속성의 유무에 초점을 맞추고 있다. 그러나 같은 속성이라도 성능이 확연히 다를 경우에도 차별화가 가능하다. 예를 들어 대부분의 칫솔은 2~3개월에 한 번씩 교체해야 한다. 솔 부분이 마모되기 때문이다. 그러나 6개월 이상 사용해도 마모되지 않는 칫솔이 있다면 소비자는 이 칫솔이 기존 칫솔 대비 차별적이라고 인식할 가능성이 크다. '스키마 이론(Schema Theory)'은 이와 같은 인식이 구체적으로 어떤 과정을 거쳐 형성되는지 설명해 준다.

3) 스키마 이론

'스키마'란 특정 범주에 대한 개인의 인지적 구조 또는 지식의 체계를 가리킨다(Bettman, 1979). 제품에 대해서도 마찬가지이다. 소비자는 특정 제품 군의 어떤 속성들이 중요하며 각 속성의 변화 폭(variability)은 얼마나 되는지, 각 속성의 연관 관계는 어떤지 등에 대한 '나름의' 지식이 있다(Sujan and Bettman, 1989). 예를 들어 노트북에서 CPU, 하드디스크 용량, RAM 등이 중요하고 CPU에는 인텔코어, 펜티엄, 셀로론 등이 있고, 하드디스크 용량은 대략 120~250GB 사이이고, RAM 용량은 2~32GB 사이이며, 하드디스크 용량이 커야 RAM 용량 역시 크다 등과 같은 스키마를 가질 수 있다. 그러나 스키마는 개인의 경험 또는 전문성에 따라 다를 수 있다. 심지어 틀릴 수도 있다. 실제로 CPU에는 제온, 아톰, 라이젠 등 훨씬 더 많은 종류가 있고 하드디스크 용량이 512GB인 노트북도 있으며 하드디스크 용량과 RAM 용량 간에는 아무런 상관관계가 없다. 그렇기 때문에 스키마는 정확한 지식이 아닌 '나름의' 지식을 의미한다.

중요한 점은 특정 범주에 대한 소비자의 스키마에 따라 관련 정보에 대한 처리 방식 및 결과가 달라진다는 것이다. 예를 들어 최신 노트북에 대한 정보가 제시되었을 때 이 노트북이 기존 노트북 대비 얼마나 다르거나 유사한지에 대한 판단은 소비자가 노트북에 대해 어떤 스키마가 있는지에 따라 매우 다를 수 있다. 특정 속성에 대한 정보가 제시되지 않았을 경우도 마찬가지이다. 어떤 스키마가 있는지에 따라 해당 속성에 대한 유추 결과가 다를 수 있기 때문이다(Broniarczyk and Alba, 1994). 예를 들어 최신 노트북의 하드디스크 용량이 250GB인데 RAM 용량이 제시되지 않았을 경우 앞에서와 같이 하드디스크 용량과 RAM 용량 간에 상관관계가 있다는 스키마가 있는 소비자와 그렇지 않은 소비자가 유추하는 RAM 용량은 매우 다를 것이다.

그렇다면 기존에 있던 스키마에 부합하지 않는 정보가 주어졌을 때 소비자는 어떤 반응을 보일까? 연구 결과에 따르면 '수용(assimilation)' 또는 '수정

(accommodation)'의 반응을 보인다(Fiske and Pavelchak, 1984). 수용이란 기존 스키마와 새로 주어진 정보의 차이가 크지 않아서 기존 스키마의 일부로 받아들이는 것을 말한다. 반면 수정이란 이러한 차이가 매우 커서 기존 스키마의 일부 또는 전체를 수정해 새로운 스키마를 형성하는 것이다. 따라서 수정을 다른 말로 "스키마 교체(schema switching)"라고도 부른다(Meyers-Levy and Tybout, 1989). 그러나 수용과 수정은 '네, 아니요'와 같은 이분법적 판단이 아니라 정도의 차이에 대한 주관적 판단을 의미한다. 따라서 기존 스키마와 새로 주어진 정보의 차이가 얼마나 되어야 수용 또는 수정이 발생하는지에 대해서는 명확한 답이 있을 수 없다.

한편 맨들러(Mandler, 1982)에 따르면 새로운 정보에 대한 소비자의 반응은 기존 스키마와의 차이가 중간 정도(moderately incongruent)일 때 가장 긍정적이다. 수용의 방식으로 받아들여야 할지, 아니면 수정의 방식으로 받아들여야 할지 고민하게 만드는 정도의 차이를 의미한다. 이러한 정보가 주어졌을 때 소비자는 잠시나마 해당 정보에 주목하게 되고 이러한 인지적 자극(arousal)으로 희열을 느낀다는 것이다. 그러나 해당 정보와 기존 스키마의 차이가 지나치게 크지는 않기 때문에 어떤 방식으로 이를 받아들일지 어렵지 않게 결정할 수 있다. 이로써 인지적 자극에 대해 느꼈던 희열이 그대로 남아 해당 정보를 긍정적으로 생각하게 된다는 것이다. 이와 달리 새로운 정보와 기존 스키마 간에 차이가 거의 없을 경우 소비자는 해당 정보를 주목하지 않는다. 반대로 차이가 너무 큰 정보는 받아들이기 부담스럽다. 따라서 두 경우 모두 긍정적인 태도를 형성하지 못할 가능성이 크다. 물론 기존 스키마 대비 중간 정도 차이가 나는 정보 역시 문제는 있다. 기존 스키마에 새로 추가한 정보이기 때문에 기억에 오래 남지 않는다는 것이다. 따라서 이러한 정보의 경우 광고량을 늘려 소비자의 기억을 지속해 환기시킬 필요가 있다(Sujan and Bettman, 1989).

4) 구조적 정렬 이론

앞에서 언급한 맨들러(Mandler, 1982)의 이론은 동일한 속성의 차이에 초점을 맞춘다. 어떤 소비자가 노트북에 대해 '하드디스크 용량'이 120~250GB라는 스키마가 있을 때 '하드디스크 용량'이 512GB인 노트북에 대한 소비자의 반응은 어떨지 등에 대한 이론이다. '구조적 정렬 이론(Structural Alignability Theory)'에서는 이와 같은 차이를 "정렬적 차이(alignable difference)"라고 부른다. 스키마와 제품 간의 비교가 아닌 제품과 제품 간의 비교에서도 마찬가지이다. 예를 들어 서로 다른 두 노트북 A와 B는 하드디스크 용량이 다를 수 있다. 두 제품이 하드디스크 용량이라는 특정 속성에 정렬적 차이가 있는 경우이다. 이와 달리 어떤 제품의 속성이 다른 제품에는 없는 경우도 있다. 예를 들어 노트북 A에는 터치펜 기능이 있는데 노트북 B에는 없을 수 있다. 반면 노트북 A에는 없는 키보드 분리 기능이 노트북 B에는 있을 수 있다. 구조적 정렬 이론에서는 이렇게 서로 다른 속성 간의 차이를 "비(非)정렬적 차이"라고 부른다. 물론 두 노트북의 공통적인 속성(예: 250GB 하드디스크)도 있다. 구조적 정렬 이론에서는 이러한 속성을 가리켜 "공통성(commonality)"이라고 부른다(Markman and Medin, 1995).

마크먼과 겐트너(Markman and Gentner, 2000)에 따르면 이러한 구조적 정렬성 또는 비정렬성은 제품뿐만 아니라 모든 대상 간의 비교에 적용될 수 있다. 예를 들어 〈그림 5-4〉를 보자. 왼쪽 그림은 공부방이고 오른쪽 그림은 감옥이다. 따라서 공통성을 찾을 수 없다. 그러나 공부방과 감옥 모두 사람이 생활하는 공간이라는 속성을 공유한다. 공간의 구체적인 구성이 다를 뿐

〈그림 5-4〉 두 공간(공부방 vs 감옥)의 정렬적 차이와 비정렬적 차이

자료: Markman and Gentner(2000).

이다. 또한 두 공간 모두 침대가 놓여 있다. 다만 침대의 유형(싱글 침대 vs 2층 침대)이 다를 뿐이다. 따라서 두 공간은 정렬적 차이가 있다. 물론 공부방에 는 벽걸이 시계가 있는 반면 감옥에는 없다. 비정렬적 차이에 해당한다. 이 와 같이 비교 대상을 눈으로 볼 때뿐만 아니라 눈으로 보지 않고 머릿속에 떠올릴 때도 이러한 비교가 가능하다. 예를 들어 '뉴욕'과 '시카고'는 어떤 공 통성과 정렬적 또는 비정렬적 차이가 있을까? 뉴욕과 시카고 모두 미국의 대도시라는 공통성이 있다. 그러나 면적이라는 속성을 기준으로 할 때 뉴욕 은 시카고보다 훨씬 더 큰 도시이다. 정렬적 차이에 해당한다. 반면 시카고 에는 호수(미시간호)가 있지만 뉴욕에는 없다. 비정렬적 차이에 해당한다 (Markman and Gentner, 2000).

기존 연구에 따르면 소비자는 고려 대상 제품들의 정렬적 차이를 바탕으 로 어떤 제품을 구매할지 결정하는 경향이 있다. 공통성의 경우 변별력이 없기 때문에 판단 기준이 될 수 없고 비정렬적 차이는 직접적인 비교가 어 렵기 때문이다(Malkoc et al., 2005). 예를 들어 터치펜 기능이 있는 노트북과 키 보드 분리 기능이 있는 노트북 중 어느 노트북을 구매할지 결정하는 경우 소비자는 하드디스크 용량이 120GB인 노트북과 250GB인 노트북 중 어느

노트북을 구매할지 결정하는 경우보다 더 많은 고민을 해야 한다.

정렬적 차이의 이러한 특징 때문에 소비자는 정렬적 차이에 해당하는 속성을 그렇지 않은 속성에 비해 더 중요하게 여기는 경향이 있다(Zhang and Markman, 1998). 앞의 예에서 비정렬적 속성인 터치펜 기능과 키보드 분리 기능에 비해 하드디스크 용량을 더 중요하게 여긴다는 것이다. 따라서 소비자는 정렬적 속성 관련 정보를 더 신중하게 처리함으로써 해당 정보를 더 잘 기억하는 경향이 있다(Meyers-Levy, 1991). 또한 정렬적 속성 관련 정보는 서로 연결지어 기억하기 쉽다. 따라서 소비자가 해당 속성에 대한 특정 제품의 성능을 떠올리거나 관련 정보를 보았을 때 동일한 속성에 대한 경쟁사 제품의 성능 역시 떠오를 가능성이 크다. 즉 전자의 연상이 후자의 연상을 파생시킨다는 것이다(Zhang and Markman, 1998).

그렇다면 비정렬적 차이는 제품에 대한 소비자의 반응에 전혀 영향을 미치지 않는 것일까? 많은 광고가 해당 제품의 경쟁 제품 대비 비정렬적 차이를 강조한다. 이러한 광고는 모두 효과가 없는 것일까? 그렇지 않다. 다양한 변인이 제품의 정렬적·비정렬적 차이에 대한 소비자의 반응에 영향을 미친다. 예를 들어 해당 제품에 대한 관여도가 높은 소비자의 경우 낮은 소비자에 비해 고려 대상 제품들의 비정렬적 차이에 관심을 둔다(Zhang and Markman, 2001). 관여도가 높을수록 관련 정보를 더 철저히 처리하는 경향이 있기 때문이다(Celsi and Olson, 1988). 따라서 특정 제품이 경쟁 제품 대비 열등한 정렬적 차이가 있다 하더라도 매우 혁신적인 비정렬적 차이가 있다면 소비자의 관심을 끌 수 있다(Zhang and Markman, 2001). 인지적 종결 욕구(need for cognitive closure)는 이와 반대이다. 인지적 종결 욕구란 명확한 결론을 선호하는 정도를 가리킨다. 따라서 인지적 종결 욕구가 강한 소비자는 제품들의 비정렬적 차이보다는 정렬적 차이를 바탕으로 구매 결정을 내린다. 이와 달리 이러한 욕구가 낮은 소비자는 정렬적 차이 못지않게 비정렬적 차이에도 관심을 기울인다(Zhang, Kardes and Cronley, 2002). 같은 맥락에서 제품 지식, 구매 결정에 주어진 시간, 고려 대상 속성의 개수, 제시된 정보의 구체성(vs 추상성) 정도 등 매우 다양한 변인이 영향을 미친다(Malkoc, Zauberman and Ulu, 2005).

3. 차별적·공통적 연상의 활용 전략

구조적 정렬 이론에 따르면 차별적 연상은 정렬적 또는 비정렬적일 수 있다. 대조 모델은 이 중 비정렬적 차별성에 초점을 맞추고 스키마 이론은 정렬적 차별성에 초점을 맞춘다. 이와 달리 범주 이론은 공통성에 초점을 맞춘다. 그렇다면 연상의 이러한 차별성과 공통성을 활용해 효과적인 마케팅 커뮤니케이션 전략을 수립할 수 있는 방법은 무엇일까? 이와 관련해 무수히 많은 연구가 진행되었다. 주제 또한 포지셔닝(positioning), 비교 광고(comparative advertising), 은유 광고(analogous advertising), 제품 다양화(product assortment), 시장 선점(early entrance) 등 매우 다양하다. 이 중에서 가장 많은 연구가 진행된 주제는 '포지셔닝'이다. 브랜드 전략에서 차지하는 비중도 매우크다. 연구 결과의 핵심만 요약하면 다음과 같다.

포지셔닝은 트라우트와 리스(Trout and Ries, 1980)가 발간한 책『포지셔닝(Positioning: The battle for your mind)』에서 처음 제안된 개념이다. 소비자가 해당 브랜드를 경쟁 브랜드 대비 얼마나 다르게 또는 유사하게 생각하도록 만들 것인지에 대한 전략을 가리킨다. 이를 위해 기업은 광고, PR, 이벤트 등 다양한 방법을 사용해 해당 브랜드의 차별적 연상 또는 공통적 연상을 형성한다. 대개의 경우 공통적 연상보다는 차별적 연상에 초점을 맞춘다.

그러나 기존 연구에 따르면 차별적 연상의 형성 못지않게 공통적 연상의 형성도 중요하다. 특정 제품군에 속해 있는 브랜드들의 경우 해당 제품군의 특징과 관련된 연상을 공유한다. 따라서 이러한 연상이 없는 브랜드의 경우 소비자가 어떤 제품인지 판단하기 어려울 수 있어서 고려 대상에서 제외될 수 있다(Keller, 1993). 예를 들어 소비자가 특정 브랜드를 음료수가 아닌 술로 인식하기 위해서는 '알코올'이라는 연상을 떠올려야 한다. 그러나 해당 브랜드의 도수가 지나치게 낮아서 알코올이라는 연상을 떠올리지 못할 경우 술이 아닌 음료수로 인식할 수 있다. 알코올이라는 연상의 강도가 약할 때도 문제이다. 술이 필요한 상황에서 해당 브랜드가 떠오르지 않을 가능성이 크기 때문이다. 알코올 등과 같은 물리적 속성에 대한 연상뿐만 아니라 정서적 속성에 대한 연상도 마찬가지이다. 일반적으로 소비자는 소주에 대해 '대중적'이라는 연상을 떠올린다. 그러나 어떤 소주의 가격이 매우 비쌀 경우 대중적이라는 연상을 떠올리기 어렵고 이로써 소주로 인식하지 않을 수 있다.

이를 고려할 때 시장에 처음 출시되는 브랜드의 포지셔닝 전략은 두 단계에 걸쳐 진행되어야 한다(Punj and Moon, 2002). 우선 해당 제품군과의 연결성, 즉 해당 브랜드가 어떤 제품인지 소비자에게 인식시켜야 한다. 이를 위해서는 해당 제품군(예: 소주)의 대표적인 특징(예: 알코올)을 강조하거나 대표적인 브랜드(예: 참이슬)와의 유사성을 강조해야 한다. 각각 범주 이론의 추상화 모델, 사례 모델을 이용한 전략이다(Aaker and Shansby, 1982). 그러나 해당 제품군과의 연결성만을 강조하다 보면 일반적인(typical) 브랜드 또는 미투(me-too) 브랜드로 인식될 수 있다. 따라서 2단계로 경쟁 브랜드와의 차별성을 강조해야 한다.

차별성을 강조하는 방법 역시 2가지이다. 즉 경쟁 브랜드에 없는 속성을 제시함으로써 비정렬적 차이를 강조하거나 경쟁 브랜드에 있는 속성이지만 해당 브랜드의 성능이 월등히 낫다는 식으로 정렬적 차이를 강조할 수 있다 (Pechmann and Ratneshwar, 1991). 두 방법 모두 구조적 정렬 이론을 사용한 것이다. 그러나 기존 연구에 따르면 비정렬적 차이를 강조하는 것보다는 정렬적 차이를 강조하는 것이 효과적이다. 비정렬적 차이를 강조할 경우 특정 소비자 그룹을 타깃으로 하는 니치 브랜드로 인식될 가능성이 크기 때문이다(Sujan and Bettman, 1989). 그렇다고 정렬적 차이가 지나치게 큰 것도 좋지 않다. 소비자가 해당 제품군에 대해 갖고 있던 스키마와 부합하지 않을 수 있기 때문이다. 따라서 가장 효과적인 포지셔닝 전략은 소비자의 관심을 끌되 기존 스키마의 일부 수정을 통해 받아들일 수 있을 정도의 정렬적 차이를 강조하는 것이다(Mandler, 1982).

그러나 정렬적 차이를 강조한다고 해서 효과가 항상 보장되는 것은 아니다. 정렬적 차이의 효과는 체감(遞減)되는 경향이 있기 때문이다. 예를 들어 어떤 망원경의 확대율이 4X에서 6X로 개선되었을 경우와 14X에서 16X로 개선되었을 경우 개선된 확대율의 절댓값(2X)은 동일하다. 그러나 소비자는 후자에 비해 전자의 경우 확대율이 훨씬 더 많이 개선되었다고 느낀다 (Coombs and Avrunin, 1977). 정렬적 차이의 효과가 〈그림 5-5〉와 같이 오목형 (concave) 곡선 형태를 띠기 때문이다. 놀리스와 사이먼슨(Nowlis and Simonson, 1996)에 따르면 이러한 경향성은 품질이 서로 다른 브랜드 간에도 나타난다. 품질이 좋은 브랜드보다는 좋지 않은 브랜드가 정렬적 차이를 강조할 때 소비자의 관심을 더 끌 수 있다는 것이다. 이러한 경향성을 가리켜 "다속성 체감 반응도(Multiattribute Diminishing Sensitivity)"라고 부른다(Torgerson, 1958).

또한 제품 기술의 빠른 발전과 기술력의 평준화 현상을 고려할 때 대부

〈그림 5-5〉 정렬적 차이의 체감 효과

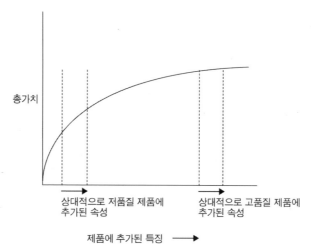

자료: Coombs and Avrunin(1977).

분의 정렬적 차이는 장기간에 걸쳐 유지하기 어렵다. 이로써 많은 기업이 감성, 느낌 등 정서적 차이를 통한 차별화를 꾀한다. 그러나 정서적 차이(예: 세련됨 vs 신선함)는 본질적으로 비정렬적이다. 직접적으로 비교하기 어렵다는 것이다. 따라서 소비자의 구매 결정에 결정적 영향을 미치기 어렵다. 기업이 해결해야 할 딜레마가 아닐 수 없다.

제6장

브랜드 연상의 개별적 특징 4

구체성 vs 추상성

1. 구체적·추상적 연상의 특징

　제3장부터 제5장까지 브랜드 연상의 개별적 특징, 즉 강도(3장), 호감도
(4장), 차별성 vs 공통성(5장)에 대해 설명했다. 이 장에서는 마지막 개별적
특징인 '구체성(concreteness) vs 추상성(abstractness)'에 대해 설명하려 한다.
브랜드 연상은 구체성 또는 추상성의 정도가 다를 수 있다. 다시 말해 매우
구체적일 수도 있고 매우 추상적일 수도 있다. 예를 들어 노트북의 메모리
사이즈와 관련해 기업은 광고를 통해 실제 메모리 사이즈의 수치(예: 20GB —
구체적 정보)를 강조할 수도 있고 이러한 수치를 제시하지 않거나 강조하지 않
은 채 메모리 사이즈가 크다(추상적 정보)고 제시할 수도 있다. 소비자가 어떤
연상을 떠올리도록 하는 것이 더 효과적일까? 이에 대한 답은 생각보다 쉽
지 않다. 연상의 구체성과 추상성 자체가 매우 어려운 개념이기 때문이다.
구체적 연상과 추상적 연상의 효과에 대한 연구 결과 또한 혼재되어 있다.

다음에서는 먼저 구체적 연상 및 추상적 연상의 효과에 대한 연구 결과를 정리했다. 이어서 이러한 효과를 조절하는 다양한 변인에 대해 설명했다. 마지막으로 연구 결과의 이러한 혼재를 초래하는 주원인, 즉 구체성과 추상성이라는 개념의 이중적 의미를 설명했다.

1) 추상적 연상 대비 구체적 연상의 장점

홀컴 외(Holcomb et al., 1999)에 따르면 구체적 광고카피는 추상적 광고카피에 비해 훨씬 잘 이해되고 기억도 잘 된다. 딕슨(Dickson, 1982)은 실험 연구를 통해 이러한 차이를 입증했다. 이를 위해 우선 냉장고를 대상으로 2가지 유형(사례형 vs 통계형)의 인쇄광고를 제작했다. 사례형 광고의 경우 냉장고로 낭패를 당한 주부 5명이 실제로 언급한 내용을 카피로 제시했다. 반면 통계형 광고의 경우 500명의 주부를 대상으로 실시한 설문조사 결과를 제시했다. 사례형 광고는 구체적 카피, 통계형 광고는 추상적 카피에 해당한다. 각 인쇄광고를 서로 다른 그룹의 소비자들에게 제시한 후 해당 카피에 대한 기억 정도를 측정한 결과 추상적 카피에 비해 구체적 카피가 훨씬 더 효과적이었다.

매켄지 외(MacKenzie, Richard and Belch, 1986)와 퍼시(Percy, 1982)도 유사한 실험 연구를 진행했다. 우선 매켄지 외(MacKenzie, Richard and Belch, 1986)의 연구에서는 시계를 대상으로 인쇄광고를 제작했다. 추상적 광고의 경우 "업계 자료에 따르면 상당수의 시계 고장은 시계에 물이 들어가 발생한다"는 카피를 삽입했다. 반면 구체적 광고의 카피는 "업계 자료에 따르면 시계 고장 4개 중 3개는 시계에 물이 들어가거나 습기가 차서 발생한다"였다. 각 광고를 서로 다른 그룹의 소비자들에게 제시한 후 시계의 특정 속성, 즉 방수 기능의 중요성에 대해 답하도록 했다. 결과는 역시 구체적 카피가 더 효과적이었다.

추상적 카피를 읽은 소비자들에 비해 구체적 카피를 읽은 소비자들이 시계의 방수 기능을 더 중요한 속성으로 평가했다. 퍼시(Percy, 1982) 역시 인쇄광고를 사용했다. 대상 제품은 맥주였다. 추상적 광고의 카피는 "뛰어난 맛(Great taste)"이었고, 구체적 광고의 카피는 "미국의 대표적인 모든 맥주와 수입 맥주를 대상으로 실시된 다섯 번의 시음조사에서 다섯 번 모두 선택된 맥주(Winner of 5 out of 5 taste tests in the U. S. against all major American beers and leading imports)"였다. 결과는 마찬가지였다.

2) 구체적 연상 대비 추상적 연상의 장점

추상적 연상 대비 구체적 연상의 우월한 효과를 입증한 앞의 연구들과 반대로 추상적 연상이 구체적 연상보다 더 효과적이라는 연구도 많다. 예를 들어 칸워 외(Kanwar, Olson and Sims, 1981)에 따르면 소비자는 구체적 연상에 비해 추상적 연상을 더 잘 기억하는 경향이 있다. 따라서 추상적 연상은 구체적 연상에 비해 소비자의 의사결정에 더 큰 영향을 미칠 수 있다. 같은 맥락에서 데이비스(Davis, 2001)는 연상의 구체성 및 추상성 정도를 제품속성, 사용 가치, 믿음 등 세 단계로 구분하고, 연상의 추상성 정도가 높을수록 경쟁사의 모방이 어려워지기 때문에 차별적 연상이 될 가능성이 크다고 주장했다. 이러한 결과에 따르면 기업은 자사 브랜드에 대해 구체적 속성 관련 정보를 제공하되 소비자가 해당 정보를 그대로 기억하기보다는 추상적으로 변형해 기억하도록 유도하는 것이 효과적이다.

추상적 연상은 해당 브랜드의 경쟁 가능 범위를 확장하는 효과도 있다. 소비자는 최종 구매를 결정하기 전에 대부분 몇 개의 브랜드를 비교하는 과정을 거친다. 이때 해당 브랜드들이 서로 공유하는 속성이 있으면 비교 작업이 쉬워진다. 예를 들어 TV를 구매하려 할 때 서로 다른 브랜드의 화면크기, 해상도 등을 비교할 수 있다. 앞에서 설명한 '정렬적 차이'에 따른 비교이다. 반면 서로 공유하는 속성이 없으면 이러한 방식의 비교가 불가능하다. 그렇다고 해서 비교 자체가 불가능한 것은 아니다. 예를 들어 어떤 소비자가 특별 상여금을 받아 여윳돈이 생겼다면 이 돈을 어떻게 사용할지 고민하게 된다. 구매를 미루었던 새 냉장고를 살 수도 있고 작년에 가지 못했던 바캉스를 갈 수도 있다. 냉장고와 바캉스는 공유하는 속성이 없다. 그렇다면 소비자는 무엇을 기준으로 결정을 내려야 할까? 다시 말해 무엇을 기준으로 냉장고와 바캉스를 비교할 수 있을까?

존슨(Johnson, 1984)에 따르면 '추상화 전략(abstract strategy)'과 '종합 속성 처리 전략(across attribute processing strategy)'의 사용이 가능하다. 앞에서 말한 것처럼 냉장고와 바캉스는 공유하는 속성이 없다. 그러나 여기서 말하는 속성은 구체적 속성, 즉 물리적 속성만을 가리킨다. 반면 소비자는 구체적 속성이 아닌 추상적 속성을 기준으로 대상 제품들을 비교할 수 있다. 냉장고와 바캉스의 경우 '실용성'이라는 기준을 생각해 볼 수 있다. 이와 같이 구체적 속성이 아닌 추상적 속성을 기준으로 대상 제품들을 비교하는 방식을 가리켜 추상화 전략이라고 부른다.

한편 동일한 상황에서 소비자는 각 브랜드의 속성을 바탕으로 '종합적인' 평가를 먼저 내리고 이 평가를 기준으로 두 브랜드를 비교할 수도 있다. 예를 들어 냉장고와 여행 상품 중에서 하나를 구매하려고 할 때 고려 대상인 냉장고의 주요 속성인 도어 개수(예: 3도어, 4도어 등), 용량, 색상 등은 '최상급'인 반면, 고려 대상 여행 상품의 주요 속성인 기간, 방문 장소, 투숙 호텔 등은 '중급'이라고 평가할 수 있다. 이러한 경우 대부분의 소비자는 여행 상품이 아닌 냉장고를 선택할 것이다. 이러한 방식을 가리켜 "종합 속성 처리 전략"이라고 부른다.

두 전략 모두 소비자가 구체적 속성을 추상적 속성으로 변형시켜 인식하는 방식이다. 기업이 의도적으로 소비자의 이러한 인식을 유도할 수도 있다. 예를 들어 광고를 통해 해당 브랜드의 특정 속성을 강조하는 동시에 해당 속성이 소비자가 추구하는 특정 목적(예: 실용성)을 충족할 수 있다는 것을 강조하거나(추상화 전략), 다양한 속성의 우수성을 강조함으로써 해당 브랜드에 대한 소비자의 종합적인 평가를 제고시킬 수 있다(종합 속성 처리 전략). 두 방식 모두 해당 브랜드가 다양한 제품군의 브랜드와 비교될 수 있는 가능성을 제공하고, 이로써 해당 브랜드의 경쟁 가능 범위를 확장시킨다. 5장에서 소비자는 구매 결정을 내릴 때 비정렬적 차이보다 정렬적 차이에 관심을 갖는다고 말한 바 있다. 앞의 두 전략은 본질적으로 비정렬적 차이에 해당하는 구체적 정보를 정렬적 차이에 해당하는 추상적 정보로 변형시켜 해당 브랜드의 구매 가능성을 높여준다(Malkoc, Zauberman and Ulu, 2005). 물론 이러한 전략이 해당 브랜드에 긍정적인 것만은 아니다. 역으로 전혀 다른 제품군에 속해 있는 브랜드의 경쟁 대상이 될 수도 있기 때문이다(Gourville and Soman, 2005).

2. 혼재된 결과의 원인

앞에서 정리한 것처럼 구체적 연상 및 추상적 연상의 효과에 대한 연구 결과는 혼재되어 있다. 왜 이런 결과가 나타나는 것일까? 여러 가지 이유가 있을 수 있다. 우선 실험 자체에 오류가 있었을 수 있다. 테일러와 톰프슨(Taylor and Thompson, 1982)은 앞에서 언급한 딕슨(Dickson, 1982)의 연구에 대해 이러한 가능성을 지적했다. 사례형 광고를 제시받은 소비자들의 경우 카피를 읽는 데 소요되는 시간을 연구자가 제한한 반면, 통계형 광고를 제시받은 소비자들의 경우 이러한 제한 없이 자유롭게 카피를 읽도록 했다는 것이다. 그래서 각 그룹의 소비자들이 처리한 정보량 자체가 달랐다면 광고효과 역시 구체성 및 추상성의 차이에 따른 것이 아니라 정보량의 차이에 따라 발생했을 가능성이 있다. 또한 통계형 광고의 경우 소비자가 해당 정보를 이해하기 위해서는 통계에 관한 최소한의 지식이 필요하다. 따라서 통계형 광고의 효과가 상대적으로 적었던 것은 해당 정보가 추상적이었기 때문이 아니라 정보를 제시받은 소비자들의 통계 관련 지식이 부족했기 때문일 수 있다(Kisielius and Sternthal, 1984). 이와 같이 연구자가 의도적으로 조작한 원인 외의 다른 원인으로 실험 결과가 왜곡되는 현상을 가리켜 "혼재효과(confounding effect)"라고 부른다. 키시엘리어스와 스턴솔(Kisielius and Sternthal, 1984)에 따르면 앞에서 언급한 퍼시(Percy, 1982)의 연구 결과 역시 혼재효과의 영향일 수 있다. 즉 추상적 카피(Great taste)에 비해 구체적 카피(Winner of 5 out of 5 taste tests in the sense that the former phrase could include other qualifications than the latter phrase)의 정보량이 훨씬 더 많았다는 것이다.

한편 실험이 의도한 대로 진행되었다 하더라도 구체적 연상 및 추상적 연상의 효과는 다양한 조절 변인에 따라 달라질 수 있다. 우선 소비자의 제품 지식이 조절 변인으로 작용할 수 있다. 제4장에서 언급한 것처럼 소비자의 구매 결정에 도움이 되는 연상을 '진단적(diagnostic)' 연상이라고 부른다. 기존 연구에 따르면 특정 연상이 진단적이기 위해서는 소비자가 해당 연상을 범주화할 수 있어야 한다. 즉 해당 연상의 호불호(好不好), 크고 작음, 많고 적음 등을 구분할 수 있어야 한다. 제품 지식이 많은 소비자의 경우 구체적 정보에 대해 이러한 판단을 쉽게 내릴 수 있다. 반면 제품 지식이 많은 소비자라 할지라도 추상적인 정보만으로는 이러한 판단을 내리기 어렵다. 따라서 제품 지식이 많은 소비자에게는 구체적 정보를 제공하는 것이 효과적이다. 반면 제품 지식이 적은 소비자의 경우 구체적 정보가 오히려 부담이 될 수 있다. 이러한 소비자에게는 해당 브랜드에 대한 추상적 정보를 먼저 제공함으로써 구체적인 정보를 범주화할 수 있는 사전 지식, 즉 스키마를 형성하는 것이 더 효과적이다(지준형, 2013).

시간적 차이 또한 영향을 미칠 수 있다. '시간 해석 이론(Temporal Construal Theory)'에 따르면 소비자는 가까운 미래보다 먼 미래일수록 추상적으로 생각하는 경향이 있다. 먼 미래일수록 간단하고 일반적이며 특정 상황과 관련이 없는 상위개념을 사용해 생각한다는 것이다. 예를 들어 초등학생의 경우 대학 입학은 상당히 먼 미래의 얘기일 것이다. 따라서 대학에 들어가면 무엇을 하고 싶은지에 대한 생각 역시 주변에서 듣거나 본 일반적인 상황에서 벗어나기 어렵다. 그래서 특정 행위(예: 제품 구매)의 결과 역시 구체적인 혜택보다는 추상적인 긍정성(desirability) 여부를 기준으로 판단할 가능성이 크다. 예를 들어 초등학생에게 대학 입학 시 받고 싶은 선물이 무엇인지 물었을 때 일반적인 상황에 비추어 답할 가능성이 크다는 것이다. 이와 달리 가까운 미래에 대해서는 구체적이고 세부적인 하위개념을 사용하고, 특정 상황과 연결해 생각하는 경향이 강하다. 예를 들어 초등학생에게 대학 입학이 아닌 내년에 있을 초등학교 졸업 시 받고 싶은 선물을 질문하는 경우라면 어떨까? 아마도 훨씬 더 구체적인 상황을 떠올려가며 결정할 것이다. 이를 고려할 때 기업은 광고에 삽입할 정보의 구체성 또는 추상성 정도를 결정할 때 소비자가 해당 브랜드를 언제 구매할지, 이러한 결정을 언제부터 시작할지 등을 판단해야 한다(Malkoc, Zauberman and Ulu, 2005).

마샤크(Marschark, 1985) 역시 이러한 '맥락(context)'의 중요성을 강조했다.

그에 따르면 실험 참가자들에게 내용이 전혀 연결되지 않는 일정 분량의 문장을 제시했을 때 추상적 문장보다는 구체적 문장을 훨씬 잘 기억했다. 그러나 내용이 연결되는 문장들을 제시했을 때는 이러한 차이가 나타나지 않았다. 내용이 연결될 경우 소비자는 자연스럽게 해당 내용에 부합하는 맥락을 떠올려 추상적 문장에 대한 이해 및 기억의 정도 역시 구체적 문장에 못지않게 향상된다는 것이다. 이 연구는 이후 정립된 '맥락 유효성 이론(Context Availability Theory)'의 단초가 되었다. 이 이론에 따르면 주어진 정보에 대한 소비자의 기억, 인지, 이해 정도는 소비자가 해당 정보에 부합하는 맥락을 떠올릴 수 있는지에 따라 달라진다. 대개의 경우 소비자는 추상적 정보보다 구체적 정보에 부합하는 맥락을 더 잘 떠올린다. 예를 들어 '불길에 휩싸인 숲을 망원경으로 보았다'라는 문장과 '조직의 성공은 인내를 통해 달성된다'는 문장 중 어떤 문장이 부합하는 맥락을 떠올리기 쉬울까? 당연히 전자다. 후자에 비해 구체적이기 때문이다. 그러나 후자의 문장 앞 또는 뒤에 해당 조직이 어떤 조직(예: 풋볼팀)인지에 대한 정보가 주어진다면 해당 문장에 대한 기억, 인지, 이해 정도 역시 전자에 못지않게 향상될 수 있다(Wattenmaker and Shoben, 1987).

한편 구체적 연상과 추상적 연상은 본질적으로 다른 특성이 있기 때문에 효과 차이를 직접 비교하는 것이 무의미하다는 주장도 있다. 바살루(Barsalou, 1999)가 대표적이다. 그에 따르면 특정 대상에 대해 추상적 연상을 떠올릴 경우 소비자는 그 대상의 내재적 속성(정서, 감정 등)에 주의를 기울인다. 반면 구체적 연상을 떠올릴 경우에는 외형적 속성(형태, 크기 등)에 주의를 기울인다. 따라서 연상의 구체성 및 추상성에 의해 효과 자체가 달라진다기보다는 소비자가 결정을 내리는 관점이 달라진다는 것이다. 바살루와는 다르지만 위머헤이스팅스와 수(Wiemer-Hastings and Xu, 2005) 역시 구체적 연상과 추상적 연상의 차이를 강조했다. 이들에 따르면 추상적 연상이란 구체적 내용이 빠져 있는 스키마의 일종이다. 제5장에서 설명한 바와 같이 스키마란 '특정 범주에 대한 개인의 인지적 구조 또는 지식의 체계'를 가리킨다. 마치 인테리어 공사를 시작하지 않은 건물의 외형과 같다. 인테리어 공사가 마무리되기까지는 해당 건물의 구체적 모습을 떠올리기 어렵다. 다시 말해 추상적이다. 그러나 외형을 갖추지 않은 채 인테리어 공사를 진행할 수는 없다. 이와 같이 구체적 연상과 추상적 연상은 대립 관계가 아니라 보완 관계라는 것이다.

그러나 구체적 연상과 추상적 연상은 앞에서 언급한 것 이상의 본질적 차이가 있다. 이를 3절에 별도로 정리했다.

3. 구체적 연상과 추상적 연상의 본질에 대한 2가지 견해

1) 전통적 견해

전통적으로 연상의 구체성 및 추상성은 소비자가 해당 연상에 대해 생각할 때 관련 이미지(imagery)가 얼마나 쉽게 떠오르는지를 가리키는 개념으로 사용되었다(Paivio, 1971). 다시 말해 구체적 연상의 경우 관련 이미지가 분명히 떠오르는 반면, 추상적 연상의 경우 이러한 이미지가 명확하지 않다는 것이다. 이러한 차이 때문에 구체적 연상은 추상적 연상에 비해 소비자의 기억, 인지, 이해 등을 촉진시킨다고 여겨져 왔다(Begg and Paivio, 1969). '이중부호화 이론(Dual-Coding Theory)'은 이러한 견해를 지지하는 대표적 이론이다. 이 이론에 따르면 사람의 머릿속에는 2가지 정보처리 시스템, 즉 언어 정보를 처리하는 시스템과 시각 정보를 처리하는 시스템이 있다. 두 시스템은 기능적으로 서로 분리되어 있다. 그러나 경우에 따라서는 한 시스템이 작동함에 따라 다른 하나의 시스템이 작동하기도 한다. 그리고 이렇게 두 시스템이 동시에 작동할 때 1개의 시스템만 작동할 때보다 기억, 인지, 이해 등이 촉진된다는 것이다(Klee and Eysenck, 1973).

이중 부호화 이론의 타당성을 입증하는 연구는 매우 많다. 예를 들어 브루어(Brewer, 1988)는 실험 참가자들에게 묘사(description), 서술(narration), 설명(exposition) 등 3가지 방식으로 쓰인 글을 읽도록 했다. 설명 방식으로 쓰인 글은 구체적 버전과 추상적 버전으로 나누어 제시했다. 이어서 참가자들에게 해당 글을 읽을 때 머릿속에 어떤 이미지가 떠올랐는지 설명하도록 했다. 모든 유형의 글에 대해 참가자들은 관련 이미지를 떠올릴 수 있었다. 그러나 추상적 버전으로 쓰인 '설명' 방식 글의 경우 다른 유형의 글에 비해 관련 이미지가 상대적으로 많지 않았다. 브루어는 관련 이미지 외에 기억, 인지, 이해 등 다른 인지 작용의 차이를 분석하지는 않았다. 그러나 이 연구의 결과는 이후 연구들에 의해 구체적 연상과 추상적 연상의 차이를 보여주는 대표적 사례로 인용되었다.

또 다른 연구에서 베그(Begg, 1972)는 실험 참가자들에게 구체적 어구(예: white horse)와 추상적 어구(예: basic truth)가 적힌 카드들을 보여주었다. 이어서 이들이 제시된 어구들을 얼마나 많이 기억하는지 측정했다. 예상했던 대로 참가자들은 구체적 어구들을 더 많이 기억했다. 홀컴 외(Holcomb et al., 1999)에 따르면 구체적 연상의 이러한 우월성은 소비자가 해당 연상을 떠올릴 때 관련 이미지를 동시에 떠올림으로써 2가지 시스템, 즉 언어적 시스템과 시각적 시스템이 모두 작동하기 때문이다. 반면에 대부분의 추상적 연상은 언어적 시스템만을 자극한다.

2) 대안적 견해

앞에서 설명한 전통적 견해와 달리 대안적 견해의 경우 구체적 연상과 추상적 연상의 차이를 관련 이미지의 유무 또는 정도의 차이가 아닌 상위개념과 하위개념의 차이로 설명한다(Feldman, Pastizzo and Basnight-Brown, 2006). 더 나아가 관련 이미지의 유무 또는 정도는 구체적 연상과 추상적 연상을 구분하는 기준이 될 수 없다고 주장하는 연구자도 있다. 위머헤이스팅스와 수(Wiemer-Hastings and Xu, 2005)가 대표적이다. 예를 들어 대부분의 사람은 '우유병'이라는 개념에 비해 '과학자'라는 개념이 더 추상적이라고 생각한다. 그러나 우유병의 이미지를 떠올리는 것 못지않게 과학자(물리학자, 생물학자, 화학자 등)의 이미지 또한 떠올릴 수 있다.

결국 연상의 구체성과 추상성은 관련 이미지의 유무 또는 정도의 차이가 아니라 해당 연상이 속한 범주의 위계(상위 vs 하위) 차이를 의미한다는 것이다. 구체적으로 사람은 대개의 경우 특정 대상을 기본적 범주(basic level of categorization)를 사용해 인식한다. 예를 들어 하늘을 날아다니는 황조롱이를 보았을 때 황조롱이라고 특정 지어 인식하기보다는 '새'라고 인식하는 경우이다. 그러나 때에 따라서는 새의 상위개념인 '동물'이라고 인식할 수도 있고, 하위개념인 '황조롱이'라고 인식할 수도 있다(Rosch, 1978). 이러한 경향성을 가리켜 "위계적 범주화(graded categorization)"라고 부른다. 제5장에서 설명했던 범주 이론 중 추상화 모델과 사례 모델에서 사용하는 개념이다.

이를 고려할 때 어떤 연상이 얼마나 많은 하위개념을 포함하고 있는지에 따라 얼마나 구체적인지 또는 추상적인지 판단할 수 있다. 즉 하위개념을 많이 포함할수록 추상적이고 그렇지 않을수록 구체적이라는 것이다. 이러한 견해가 전통적 견해와 어떤 차이가 있는지는 앞에서 언급한 우유병과 과학자의 예를 통해 확인할 수 있다. 언급한 바와 같이 우유병과 과학자 모두에 대해 관련 이미지를 떠올릴 수 있다. 따라서 전통적 견해에 따르면 우유병과 과학자는 구체성 및 추상성의 차이가 없다. 전통적 견해의 주창자인 페이비오(Paivio, 1965) 역시 특정 개념에 대해 관련 이미지를 떠올릴 수 있는지와 해당 개념이 상위개념이나 하위개념에 속하는지, 아닌지 간에는 상관관계가 없다고 인정했다. 반면 우유병의 경우 이에 포함되는 다른 개념을 생각하기 어렵다. 따라서 우유병은 하위개념에 해당한다. 이와 달리 과학자의 경우 물리학자, 생물학자, 화학자 등과 같이 많은 개념을 포함하는 상위개념이다. 따라서 우유병은 과학자에 비해 훨씬 더 구체적인 개념이고 과학자는 우유병에 비해 훨씬 더 추상적인 개념이다.

이러한 대안적 견해는 광고카피에도 동일하게 적용된다. 구체적인 카피의 경우 해당 제품에 대한 정보를 직접적으로 특정해 제시하는 반면, 추상적인 카피의 경우 간접적·포괄적으로 제시한다는 것이다. 예를 들어 앞에서 언급한 매켄지 외(MacKenzie, Richard and Belch, 1986)의 연구를 다시 생각해보자. 비교 대상이었던 두 광고카피에서 '물'과 '물 또는 습기'는 전통적 견해의 관점에서 볼 때 분명 구체성 및 추상성 정도에 차이가 있다. 단순히 물보다는 물 또는 습기라고 할 때 관련 이미지를 훨씬 더 분명히 떠올릴 수 있기 때문이다. 반면 두 광고카피에 포함된 또 다른 부분, 즉 '상당수의 시계 고장'과 '시계 고장 4개 중 3개'는 어떤가? 두 경우 모두 관련 이미지를 충분히 떠올릴 수 있다. 따라서 전통적 견해의 관점에서 보면 구체성 및 추상성에 차이가 없다. 반면 '시계 고장 4개 중 3개'는 '상당수의 시계 고장'에 포함되는 구체적 경우를 특정해 제시한 것이다. 따라서 대안적 견해의 관점에서 보면 전자는 후자에 비해 상대적으로 구체적이고 후자는 전자에 비해 상대적으로 추상적이다. 매켄지 외(MacKenzie, Richard and Belch, 1986)의 실험 결과는 "업계 자료에 따르면 상당수의 시계 고장은 시계에 물이 들어가 발생한다"는 추상적 카피에 비해 "업계 자료에 따르면 시계 고장 4개 중 3개는 시계에 물이 들어가거나 습기가 차서 발생한다"는 구체적 카피가 더 효과적이었다. 그러나 전통적 견해와 대안적 견해의 차이를 고려하면 이와 같은 결과가 두 카피 때문에 소비자가 떠올린 이미지의 차이 때문에 발생한 것인지, 아니면 하위개념을 사용했기 때문에 발생한 것인지 알 수 없다.

한편 켈러(Keller, 1998)는 앞의 2가지 견해 중 대안적 견해가 더 타당하다고 주장했다. 예를 들어 브랜드 연상 중 많은 연상이 소비자의 느낌, 믿음, 가치, 평가 등에 해당한다. 이러한 연상은 해당 브랜드의 여러 속성에 대한 소비자의 반응을 함축하고 있다. 따라서 이러한 연상은 브랜드의 특정 속성과 관련된 연상에 비해 추상적이라고 할 수 있다는 것이다. 킨치와 밴딕(Kintsch and Van Dick, 1978) 역시 동일한 견해를 제시했다. 그러나 두 견해 중 어떤 견해의 설명력이 더 우세한지, 또한 매켄지 외(MacKenzie, Richard and Belch, 1986)의 연구에서와 같이 두 견해가 복합적으로 작용할 때 그 결과는 어떠한지 등에 대해서는 추가적인 연구가 필요하다.

제7장

브랜드 연상의 구조적 특징 1

연상의 개수

1. 브랜드 연상의 개별적 특징 vs 구조적 특징

제3장부터 제6장까지는 브랜드 연상의 개별적 특징에 관해 설명했다. 그러나 제1장에서 언급한 것처럼 브랜드 연상은 복수의 연상이 결합된 네트워크 형태를 띠고 있다. 따라서 브랜드 연상이 소비자 및 해당 브랜드에 미치는 영향을 파악하기 위해서는 브랜드 연상의 개별적 특징과 함께 브랜드 연상 네트워크의 구조적 특징을 이해해야 한다. 제7장부터 제9장까지 이에 대해 설명하고자 한다.

우선 〈그림 7-1〉에 있는 서로 다른 브랜드 A와 B의 연상 네트워크를 생각해 보자. 어떤 차이가 있는가? 연상 A, 연상 B와 같이 두 브랜드가 공유하는 연상이 있는가 하면 나머지 연상들과 같이 공유하지 않는 연상도 있다. 각각 제5장에서 설명한 공통적 연상과 차별적 연상에 해당한다. 한편 브랜드 A와 B에서 A, B, C, D, E, P, Q 연상들은 각 브랜드에 직접 연결되어 있

<그림 7-1〉 브랜드 A와 브랜드 B의 연상 네트워크 예

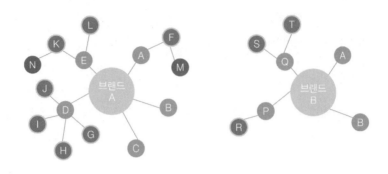

다. 제1장에서 언급한 것처럼 "1단계 연상"이라고 부른다. 반면 1단계 연상
에 직접 연결되어 있는 연상들(브랜드 A에서 F, G, H, I, J, K, L, 브랜드 B에서 R, S, T)은
"2단계 연상", 2단계 연상에 직접 연결되어 있는 연상들(브랜드 A에서 N, M)은
"3단계 연상"이라고 부른다. 브랜드 B의 경우에는 3단계 연상이 없다. 이러
한 '단계'는 제3장에서 설명한 '강도'의 차이를 나타낸다. 소비자가 특정 브
랜드를 생각하면 3단계 연상보다는 2단계 연상이, 2단계 연상보다는 1단계
연상이 먼저 떠오를 가능성이 크다는 것이다. 물론 같은 단계에 해당하는
연상들 간에도 강도 차이가 있을 수 있다. 예를 들어 브랜드 A의 경우 연상
A가 먼저 떠오를 수도 있고 연상 B, C, D, E가 먼저 떠오를 수도 있다. 그러
나 나머지 연상들이 연상 A, B, C, D, E보다 먼저 떠오를 가능성은 크지 않
다는 것이다. 2단계 연상 및 3단계 연상에 대해서도 동일한 설명이 가능하
다. 한편 각 연상은 긍정적·중립적·부정적일 수 있다. 제4장에서 설명한
'호감도'에 해당한다. 또한 각 연상은 구체적 또는 추상적일 수 있다. 제6장
에서 설명한 '구체성 vs 추상성'에 해당한다.

각 연상의 이러한 개별적 특징 외에도 두 브랜드의 연상 네트워크를 구성하는 연상 개수가 다르다는 것이 눈에 띤다. 브랜드 A(14개)가 브랜드 B(7개)보다 훨씬 더 많은 연상을 갖고 있다. 한편 연상 D의 경우 4개의 연상에 연결되어 있는 반면, 연상 A(브랜드 B의 경우), B(브랜드 A, 브랜드 B의 경우), C(브랜드 A의 경우)는 연결된 연상이 없다. 브랜드 연상 관련 이론에서는 이러한 차이를 가리켜 연상의 '중심성'이 다르다고 말한다. 또한 브랜드 A의 경우 많은 연상이 서로 연결되어 있는 반면, 브랜드 B의 경우에는 그렇지 않다. 연상 네트워크의 '조밀도'가 다르다고 말한다. 방금 말한 개수, 중심성, 조밀도는 브랜드 연상의 구조적 특징을 이해하는 데 가장 중요한 개념들이다. 각각 제7장, 제8장, 제9장에서 설명하고자 한다.

2. 연상 개수의 특징

브랜드 연상의 개수는 소비자가 특정 브랜드를 생각할 때 머릿속에 떠오르는 연상들의 총합을 의미한다. 대부분의 브랜드 연상 관련 연구에서 가장 기본적으로 분석하는 개념이다(Keller, 1993; Krishnan, 1996). 그러나 동일한 브랜드라 하더라도 소비자 및 상황에 따라 머릿속에 떠오르는 연상의 개수는 다를 수 있다. 또한 브랜드 연상을 파악하기 위해 사용하는 방법에 따라서도 다를 수 있다(Dolnicar and Rossiter, 2007). 예를 들어 브랜드 연상 파악 방법으로 많이 사용되는 자유 연상의 경우 특정 브랜드를 제시한 뒤 일정 시간 동안 떠오르는 연상을 자유롭게 적도록 한다. 이럴 경우 흔히 '반응 사슬(response chaining)'이라는 현상이 발생한다(Nelson et al., 1993). 해당 브랜드에 대한 연상을 일단 떠올린 뒤 그 연상에 관계된 연상을 떠올리고, 다시 또 그 연상에 관계된 연상을 떠올리는 방식으로 계속 생각을 이어나갈 수 있기 때문이다. 브랜드 연상 네트워크 역시 1단계, 2단계, 3단계 연상 등으로 구성되어 있음을 고려할 때 매우 자연스러운 현상이다. 그러나 일정 단계를 넘어서면 더 이상 해당 브랜드와 관련이 없는 연상이 떠오를 가능성이 크다. 마치 어린 시절 많이 부르던 '원숭이 엉덩이는 빨개'라는 노래가 계속 이어지다 보면 원숭이와 전혀 관련이 없는 백두산에 이르게 되는 경우와 같다. 브랜드 연상과 관련해 이러한 현상을 억제하기 위해서는 소비자가 해당 브랜드에 대해 1개의 연상을 적으면 연구자가 다시 브랜드명을 불러주고 다음 연상을 적도록 하는 등 적절한 통제가 이루어져야 한다(Krishnan, 1996). 그러나 이러한 통제를 가할 경우 소비자가 떠올리는 연상의 개수가 적어지는 경향이 있다.

브랜드 연상의 이러한 특징을 고려할 때 대부분의 연구에서 제시하는 브랜드 연상 네트워크는 어떤 소비자 또는 어떤 상황이라 할지라도 그러한 연상들이 모두 떠오른다는 것이 아니라 다양한 소비자가 다양한 상황에서 떠올릴 수 있는 연상들을 총망라한 것이다. 물론 연상들 중에는 특정 소비자 한두 명만의 매우 개인적인 연상도 있다. 이러한 연상은 브랜드 전략의 수립에 큰 도움이 되지 않는다. 따라서 대부분의 브랜드 연상 네트워크는 많은 소비자가 공유하는 연상들로 구성된다. 이러한 연상들을 파악해 브랜드 연상 네트워크를 구성하는 방법은 제2장에서 설명했다. 그렇다면 브랜드 연상의 개수가 많은 것이 좋을까, 적은 것이 좋을까? 이에 대한 연구 결과는 혼재되어 있다. 다음에서는 이러한 연구 결과를 연상 개수의 긍정적 효과와 부정적 효과로 나누어 정리했다.

3. 연상 개수의 긍정적 효과

앞에서 언급한 것처럼 브랜드 연상의 개수가 많다는 것은 소비자가 해당 브랜드를 생각할 때 떠오르는 기억이 많다는 것이다. 크리슈난(Krishnan, 1996)에 따르면 이는 곧 소비자가 해당 브랜드를 다양한 관점에서 고려한다는 것을 의미한다. 이러한 소비자는 다양한 상황에서 해당 브랜드의 구매를 고려할 가능성이 크다. 또한 첸(Chen, 2001)에 따르면 자산가치가 높은 브랜드는 연상 개수가 많은 경향이 있다. 자산가치가 높은 브랜드일수록 소비자가 해당 브랜드를 직간접적으로 경험했을 가능성이 크고 경험이 많을수록 새로운 연상이 형성될 가능성 역시 크기 때문이다(Alba and Hutchinson, 1987). 그 밖에도 여러 연구에서 연상 개수가 소비자의 브랜드 반응에 미치는 긍정적 영향이 입증되었다. 특히 콜과 폰월파치(Koll and von Wallpach, 2009)는 브랜드에 대한 소비자의 반응을 정서적 측면(만족도, 신뢰도, 충성도)과 행동적 측면(구매 빈도)으로 나눈 뒤 연상 개수의 영향력을 정량적으로 분석했다. 분석 결과 연상 개수는 소비자의 정서적 반응과 행동적 반응 모두에 긍정적 영향을 미쳤다.

한편 연상 개수는 브랜드의 차별화에도 긍정적 영향을 미친다. 2가지 이론을 통해 이에 대한 설명이 가능하다. 우선 연상 네트워크 이론에서 많이 사용되는 '선풍기 효과(fan effect)'에 따르면 특정 대상에 연결되어 있는 연상이 많을수록 해당 대상을 생각할 때 특정 연상이 떠오를 가능성은 반대로 줄어든다(Collins and Loftus, 1975). 이러한 현상은 서로 다른 두 브랜드의 차별성 또는 유사성에 대한 소비자의 인식에 영향을 미친다. 예를 들어 브랜드 A와 브랜드 B가 특정 연상을 공유하고 있다고 가정해 보자. 소비자는 브랜드 A가 브랜드 B에 유사하다고 생각할까, 아니면 브랜드 B가 브랜드 A에 유사하다고 생각할까? 물론 이러한 방향성을 고려하지 않은 채 두 브랜드가 서로 비슷하다고 생각할 수도 있다. 그러나 기존 연구에 따르면 두 대상이 공유하는 연상이 있을 경우 소비자는 대부분 어느 한쪽이 다른 한쪽에 상대적으로 더 유사하다고 생각하는 경향이 있다. 이러한 경향성을 가리켜 "유사성에 대한 '비대칭적(asymmetrical)' 인식"이라고 부른다. 이를 고려할 때 앞의 두 브랜드에 대한 소비자의 판단은 어느 브랜드의 연상 개수가 더 많은지에 따라 결정된다. 연상 개수가 적은 브랜드가 많은 브랜드에 유사하다고 인식하는 경향이 있다는 것이다. 연상 개수가 많은 브랜드의 경우 선풍기 효과에 따라 다른 브랜드와 공유하는 연상을 떠올릴 가능성이 상대적으로 적은 반면, 연상 개수가 적은 브랜드의 경우 그러한 연상을 떠올릴 가능성이 크기 때문이다. 이는 곧 연상 개수가 적은 브랜드는 연상 개수가 많은 브랜드의 미투 브랜드로 인식될 가능성이 크다는 것을 의미한다. 반면 연상 개수가 많은 브랜드는 차별적인 브랜드로 인식될 가능성이 크다(Lei, Dawar and Lemmink, 2008).

〈공식 7-1〉 트버스키의 차별성 및 유사성 결정 공식

$$\text{TverskyModelSim}\,(u, v) = \alpha f(u \cap v) - \beta f(u - v) - r f(v - u)$$

제5장에서 언급한 트버스키(Tversky, 1977)의 '대조 모델(Contrast Model)'에 의해서도 동일한 추측이 가능하다. 〈공식 7-1〉에서 f(u∩v)는 두 대상 u와 v가 공유하는 속성을 가리킨다. 반면 f(u-v)는 u만 갖고 있는 속성을 가리키고, f(v-u)는 v만 갖고 있는 속성을 가리킨다. 한편 α, β, γ는 각각 공유하는 속성, u만 갖고 있는 속성, v만 갖고 있는 속성의 중요성을 가리킨다. 이러

한 중요성은 소비자가 어떤 대상을 중심으로 유사성 여부를 판단하는지에 따라 달라진다. 예를 들어 u가 v에 유사한지 판단할 경우 u만 갖고 있는 속성인 f(u-v)를 더 중요하게 여긴다. 반대로 v가 u에 유사한지 판단할 경우에는 v만 갖고 있는 속성인 f(v-u)를 더 중요하게 여긴다는 것이다. 소비자가 v보다 u에 대해 더 많은 차별적 연상을 떠올릴 경우 u가 v에 유사하다고 인식하기보다는 v가 u에 유사하다고 인식할 가능성이 크다. 브랜드에 대해서도 마찬가지이다(Lei, Dawar and Lemmink, 2008).

물론 연상 개수가 많다고 해서 능사는 아니다. 연상 개수가 아무리 많아도 대부분 중립적 또는 부정적 연상일 경우 앞에서와 같은 긍정적 효과를 기대할 수 없다. 더욱이 앞에서 언급한 것처럼 동일한 브랜드라 할지라도 연상 개수는 소비자 및 상황에 따라 가변적이다. 연상 개수의 가변성은 심리학에서 이미 오래된 정설이다. 구체적으로 소비자의 기억은 감각 기억, 단기 기억, 장기 기억 이렇게 3가지 유형으로 나뉜다. 우선 무수히 많은 외부 정보 가운데 소비자의 특정 감각기관을 자극해 선택적으로 인지(selective perception)된 일부 정보만이 0.5초에서 4초 정도의 짧은 시간 동안 감각 기억에 저장된다. 소비자는 이 중에서 특히 관심을 끄는 정보만을 단기 기억(STM: short-term memory)으로 이동시켜 비교, 평가, 해석, 종합, 추론, 예측 등 인지적 처리를 진행하고, 이러한 인지적 처리의 결과물을 장기 기억(LTM: long-term memory)에 저장한다(김재휘 외, 2009). 일단 장기 기억에 저장된 정보는 상당히 오랫동안 기억에 남는다(Loftus and Loftus, 1980). 그러나 이러한 정보를 다시 기억해 내기 위해서는 해당 정보와 관련 있는 단서가 주어져야 한다. 따라서 주어지는 단서가 다르면 기억해 내는 정보의 내용 및 양 또한 달라진다(Lynch and Srull, 1982). 브랜드 연상 또한 같은 방식으로 작동한다.

브랜드 연상의 이러한 특징이 기업에 시사하는 바는 무엇일까? 소비자에게 어떤 단서를 제공함으로써 어떤 연상을 기억하도록 할 것인지 신중하게 결정해야 한다는 것이다. 이에 따라 해당 브랜드에 대한 소비자의 평가가 달라질 수 있기 때문이다. 이와 같은 목적의 달성을 위해 기업이 가장 효과적으로 사용할 수 있는 방법이 광고이다. 광고를 구성하는 비주얼 및 카피를 통해 특정 연상의 기억을 자극할 수 있기 때문이다.

광고는 2가지 방식으로 이러한 역할을 수행한다. 우선 소비자가 광고를 보는 바로 그 순간 해당 브랜드에 대해 기억하고 있던 특정 연상을 떠올릴 수 있다. 또한 광고를 보고 일정 시간 또는 시일이 지난 후 해당 광고의 비주얼과 카피의 일부를 떠올리고 이로써 해당 브랜드에 대해 또 다른 연상을 떠올릴 수도 있다. 기존 연구에 따르면 후자의 경우가 훨씬 더 일반적이다. 광고를 볼 때 소비자는 대부분 해당 브랜드에 대해 특별한 관심이 없기 때문이다(Bettman, 1979). 따라서 광고를 제작할 때 기업은 소비자가 해당 광고를 보고 시일이 흐른 후 비주얼과 카피의 어떤 요소를 떠올리게 될지 그리고 그 요소 때문에 해당 브랜드에 대해 어떤 연상을 추가로 떠올릴지 예측해 보아야 한다. 그렇지 않으면 의도와 전혀 다른 결과가 발생할 수 있다.

TV광고는 특히 더 그렇다. 홀과 버콜즈(Hall and Buckolz, 1981)에 따르면 사람은 동영상보다 스틸사진을 더 잘 기억한다. 그래서 TV광고를 본 소비자는 광고 전체를 연속적인 동영상으로 기억하기보다 몇 장의 단절된 스틸사진으로 기억하는 경향이 있다(Rossiter, 1982). 한편 대부분의 TV광고는 여러 장면으로 구성되어 있다. 따라서 TV광고를 본 소비자는 해당 광고의 구성장면 전부 또는 일부를 스틸사진처럼 기억하게 된다. 물론 구성장면 전부를 기억할 가능성은 크지 않다. 소비자가 TV광고의 특정 장면을 기억하기 위해서는 광고를 볼 때 해당 장면에 주의를 기울여야 하는데 소비자의 인지용량(cognitive resource)에 한계가 있으므로 특정 장면에 이러한 인지적 노력을 기울이고 나면 다른 장면에 동일한 인지적 노력을 기울이기 어렵기 때문이다(Bolls, Muehling and Yoon, 2003). 문제는 일정 시간이 지나면 이렇게 기억한 장면들 중 다시 일부의 장면만 떠오르고 이때 어떤 장면이 떠오르는지에 따라 해당 브랜드에 대한 소비자의 태도 및 구매 여부가 달라질 수 있다는 것이다(Rossiter et al., 2001).

그렇다면 TV광고를 본 소비자는 주로 어떤 장면을 기억할까? 기업의 입장에서는 매우 중요한 예측이 아닐 수 없다. 우선 심리학 및 커뮤니케이션학 분야에서 보편적으로 사용되는 '최근효과(recency effect)' 및 '초두효과(primacy effect)'를 사용해 예측해 볼 수 있다. 최근효과란 소비자가 여러 정보를 순차적으로 접했을 때 가장 최근에 접한 정보를 가장 잘 기억하는 경향이 있다는 것이다. 반면 초두효과란 이와 정반대되는 정보, 즉 가장 처음에 접한 정보를 가장 잘 기억하는 경향이 있다는 것이다. 따라서 TV광고를 본 소비자 역시 맨 마지막 장면 또는 맨 처음 장면을 가장 잘 기억할 가능성이 크다.

그러나 TV광고의 구성장면에 대한 기억은 다양한 변인에 따라 달라질 수 있다. 우선 로스차일드와 현(Rothschild and Hyun, 1990)에 따르면 TV광고의 구성장면에 대한 소비자의 기억은 구성장면의 순서에 상관없이 각 장면이 소비자를 얼마나 각성(arouse)시켰는지에 따라 달라질 수 있다. 장면의 노출 시간 역시 기억 가능성을 높이는 데 긍정적 영향을 미친다. 로시터 외(Rossiter et al., 2001)의 연구에 따르면 동일한 장면을 2초 이상 보여주면 소비자가 해당 장면을 기억할 가능성이 높아진다. 반면 장면 개수가 많아지면 특정 장면을 기억할 가능성은 상대적으로 낮아진다(Bolls, Muehling and Yoon, 2003).

한편 미니어드 외(Miniard, Bhatla and Rose, 1990)에 따르면 TV광고는 제품 관

런 메시지를 전달하는 요소(claim: 카피, 제품 사진, 소비자가 해결하고자 하는 문제점, 제품이 소비자에게 제공하는 혜택 등)와 그렇지 않은 요소(non-claim: BGM, 배경 장면 등)로 구성된다. 따라서 TV광고를 본 후 일정 시간이 지난 시점에서 소비자가 떠올릴 장면은 ① 제품 관련 메시지를 전달하는 요소만으로 구성된 장면, ② 제품 관련 메시지를 전달하는 요소와 그렇지 않은 요소를 모두 포함하고 있는 장면, ③ 제품 관련 메시지를 전달하지 않는 요소만으로 구성된 장면 중 하나일 것이다. 이 중에서 첫 번째 또는 두 번째 유형의 장면을 떠올린 소비자는 세 번째 유형의 장면을 떠올린 소비자에 비해 해당 광고 전체의 핵심 메시지를 더 잘 유추할 가능성이 크다. 따라서 해당 브랜드에 대한 태도 역시 세 번째 유형보다는 첫 번째나 두 번째 장면을 떠올린 소비자가 더 긍정적일 것이다.

필자(지준형, 2013)는 실험 연구를 통해 이를 입증했다. 우선 국내에서 인지도가 낮은 4개의 해외 브랜드(Targifor Vitamin C Gum, Jack Link's Beef Jerky, VIC, Fido Mobile)를 선정하고, 각 브랜드의 TV광고를 1편씩 선정했다(〈그림 7-2〉). 이 광고들 역시 국내에서 집행된 적이 없었다. 다음으로 사전조사를 통해 각 TV광고의 구성장면 중 앞의 ①, ②, ③에 해당되는 장면을 선정했다.

다음으로 이 실험을 통해 8개의 서로 다른 집단에게 4개의 광고 중 1개를 보여주었다. 이 중에서 4개의 집단은 광고를 본 직후에 해당 브랜드에 대한 태도를 측정했고 나머지 4개의 집단은 1주일 후 재차 방문해 1주일 전에 본 광고를 회상하도록 한 뒤 해당 브랜드에 대한 태도를 측정했다. 1주일 후 재차 방문한 그룹의 경우에는 추가로 해당 광고의 구성장면 중 기억나는 장면을 기술하도록 했다. 이들이 기술한 장면이 사전 조사에서 선정한 ①, ②, ③에 해당하는 장면인지, 그 외 다른 장면인지를 확인하기 위함이었다.

분석 결과 1주일 후 해당 광고를 회상한 참가자들의 브랜드 태도와 광고

〈그림 7-2〉 필자(지준형, 2013)의 연구에서 사용된 TV광고의 한 장면

제품명	구성장면 중 한 장면	내용
(유형 1) Targifor Vitamin C Gum	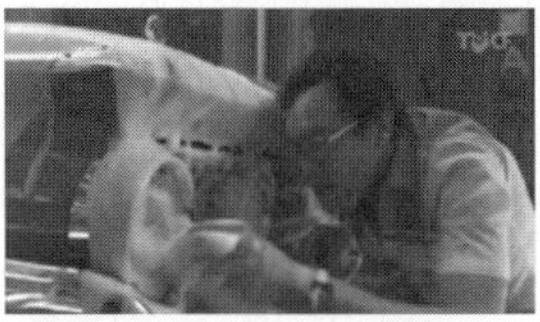	한 남성이 열심히 세차를 하고 있음. 광택 작업까지 마무리되었을 때, 갑자기 하늘에서 새똥이 떨어져 처음부터 다시 세차를 시작함. 이와 같이 마음이 답답할 때, Targifor Vitamin C Gum이 필요하다는 의미임.
(유형 2) Jack Link's Beef Jerky		한적한 초원에 탑차 한 대가 나타남. 탑차를 몰고 온 사냥꾼들이 뒷문을 열어 사슬에 묶인 남성을 끌어내린 뒤 풀어줌. 숲속에서 이전에 풀려난 사람들이 나타나 이 남성을 맞이함. Jack Link's Beef Jerky는 이와 같이 자연 그대로의 신선한 맛을 즐기는 사람들이 찾는 육포라는 의미임.
(유형 3) VIC	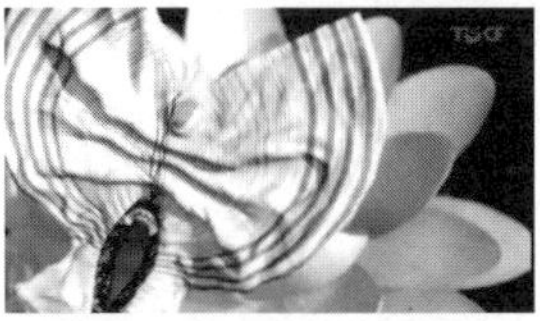	정글 속의 다양한 꽃들과 곤충들이 비침. 실제로 이 꽃들과 곤충들은 다양한 옷들로 만들어진 것임. 한 소년이 나타나 잠자리채로 날아가는 나비(옷)를 잡음. VIC는 이와 같이 다양한 옷들을 갖추고 있다는 의미임.
(유형 4) Fido Mobile Phone		다양한 품종의 개들이 스키장에서 스노보드를 타고 내려오는 장면이 연속으로 비침. 이와 같이 많은 사람들이 Fido Mobile Phone(이동통신 서비스업체)을 사용하기 위해 몰려들고 있다는 의미임.

를 본 직후 측정한 참가자들의 브랜드 태도는 기억하는 구성장면에 따라 큰 차이가 있었다. 즉 ① 또는 ②에 해당하는 장면을 기억하는 참가자들의 브랜드 태도는 광고를 본 직후 측정한 참가자들의 브랜드 태도와 큰 차이가 없었다. 반면 ③에 해당하는 장면을 기억하는 참가자들의 브랜드 태도는 광고를 본 직후 측정한 참가자들의 브랜드 태도보다 낮았다. 이러한 결과는 ① 또는 ②에 해당하는 장면을 기억하는 참가자들의 경우 해당 장면을 통해 광고의 핵심 메시지를 이해했고, 이러한 메시지가 해당 장면과 함께 해당

브랜드에 대한 연상들 중 하나로 기억되었다는 것을 의미한다. 반면 ③에 해당하는 장면을 기억하는 참가자들의 경우 해당 장면을 통해 광고의 핵심 메시지를 이해하지 못했거나, 해당 장면을 해당 브랜드에 대한 연상들 중 하나로 떠올린다 하더라도 브랜드 태도에 영향을 미치지 못했을 가능성이 크다.

앞에서 말한 것처럼 기업은 소비자에게 어떤 단서를 제공해 어떤 연상을 떠올리도록 할 것인지 신중하게 결정해야 한다. 앞의 연구 결과는 TV광고의 구성장면에 대한 결정 역시 이러한 판단을 바탕으로 이루어져야 한다는 것을 보여준다. 그러나 모든 소비자가 기업이 의도한 장면을 기억하지는 않는다. 여러 가지 요인에 따라 기업이 의도하지 않았던 장면을 기억할 수 있다. 따라서 기업이 의도했던 장면에 대한 소비자의 기억 가능성을 높일 수 있는 별도의 방법이 필요하다. 필자(지준형, 2017)는 후속 연구에서 인쇄광고를 활용했다. TV광고와 인쇄광고를 연동해 집행하는 것은 광고 캠페인을 진행할 때 매우 흔히 사용되는 방법이다. 이를 위해 TV광고의 한 장면을 인쇄광고의 비주얼로 삽입할 수 있다. 이때 앞의 경우와 같이 ① 또는 ②에 해당하는 장면을 사용하는 것이 효과적이라는 것이다. 켈러(Keller, 1987) 역시 광고의 구성장면을 제품 용기에 삽입해 해당 광고에 대한 소비자의 기억을 촉진할 수 있음을 입증한 바 있다.

4. 연상 개수의 부정적 효과

앞에서는 브랜드 연상 개수의 긍정적 효과를 설명했다. 그러나 브랜드 연상 개수의 부정적 효과를 보여준 연구들도 많다. 연상 개수가 많으면 연상들이 연결될 가능성이 커 소비자가 해당 브랜드를 생각할 때 다양한 연상이 떠오를 가능성도 크다. 그러나 특정 연상에 집중하기 어려워 오히려 해당 브랜드의 이미지가 모호해질 수 있다는 것이다. 또한 서로 연결된 연상들이 많으면 특정 연상이 떠오를 가능성은 상대적으로 적어진다. 앞에서 언급한 선풍기 효과에 해당한다.

선풍기 효과와 유사한 개념으로 '부분목록 단서 효과'라는 것이 있다. 소비자가 특정 대상을 생각할 때 특정 연상을 떠올리면 이로써 다른 연상을 떠올리지 못하는 경향이 있다는 것이다(Rundus, 1973). 선풍기 효과의 경우 서로 연결된 연상들 간에 발생하는 부정적 효과인 반면, 부분목록 단서 효과는 서로 연결되어 있지 않은 연상들 간에도 이러한 부정적 효과가 발생한다는 것이다. 소비자가 특정 대상을 생각할 때 가장 먼저 떠오르는 연상은 대부분 해당 대상에 강하게 연결되어 있는 연상이다. 따라서 부분목록 단서 효과가 작용할 경우 해당 대상에 상대적으로 약하게 연결되어 있는 연상은 소비자의 기억에 떠오르지 않을 가능성이 크다. 따라서 선풍기 효과와 부분목록 단서 효과는 주어진 상황에서 소비자가 특정 브랜드를 생각할 때 연상 개수를 제한하는 핵심 요인이다.

이와 같이 선풍기 효과 또는 부분목록 단서 효과 때문에 해당 브랜드에 대한 소비자의 태도 또는 구매 의도에 영향을 미칠 수 있는 연상이 떠오르지 않으면 큰 손실이 아닐 수 없다(Meyers-Levy, 1989). 켄트와 앨런(Kent and Allen, 1994)에 따르면 기존 브랜드보다 신규 브랜드에서 이러한 부정적 효과가 나타날 가능성이 크다. 기존 브랜드의 경우 소비자가 관련 연상들을 떠올릴 기회가 많고 매번은 아니더라도 브랜드 태도 및 구매 의도에 영향을 미치는 연상을 떠올릴 기회 역시 많을 것이기 때문이다. 따라서 신규 브랜드의 경우 다양한 광고의 집행을 통해 연상 개수를 늘리기보다는 한두 개의 광고를 반복적으로 집행해 특정 연상에 대한 소비자의 기억을 강화하는 것이 효과적이다. 그러나 기존 브랜드라고 해서 방심하면 안 된다. 광고를 통해 특정 연상에 대한 소비자의 기억이 지나치게 강해지면 다른 연상에 대한 기억이 감소할 수 있기 때문이다. 신규 브랜드와 마찬가지로 브랜드 태도 또는 구매 의도의 형성에 영향을 미치는 연상에 이러한 기억 감소 현상이 나타날 경우 큰 문제가 될 수 있다. 광고 모델이 지나치게 부각되어 해당 브랜드를 생각하면 광고 모델만 떠오르는 경우 등이 예가 될 것이다. 이를 고려할 때 연상 개수가 해당 브랜드에 긍정적 영향을 미칠 수 있는 최적의 상태는 대부분의 연상이 1단계 연상에 해당하고 브랜드 태도 또는 구매 의도에 긍정적 영향을 미칠 뿐만 아니라 각 연상의 강도가 고르게 강한 경우이다(Schnittka, Sattler and Zenker, 2012). 기업에는 큰 부담이 아닐 수 없다.

한편 브랜드명과 관련해 연상 개수의 부정적 효과를 제시한 연구도 많다. 브랜드명은 무엇보다도 소비자가 쉽게 떠올릴 수 있어야 한다. 이를 위해 많은 기업이 소비자가 일상생활에서 사용하는 단어 자체(예: DOVE) 또는 이러한 단어들을 결합해(예: 참이슬) 브랜드명을 만든다. 그렇다면 어떤 단어를 사용할 때 해당 브랜드명에 대한 소비자의 기억을 촉진시킬 수 있을까? 기존 연구에 따르면 '연상군(association set)'의 크기가 매우 중요하다(Meyers-Levy, 1989). 연상군이란 브랜드명에 사용된 단어를 생각할 때 소비자가 일반적으로 떠올리는 연상들을 뜻한다. 따라서 이러한 연상들의 개수가 많을수록 연상군의 크기 역시 커진다. 예를 들어 유명 항공사 중 하나인 아메리칸 에어라인(American Airlines)에 대해 생각해 보자. '아메리칸(American)'이라는 단어는 일상생활에서 너무나도 흔히 사용되는 단어이다. 따라서 이 단어를 생각할 때 머릿속에 떠오르는 연상도 매우 많다. 미국, 독수리, 성조기 등이 예가 될 것이다. 최소한 미국인의 경우에는 그렇다. 따라서 이러한 단어를 브랜드명으로 사용할 경우 연상 개수가 많아질 것이다. 앞에서 설명한 연상 개수의 긍정적 효과를 고려할 때 브랜드 태도 및 차별화에 긍정적 영향을 미칠 수 있다. 그러나 선풍기 효과 및 부분목록 단서 효과의 작용 가능성을 고려할 때 부정적 영향을 미칠 수도 있다. 이러한 딜레마 상황에서 기업은 어떤 결정을 내려야 할까?

마이어스레비(Meyers-Levy, 1989)에 따르면 해당 단어의 '특수성(distinctiveness)' 여부를 판단해야 한다. '특수성 가설(Distinctiveness Hypothesis)'에 따르면 소비자가 특정 개념을 사용해 비교, 평가, 해석, 종합, 추론, 예측 등의 인지적 처리를 할 때 해당 개념의 특이점, 특정 상황 또는 대상과의 독특한 관계 등에 관심을 가질수록 해당 개념을 오래 기억할 가능성이 크다. 그러한 특이점 및 독특한 관계를 이해하기 위해 인지적 노력을 기울이기 때문이다 (Eysenck, 1979). 이를 고려할 때 앞에서 언급한 일상생활에서 흔히 사용하는 단어 역시 어떤 대상에 연결해 사용하는지에 따라 특수성 여부가 달라질 수 있다. 예를 들어 '아이보리(Ivory: 상아색)'의 경우 일상생활에서 흔히 사용되는 단어이다. 그러나 아이보리 비누가 1879년에 출시되기 전에 이 단어를 비누에 연결해 사용하는 것은 매우 드문 일이었다. 따라서 소비자는 아이보리와 비누의 독특한 관계에 관심을 갖게 되고 이로써 두 개념을 강하게 연결시켜 기억한다. 또한 해당 단어와 제품이 강하게 연결됨으로써 선풍기 효과 또는 부분목록 단서 효과가 발생할 가능성이 줄어든다. 반면 특수성이 약한 단어를 브랜드명으로 사용하면 어떻게 될까? 해당 단어와 제품 간의 관계에 특별한 관심을 갖지 않게 된다. 따라서 해당 단어를 브랜드명으로 기억하더라도 연결 강도가 매우 약할 가능성이 크고, 따라서 선풍기 효과 또는 부분목록 단서 효과가 발생할 가능성이 커진다. 앞에서 언급한 아메리칸 에어라인이 이러한 예에 해당된다.

이상의 내용을 고려할 때 기업은 자사 브랜드의 연상 네트워크를 지속적으로 분석해 연상 개수를 늘려야 할지 아니면 줄여야 할지 판단하고 이에 부합하도록 광고전략 및 브랜드 전략을 수립해야 한다. 다음 장에서 설명할 '중심성'은 이러한 판단에 중요한 기준이 될 수 있다.

제8장

브랜드 연상의 구조적 특징 2

중심성

1. 중심성의 특징

'중심성(centrality)'이란 네트워크를 구성하는 특정 개체가 전체 네트워크에서 얼마나 중요한 위치를 차지하고 있는지를 가리키는 개념이다. 네트워크 분석에서 매우 빈번히 사용되는 개념이다. 브랜드 연상 네트워크 역시 개체, 즉 연상들의 네트워크 형태를 띠고 있다. 따라서 중심성이라는 개념을 적용할 수 있다. 이를 통해 특정 브랜드의 연상 네트워크에서 어떤 연상이 중요한 위치를 차지하고 있는지, 더 나아가 해당 연상이 소비자의 브랜드 태도 및 구매 의도에 미치는 영향은 무엇인지 분석할 수 있다. 중심성에는 여러 가지 유형이 있다. 그중에서도 정도 중심성(degree centrality), 사이 중심성(betweenness centrality), 근접 중심성(closeness centrality)이 대표적이다. 그 밖에 아이겐벡터 중심성(eigenvector centrality), 카츠 중심성(Katz centrality) 등이 있으나 이 책의 범위를 넘어서는 내용이다. 따라서 이 장에서는 앞의 3가지 중심

<그림 8-1〉 중심성의 대표적 유형

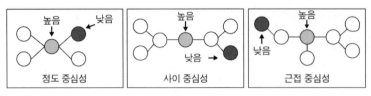

자료: Ebadi et al.(2017).

성 위주로 설명하고자 한다.

〈그림 8-1〉에서와 같이 '정도 중심성'이란 특정 개체가 얼마나 많은 다른 개체와 직접 연결되어 있는지를 가리킨다. 더 많은 개체와 직접 연결되어 있는 개체일수록 정도 중심성이 높다. 반면 '사이 중심성'이란 특정 개체가 얼마나 많은 다른 개체를 서로 연결시켜 주고 있는지를 가리킨다. 많은 개체와 직접 연결되어 있지 않더라도 서로 연결되어 있는 두 그룹의 개체들을 연결시키는 중간고리의 역할을 하고 있다면 사이 중심성이 높아진다. 마지막으로 '근접 중심성'이란 특정 개체가 여타의 개체들에 얼마나 가깝게 위치하고 있는지를 말한다. 따라서 정도 중심성과 사이 중심성이 높지 않은 개체라 할지라도 서로 연결되어 있는 개체들의 중심부에 위치할수록 근접 중심성이 높아진다(Wasserman and Faust, 1994).

이러한 중심성 개념은 기업이 자사 브랜드의 연상 네트워크를 구성하는 개별 연상들 중에서 어떤 연상을 중점적으로 관리해야 하는지 판단하는 데 도움을 준다. 중심성에 대한 앞의 정의를 적용하면 우선 정도 중심성이 높은 연상은 소비자의 생각이 이 연상에 미쳤을 때 다른 많은 연상을 파생적으로 떠올리도록 하는 연상이다. 반면 사이 중심성이 높은 연상은 소비자가 다른 연상들을 떠올리기 위해서 꼭 떠올려야 하는 연상이다. 이와 달리

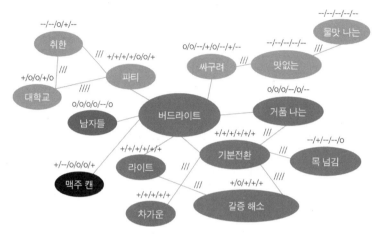

자료: 지준형(2010).

근접 중심성이 높은 연상은 어떤 연상을 떠올린다 하더라도 파생적으로 떠오를 가능성이 높은 연상이다. 예를 들어 제2장에서 제시했던 미국 대학생 10명의 버드라이트(Bud Light)에 대한 연상 네트워크(〈그림 8-2〉)를 다시 한번 생각해 보자.

이 그림에서 정도 중심성이 가장 높은 연상은 '기분전환'이다. '거품 나는', '목 넘김', '갈증 해소', '차가운' 등 4개의 연상에 연결되어 있기 때문이다. 따라서 소비자가 버드라이트를 생각할 때 '기분전환'이라는 연상을 떠올리면 가장 많은 연상이 파생적으로 떠오를 것으로 예측할 수 있다. '기분전환'은 사이 중심성도 높다. '목 넘김'과 '차가운'을 떠올리기 위해서는 '기분전환'을 먼저 떠올려야 하기 때문이다. '기분전환'에 연결되어 있는 '거품 나는'과 '갈증 해소'의 경우 꼭 '기분전환'을 떠올리지 않아도 된다. '거품 나는'의 경우 버드라이트를 생각하면 곧바로 떠오를 가능성이 크고, '갈증 해소'

의 경우 '라이트'를 떠올려도 파생적으로 떠오를 가능성이 있기 때문이다. 한편 '파티'와 '싸구려'의 경우 '기분전환'에 비해 정도 중심성은 낮지만 사이 중심성은 '기분전환' 못지않게 높다. '취한'과 '대학교'를 떠올리기 위해서는 '파티'를 떠올려야 하고 '맛없는'과 '물맛 나는'을 떠올리기 위해서는 '싸구려'를 떠올려야 하기 때문이다. 반면 근접 중심성이 가장 높은 연상은 '목 넘김'이다. '기분전환'을 떠올릴 때뿐만 아니라 '거품 나는', '라이트', '갈증 해소'를 떠올려도 파생적으로 떠오를 가능성이 크기 때문이다.

일반적으로 기업이 중점적으로 관리해야 할 연상은 해당 브랜드와 직접적으로 연결되어 있는 연상들, 즉 1단계 연상이라고 생각한다. 가장 먼저 떠오를 가능성이 크기 때문이다. 앞의 분석을 통해서도 1단계 연상이 중요하다는 것을 알 수 있다. 그러나 중심성의 관점에서 보면 1단계 연상 중에서도 '기분전환'이 가장 중요한 연상이다. 정도 중심성과 사이 중심성이 높기 때문이다. 그다음으로 중요한 1단계 연상은 '파티'와 '싸구려'이다. 사이 중심성이 높기 때문이다. 특히 '파티'의 경우에는 '취한', '싸구려'의 경우에는 '맛없는'과 '물맛 나는' 같은 부정적 연상이 떠오를 가능성이 크기 때문에 신중한 관리가 필요하다. 반면 1단계 연상이라 하더라도 '라이트', '거품 나는', '남자들', '맥주캔'은 상대적으로 중요성이 떨어진다. 한편 '목 넘김'과 같이 1단계 연상이 아니더라도 중요한 연상이 있다. 1단계 연상이 아니어서 소비자가 버드라이트를 생각할 때 곧바로 떠오를 가능성은 크지 않지만 다른 연상으로 인해 파생적으로 떠오를 가능성이 크기 때문이다. 이와 같이 중심성 개념을 이용하면 매우 체계적으로 브랜드 전략을 수립할 수 있다. 아울러 중심적 연상의 다양한 역할을 이해하면 더욱 정교한 브랜드 전략을 수립할 수 있다. 이에 대해서는 다음의 내용을 참고하기 바란다.

2. 중심적 연상의 다양한 역할

1) 소비자의 제품 지식 구조

허프먼과 휴스턴(Huffman and Houston, 1993)에 따르면 특정 제품군에 대한 소비자의 지식은 ① 구매 목적(어떤 경우에 해당 제품을 구매하는지), ② 관련 속성(해당 제품을 구성하는 주요 속성이 무엇인지), ③ 관련 브랜드(어떤 브랜드들이 있는지) 등 3가지 요소를 포함한다. 같은 제품이라 하더라도 소비자가 해당 제품을 구매하는 목적은 다를 수 있다. 예를 들어 노트북의 경우 대용량 데이터의 저장, 신속한 작업 처리, 동영상 감상 등의 목적을 위해 구매가 이루어진다. 한편 대용량 데이터의 저장을 위해서는 하드디스크 용량이 커야 하고 신속한 작업 처리를 위해서는 CPU 용량이 커야 한다. 또한 동영상 감상을 위해서는 그래픽 카드의 성능이 중요하다. 대부분의 소비자가 알고 있는 상식이다. 즉 소비자는 구매 목적에 따라 어떤 속성이 중요한지에 관한 기본 지식이 있다. 이와 함께 각 속성과 관련해 어떤 브랜드의 성능이 좋은지에 대한 지식도 있다. 하드디스크 용량은 삼성, CPU 용량은 IBM, 그래픽 카드는 애플 같은 식이다.

따라서 소비자는 특정 목적(예: 대용량 데이터의 저장)을 달성하기 위해 특정 제품을 구매하기 전에 어떤 속성(예: 하드디스크 용량)이 중요한지 먼저 판단하고, 이러한 속성과 관련해 어떤 브랜드(예: 삼성)의 성능이 가장 좋을지 판단하는 과정을 거친다. 물론 이러한 지식은 대부분 소비자의 경험이나 추측(naive reasoning)에 근거한다. 따라서 실제와 다를 수 있다. 그래서 많은 소비자가 인터넷 검색으로 자신의 경험 또는 추측을 검증한 뒤 최종 결정을 내린다. 물론 같은 제품에 대해 여러 목적이 있을 수 있다. 대용량 데이터의 저장과 함께 신속한 작업 처리를 위해 노트북을 구매하는 경우 등이다. 그러나 이러한 경우에도 결정 방식은 같다. 다만 각 목적에 가장 적합한 브랜드가 다를 수 있다. 따라서 이러한 경우에는 해당 목적을 이루는 데 직접 관련은 없지만 일반적으로 중요하게 여기는 다른 속성(예: 가격)을 추가로 고려해 결정을 내린다.

한편 소비자는 특정 속성에 대한 제품 성능이 또 다른 속성에 대한 성능과 밀접하게 연결되어 있다고 생각하는 경향이 있다. '내구성'과 '보증기간'이 대표적인 예이다. 심리학에 따르면 이러한 인식은 제품뿐만 아니라 대부분의 사물에 대해 나타나는 현상으로서 '상관관계(correlational)' 또는 '인과관계(causal)'의 형태를 띤다(Medin and Coley, 1998). 우선 상관관계의 경우 특정 사물이 특정 속성들을 '함께' 포함하는(또는 포함하지 않는) 경향이 있다는 인식을 가리킨다. '잎이 있는 사물의 경우 대부분 다리와 털이 없다', '다리가 있는 사물의 경우 대부분 털이 있다' 등과 같은 인식을 예로 들 수 있다(Rosch and Mervis, 1975). 반면 인과관계의 경우 어떤 속성으로 '인해' 또 다른 속성이 있게 된다는 인식을 말한다. 예를 들어 대부분의 의자는 '다리가 4개이고', '바닥에 놓여 있으며', '사람이 앉을 수 있다' 등의 속성이 있다. 이러한 속성들에 기반해 의자는 다리가 4개이기 때문에 바닥에 놓일 수 있고 바닥에 놓일 수 있기 때문에 사람이 앉을 수 있다 등과 같은 인과관계에 대한 인식이 가능하다. 앞에서 언급한 바와 같이 이러한 상관관계나 인과관계에 대한 인식은 경험 또는 추측을 바탕으로 한다. 따라서 실제와 다를 수 있다. 그러나 사람의 인지 과정에서 보편적으로 나타나는 현상이다. 이러한 인식은 범주화, 예측, 추론, 학습 등 다양한 인지활동에 영향을 미친다(Medin and Coley, 1998).

이러한 인식이 소비자의 제품 지식에 미치는 영향은 무엇일까? 앞에서 언급한 바와 같이 소비자는 특정 속성에 대한 제품 성능이 또 다른 속성에 대한 성능과 밀접하게 연결되어 있다고 생각하는 경향이 있다. 존슨(Johnson, 1989)은 이러한 연결 관계를 ① 기능적(instrumental), ② 반영적(reflective), ③ 간접적(vicarious) 등 3가지 유형으로 구분했다. 예를 들어 '에어백'이 있는 자동차는 '안전성'이 높다고 생각할 수 있다. 기능적 연결 관계의 예이다. 안전성은 에어백의 기능을 통한 결과이기 때문이다. 반면 '내구성'이 좋은 자동차는 '보증기간'이 길다고 생각할 수 있다. 반영적 연결 관계의 예이다. 내구성 자체가 보증기간을 결정할 수는 없다. 보증기간은 기업이 결정할 문제이기 때문이다. 다만 보증기간은 내구성을 반영한다. 마지막으로 '큰 차'는 '검정색'이 많다고 생각할 수 있다. 사실 자동차의 크기와 색깔 간에는 특별한 관계가 없다. 단지 소비자가 그렇게 인식할 뿐이다. 간접적 연결 관계의 예이다.

브루니아직과 앨버(Broniarczyk and Alba, 1994)에 따르면 앞의 3가지 연결 관계 중 기능적 연결 관계와 반영적 연결 관계는 인과관계에 해당하고, 간접적 연결 관계는 상관관계에 해당한다. 한편 기능적 연결 관계와 반영적 연결 관계를 구성하는 속성들 중 '에어백'과 '보증기간'은 '안전성'과 '내구성'에 비해 상대적으로 구체적 속성이다. 반대로 안전성과 내구성은 에어백과 보증기간에 비해 상대적으로 추상적 속성이다. 따라서 기능적 관계는 구체적 속성(예: 에어백)이 원인에 해당하고 추상적 속성(예: 안전성)이 결과에 해당하는 경우가 많다. 이와 달리 반영적 관계는 추상적 속성(예: 내구성)이 원인에 해당하고 구체적 속성(예: 보증기간)이 결과에 해당하는 경우가 많다.

그렇다면 앞에서 언급한 소비자의 제품 지식은 주로 어떤 연결 관계로 구성되어 있을까? 브루니아직과 앨버(Broniarczyk and Alba, 1994)에 따르면 대부분이 인과관계로 구성되어 있다. 상관관계의 경우 파악하기 힘들 뿐만

〈그림 8-3〉 소비자의 제품 지식 구조

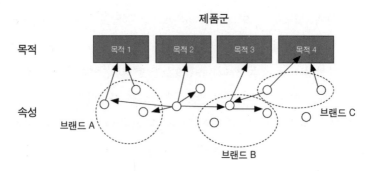

아니라 파악한다 하더라도 기억하지 못하는 경우가 많기 때문이다(Crocker, 1981). 브루니아직과 앨버(Broniarczyk and Alba, 1994)는 실험 연구를 통해 이를 입증했다. 우선 실험 참가자들에게 35mm 카메라의 여러 가지 정보를 제시한 후 이 카메라의 '내구성'이 얼마나 될지를 추측하도록 했다. 실험 결과 참가자는 대부분 제시된 정보 중 '보증기간'을 바탕으로 내구성을 추측했다. 그러나 제시된 정보에서 실제로 내구성과 상관관계가 높은 것은 '렌즈 크기'였다.

지 외(Jee, Sohn and Lee, 2005)의 연구에서도 유사한 결과가 나타났다. 우선 사전조사를 통해 자동차를 구매할 때 소비자가 일반적으로 중요하게 여기는 속성 10개(디자인, 내구성, 안전성, 안락함, 실내 크기, 연비, 마력, 보증기간, 핸들링, 오디오 성능)를 선정했다. 이어서 해당 조사 참가자들에게 이 속성들이 적힌 종이를 나눠주고 속성들 간의 인과관계, 즉 어떤 속성이 어떤 속성에 영향을 미칠지 화살표를 그려 표시하도록 했다. 분석 결과 '디자인'과 '내구성'을 원인에 해당하는 속성으로 판단한 참가자들이 가장 많았다. 반면 결과에 해당하는 속성은 '안전성'과 '안락함'이었다.

이상의 연구를 고려할 때 소비자의 제품 지식은 〈그림 8-3〉과 같이 표현할 수 있다. 즉 ① 해당 제품군을 구성하는 주요 속성들의 인과관계, ② 어떤 속성을 통해 어떤 목적을 달성할 수 있을지에 대한 인과관계, ③ 어떤 브랜드가 어떤 속성에 대해 성능이 좋은지 등과 같이 3가지 유형의 인식으로 구성되어 있다는 것이다. 앞에서 중심성이 높은 연상의 전략적 가치를 설명했다. 제품속성은 브랜드 연상을 구성하는 중요한 요소들 중 하나이다(Keller, 1993). 그렇다면 기업은 어떤 제품속성을 중점적으로 관리해야 할까? 그리고 이러한 관리의 구체적인 방법은 무엇일까? 다음의 연구 결과는 이에 대한 답을 제시한다.

2) 제품속성의 인과 지위

앞에서 언급한 것처럼 제품을 구성하는 속성들에 대해 소비자는 상관관계 및 인과관계를 인식한다. 이 중에서 더욱 일반적인 인식은 인과관계이다. 따라서 제품은 복잡한 인과관계를 이루는 속성들의 네트워크로 볼 수 있다. 한편 네트워크에서 각 속성의 중심성은 다른 속성들과의 인과관계에 따라 달라진다(Ahn, 1998). 다시 말해 상대적으로 더 중심적인 속성이 존재한다.

그렇다면 속성의 중심성에 영향을 미치는 요인은 무엇일까? '인과 지위 이론(Causal Status Hypothesis)'에 따르면 인과관계의 연결고리에서 상위에 위치하는 속성일수록 중심성이 높다(Ahn et al., 2000). 예를 들어 속성 A가 속성 B의 원인에 해당하고, 속성 B는 다시 속성 C의 원인에 해당할 경우 속성 A의 중심성이 가장 높다는 것이다. 안 외(Ahn et al., 2000)는 실험 연구를 통해 이를 입증했다. 우선 실험 참가자들에게 가상의 동물 '루번(Rooban)'에 대한 3가지 속성 정보(과일을 먹는다, 발바닥이 끈적하다, 나무 위에 둥지를 짓는다)를 제시했다. 이어서 한 그룹에 이 속성들 간의 인과관계에 대한 정보를 추가로 제시했다. 이 정보에 따르면 ① 루번의 발바닥이 끈적한 것은 과일을 먹을 때 당분이 나와 발바닥에 묻기 때문이다. 또한 ② 루번이 나무 위에 둥지를 지을 수 있는 것은 발바닥이 끈적해서 나무 위로 올라갈 수 있기 때문이다. 따라서 3가지 속성 중 '과일을 먹는다'는 속성의 인과 지위가 가장 높다. 나머지 한 그룹에게는 이러한 정보를 제시하지 않았다. 마지막으로 두 그룹 모두에게 어떤 동물에게 앞의 3가지 속성 중 2가지 속성이 있다는 정보를 제시한 뒤 이 동물이 루번인지를 판단하도록 했다. 결과는 예상과 같았다. 즉 첫 번째 그룹의 경우 인과 지위가 가장 높은 '과일을 먹는다'는 속성이 있는 동물을 그렇지 않은 동물에 비해 루번일 것으로 판단하는 경향이 많았다. 반면 두 번째 그룹의 경우에는 이러한 차이가 없었다.

한편 제5장에서 언급한 '범주 이론'에 따르면 대부분의 범주(예: 맹수)에 대해 사람들은 특정 개체(예: 사자)를 가장 '대표적(prototypical)'이라고 여긴다. 범주 이론의 하위 모델인 '추상화 모델'에 따르면 해당 범주에 속한 개체들과 많은 속성을 공유할수록 대표성이 높아진다. 반면 '사례 모델'에 따르면 해당 범주의 사례로 언급되는 횟수가 많을수록 대표성이 높아진다. 제품에 대해서도 마찬가지다. 특히 제품의 경우 소비자는 특별한 경우가 아니라면 대표성이 높은 브랜드를 선호한다(Nedungadi and Hutchinson, 1985). 따라서 브랜드의 대표성을 높이는 것은 매우 중요한 전략이다.

그러나 범주 이론의 이와 같은 주장은 외형적 유사성에 근거한 범주에 주로 해당된다. 이러한 범주를 가리켜 "분류학상의 범주(taxonomic category)"라고 부른다. 반면 외형적 유사성이 전혀 없어도 동일한 범주에 포함되는 경우가 있다. 예를 들어 '무인도에 혼자 남게 되었을 때 꼭 필요한 물건들'이 무엇인지 물었을 때 일회용 음식, 생수, 라이터 등을 언급할 수 있다. 이와 같이 특정 목적에 부합하는 사물들로 구성된 범주를 가리켜 "목적에 근거한 범주(goal-derived category)"라고 부른다. 제품에 대해서도 마찬가지이다. '청량음료'와 같이 외형적 유사성에 근거한 범주가 있는 반면, '목이 마를 때 마시는 것'과 같이 목적에 근거한 범주도 가능하다. 이를 고려해 로컨과 워드(Loken and Ward, 1990)는 브랜드의 대표성에 영향을 미치는 요인을 ① 표면적 유사성(family resemblance), ② 노출 빈도(frequency of exposure), ③ 목적 부합성(ideal), ④ 성능(attribute structure) 등 4가지로 분류했다.

이 중에서 '표면적 유사성'과 '노출 빈도'는 각각 앞에서 언급한 추상화 모델과 사례 모델에 해당하는 개념이다. 즉 외형적 유사성에 근거한 범주에 해당한다. 반면 '목적 부합성(해당 브랜드가 소비자가 특정 목적을 이루는 데 얼마나 도움이 되는지)'과 '성능(해당 브랜드가 중요 속성들의 성능이 얼마나 좋은지)'은 목적에 근거한 범주에 해당한다. 〈그림 8-3〉에서 언급한 바와 같이 소비자의 제품 지식은 다수의 목적, 속성, 브랜드의 복잡한 연결 관계로 구성되어 있다. 따라서 소비자가 해당 제품(예: 청량음료)을 통해 특정 목적(예: 갈증 해소)을 이루려 할 경우 당연히 이러한 목적 달성에 가장 도움이 될 것으로 판단되는 브랜드를 선택할 가능성이 크다. 반면 소비자가 해당 제품(예: 청량음료)을 통해 다양한 목적(예: 갈증 해소, 기분전환, 에너지 충전)을 이루려 할 경우 다양한 속성을 고루 갖추고 있는 브랜드를 선택할 가능성이 크다. 속성이 다양할수록 부합하는 목적 또한 다양할 수 있기 때문이다.

이를 고려할 때 기업은 자사의 제품이 다양한 중요 속성에 관해 우수한 성능을 발휘할 수 있도록 관리해야 한다. 구체적 속성에 대해서는 기술 개발을 통한 지속적인 제품 업그레이드가 필요하고 추상적 속성에 대해서는 지속적인 이미지 관리가 필요하다. 그러나 이런 전천후 브랜드를 만드는 것은 쉽지 않은 일이다. 효율적인 방법이 없을까? 이 장의 주제인 중심성에 답이 있다. 다음에서 구체적으로 설명하고자 한다.

3) 브랜드의 대표성

〈그림 8-4〉 가상의 제품속성 인과관계

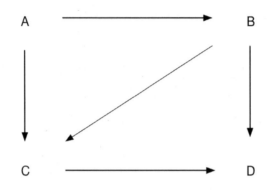

앞에서 언급한 바와 같이 '인과 지위 이론'에 따르면 어떤 대상이 인과관계의 상위에 위치하는 속성을 포함할 경우, 포함하지 않은 대상에 비해 해당 범주에 속한다고 인식될 가능성이 크다. 안 외(Ahn et al., 2000)는 루번이라는 가상 동물의 속성을 이용해 이를 입증했다. 이러한 인식은 어떤 동물이 과일을 먹으면 발바닥이 끈적해져 나무 위로 올라가 둥지를 지을 수 있을 것이라는 추론을 바탕으로 한다. 지 외(Jee, Sohn and Lee, 2005)에 따르면 제품 속성에 대해서도 이러한 추론이 가능하다. 예를 들어 〈그림 8-4〉와 같은 가상의 제품속성 인과관계를 생각해 보자. 4개의 속성 중 인과 지위가 가장 높은 속성은 A이다. 반면 인과 지위가 가장 낮은 속성은 D이다. 속성 B와 속성 C의 인과 지위는 중간에 해당한다. 그러나 연결 개수는 속성 B와 속성 C가 가장 많다.

그렇다면 4개의 가상 브랜드가 각각 속성 A, B, C, D에 대한 성능이 좋을 경우 소비자는 어떤 브랜드를 해당 제품군의 대표적 브랜드로 인식할까? 앞에서 설명한 안 외(Ahn et al., 2000)의 연구 결과를 고려할 때 속성 A, 즉 인과 지위가 가장 높은 속성에 대해 성능이 좋은 브랜드이다. 한편 '귀인 이론(Attribution Theory)'에 따르면 소비자는 어떤 결과에 대한 정보(예: 어떤 브랜드의 속성 D에 대한 정보)가 주어질 경우 해당 결과의 원인(A, B 또는 C)이 무엇인지 특정하길 꺼려 한다(Rehder and Hastie, 2001). 다양한 원인으로 동일한 결과가 발생할 수 있기 때문이다. 이와 달리 결과를 모르는 상태에서 원인(예: 어떤 브랜드의 속성 A에 대한 정보)에 해당하는 정보가 주어질 경우에는 다양한 결과(B, C 또는 D)의 가능성이 있는데도 각각의 결과 모두에 대한 발생 가능성을 더 확신한다.

　따라서 어떤 브랜드가 속성 D에 관한 성능이 좋을 경우 소비자는 해당 브랜드가 속성 A, 속성 B, 속성 C 중에서 어떤 속성에 대해 성능이 좋을지 판단하지 못하거나 판단을 유보할 가능성이 크다. 반면 속성 A에 대한 성능이 좋은 브랜드에 대해서는 속성 B, 속성 C, 속성 D에 대한 성능 역시 좋을 것으로 판단할 가능성이 크다. 같은 이유로 속성 B 또는 속성 C에 대해 성능이 좋은 브랜드의 경우 속성 D에 대한 성능 역시 좋을 것으로 판단할 가능성이 크지만, 속성 A에 관해서는 이러한 판단을 유보할 가능성이 크다. 이를 고려할 때 인과 지위가 높은 속성에 대해 성능이 좋은 브랜드는 다양한 목적을 이루는 데 사용될 수 있는 브랜드, 즉 해당 제품군을 대표하는 브랜드로 인식될 가능성이 크다. 반면 인과 지위가 낮은 속성에 대해 성능이 좋은 브랜드는 특정 목적만을 이루는 데 사용되는 니치 브랜드로 인식될 가능성이 크다. 따라서 기업은 자사 브랜드가 시장에서 어떤 브랜드로 인식되길 원하는지에 따라 소비자가 해당 브랜드를 생각할 때 어떤 속성에 대한

〈공식 8-1〉 피시바인과 아즌의 다속성 태도 모델

$$A = \sum_{i=1}^{n} b_i e_i$$

연상을 가장 먼저 떠오르게 할지 결정해야 한다.

이와 같은 분석은 브랜드 태도와 실제 구매 행동 간의 간극을 이해하는 데도 큰 도움을 준다. 피시바인과 아즌(Fishbein and Ajzen, 1975)의 유명한 '다속성 태도 모델(Multi-Attribute Attitude Model)'에 따르면 특정 브랜드에 대한 소비자의 태도(A)는 주요 속성들의 중요성(b_i) 및 각 속성에 관해 해당 브랜드의 성능이 얼마나 좋은지에 대한 평가(e_i)의 총합으로 결정된다(〈공식 8-1〉).

그러나 기존 연구에 따르면 이러한 방식으로 측정된 브랜드 태도와 해당 브랜드의 실제 구매 여부 간에는 큰 간극이 있다(Fazio, Powell and Williams, 1989). 다시 말해 브랜드 태도가 높다고 해서 실제로 구매할 가능성까지 높다고 할 수는 없다는 것이다. 구매 결정은 브랜드 태도뿐만 아니라 다양한 요인에 의해 이루어지기 때문이다. 그러나 중심성의 관점에서 보면 또 다른 해석이 가능하다. 소비자가 특정 속성을 중요하게 여기는 이유는 2가지이다. 첫째, 앞에서 언급한 바와 같이 해당 속성이 소비자가 특정 목적을 이루는 데 도움이 되기 때문이다. 따라서 소비자의 목적이 달라지면 동일한 속성이라 하더라도 중요성이 달라진다. 그래서 소비자가 목적 부합성을 기준으로 브랜드 태도를 평가할 경우 실제 구매 여부를 예측하기 어렵다. 반면 주요 속성들 간의 인과관계에서 인과 지위가 높은 속성도 중요하게 여겨진다. 더 나아가 인과 지위가 높은 속성의 중요성은 소비자의 목적이 달라져도 일관되게 유지된다. 주요 속성들 간의 인과관계에 대한 인식은 소비자의 목적에 따라 달라지지 않기 때문이다. 따라서 소비자가 인과 지위가 높은 속성을 중심으로 브랜드 태도를 평가할 경우 실제 구매 여부에 대한 예측력 또한 높아진다.

제9장

브랜드 연상의 구조적 특징 3

조밀도

1. 조밀도의 특징

'조밀도(density)'란 네트워크를 구성하는 개체들의 연결 정도를 가리킨다. 네트워크 분석에서 빈번히 사용되는 개념이다(Wasserman and Faust, 1994). 마찬가지로 '연상조밀도'란 브랜드 연상 네트워크를 구성하는 연상들의 연결 정도를 말한다. 예를 들어 〈그림 9-1〉의 두 브랜드 A와 B는 연상 개수가 동일하다. 그러나 브랜드 A의 연상들에 비해 브랜드 B의 연상들은 훨씬 더 복잡하게 연결되어 있다. 따라서 브랜드 A에 비해 브랜드 B의 연상조밀도가 높다. 조밀도 대신 '응집성(cohesiveness)'이라는 용어를 사용하기도 한다 (Keller, 1993).

브랜드 연상들의 연결 여부는 개념적·상황적 관련성에 따라 자연스럽게 형성되거나 기업이 의도적으로 형성할 수 있다. 예를 들어 〈그림 9-2〉는 저자가 2015년에 대학생 30명을 대상으로 분석한 소주 브랜드 '참이슬'의 연

〈그림 9-1〉 가상의 브랜드 A와 브랜드 B의 연상조밀도 차이

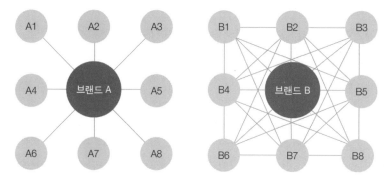

자료: 이재훈(2007).

〈그림 9-2〉 참이슬의 연상 네트워크(N=대학생 30명)

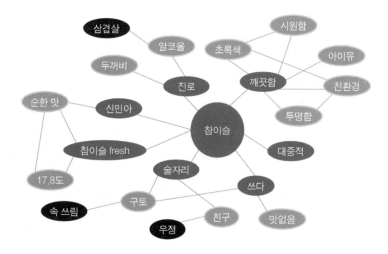

상 네트워크이다. 참이슬의 1단계 연상들 중 하나인 '깨끗함'의 경우 초록색, 시원함, 아이유, 친환경, 투명함 등의 2단계 연상들에 연결되어 있다. 깨끗함이 이러한 연상들을 파생적으로 떠오르게 한다는 것이다. 깨끗함은 참이슬의 브랜드 콘셉트이다. 참이슬의 광고에서 강조되는 개념이다. 반면 초록색, 시원함, 친환경, 투명함 등의 연상들은 참이슬의 광고에서 언급되지 않는다. 개념적 관련성 때문에 소비자의 머릿속에 자연스럽게 떠오른 것이다. 마찬가지로 또 다른 1단계 연상인 '술자리'는 참이슬 광고에서 흔히 연출되는 상황이다. 반면 술자리의 2단계 연상인 '구토', 3단계 연상인 '속 쓰림'은 참이슬 광고 어디에도 언급되지 않는다. 술자리라는 상황적 관련성에 따라 떠오른 연상들일 뿐이다. 물론 참이슬의 입장에서는 부정적이다.

앞의 연상들은 개념적 관련성 또는 상황적 관련성에 따라 소비자의 머릿속에 자연스럽게 떠오른 것들이다. 이와 달리 참이슬의 광고 모델인 '아이유'와 깨끗함의 연결 관계는 기업이 의도적으로 형성한 것이다. '참이슬 fresh'와 '순한 맛', '17.8도'의 연결 관계, '진로'와 '두꺼비'의 연결 관계도 마찬가지이다. 물론 자연적 또는 의도적 관련성 여부와 상관없이 이러한 연결 관계를 기억하는 것은 전적으로 소비자의 몫이다. 그래서 때로는 전혀 관련성이 없거나 기업이 의도하지 않은 연상들을 연결해 기억하기도 한다. '신민아'와 '순한 맛'이 그런 경우이다. '신민아'는 2015년 당시 참이슬의 경쟁 브랜드인 '처음처럼'의 광고 모델이었다. 아마도 두 광고를 혼동한 것으로 추측된다. 왜 이런 현상이 생기는지는 이 장의 뒤에서 다시 설명하고자 한다.

2. 연상조밀도의 측정 방법

〈공식 9-1〉 네트워크 조밀도 계산 공식

$$Density = D = \frac{L}{\frac{1}{2}n(n-1)} = \frac{2L}{n(n-1)}$$

네트워크의 조밀도는 정량적으로 측정 가능하다. 네트워크를 구성하는 모든 개체가 서로 연결되어 있으면 100%, 하나도 연결되어 있지 않으면 0%이다. 물론 0%의 조밀도는 불가능하다. 네트워크를 구성하는 개체들이 하나도 연결되어 있지 않으면 네트워크일 수 없기 때문이다. 조밀도의 계산을 위해 일반적으로 다음과 같은 공식을 사용한다(〈공식 9-1〉). 공식에서 '$\frac{1}{2}n(n-1)$' 은 네트워크를 구성하는 개체가 n개일 때 가능한 총연결 개수를 가리킨다. 반면 'L'은 해당 개체들 간의 실제 연결 개수를 가리킨다. 〈그림 9-3〉의 3가지 가상 네트워크에 이 공식을 대입하면 조밀도가 각각 100%, 100%, 66.7%이라는 것을 알 수 있다.

그러나 브랜드 연상 네트워크의 경우 앞의 공식을 사용해 조밀도를 계산할 수 없다. 몇 가지 특징이 있기 때문이다. 첫째, 브랜드명에 해당하는 개체에는 1단계 연상들만 연결될 수 있다. 따라서 브랜드명과 1단계 연상들의 연결 개수를 포함해 조밀도를 계산하는 것은 의미가 없다. 둘째, 연상들 간의 연결 강도가 다를 수 있다. 그러므로 조밀도를 계산할 때 각 연결 관계의 강도를 반영해야 한다. 셋째, 1단계, 2단계, 3단계 연상들의 전략적 중요성이 다를 수 있다. 대부분의 경우 상위 단계 연상일수록 전략적으로 중요하다. 물론 제8장에서 언급한 바와 같이 1단계 연상이 아니어도 중심성이 높

〈그림 9-3〉 3가지 가상 네트워크의 조밀도

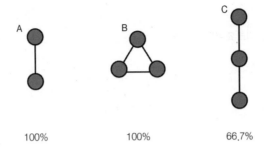

〈표 9-1〉 브랜드 연상 네트워크의 조밀도 계산 조절 방식

순위	유형	최대 개수	실제 개수	가중치
1	브랜드에서 1단계 연상	3F	L_{BF}	1
2	1단계 연상에서 1단계 연상	$3 \cdot \frac{1}{2}F(F-1)$	L_{FF}	1/2
3	1단계 연상에서 2단계 연상	3F.S	L_{FS}	1/3
4	1단계 연상에서 3단계 연상	3F.T	L_{FT}	1/4
4	2단계 연상에서 2단계 연상	$3 \cdot \frac{1}{2}S(S-1)$	L_{SS}	1/4
5	2단계 연상에서 3단계 연상	3S.T	L_{ST}	1/5
6	3단계 연상에서 3단계 연상	$3 \cdot \frac{1}{2}T(T-1)$	L_{TT}	1/6

주: F는 1단계 연상의 개수, S는 2단계 연상의 개수, T는 3단계 연상의 개수를 뜻한다.
자료: French and Smith(2013).

아 전략적으로 잘 관리해야 하는 연상도 있다. 따라서 조밀도를 계산할 때 이러한 중요성의 차이를 반영해야 한다. 이러한 특징을 고려해 프렌치와 스미스(French and Smith, 2013)가 제안한 조절 방식은 〈표 9-1〉과 같다. 이 조절 방식에서 연상 강도는 1, 2 또는 3의 값을 가질 수 있다고 가정한다.

한편 브랜드 연상 네트워크의 조밀도는 해당 브랜드에 대한 소비자의 반응에 어떤 영향을 미칠까? 기업에는 매우 중요한 질문이다. 이에 대한 답에 따라 브랜드 전략을 완전히 달리해야 하기 때문이다. 조밀도가 미치는 영향이 긍정적이라면 연상들의 연결 관계를 높이는 데 전략의 초점을 맞춰야 한다. 광고 메시지 역시 해당 광고를 본 소비자들이 어떤 연상을 떠올릴지, 이러한 연상들에 대해 어떤 개념적·맥락적 관련성을 인식하게 될지 등을 염두에 두고 결정해야 한다. 반면 조밀도가 미치는 영향이 부정적이라면 가급적 연상들이 연결되지 않도록 해야 한다. 따라서 광고를 본 소비자들이 떠올리는 연상 역시 개념적·맥락적으로 연결되지 않도록 해야 한다. 얼핏 생각하면 후자보다는 전자가 더 타당할 것 같다. 그러나 그렇게 간단한 문제는 아니다. 다음에서는 연상조밀도가 미치는 긍정적 영향과 부정적 영향에 대한 기존 연구 결과를 정리함으로써 이에 대한 답을 제시했다.

3. 연상조밀도의 긍정적 영향

심리학에 따르면 사람은 새로운 정보를 받아들일 때 기존 정보와의 관련성 여부를 판단한다. 서로 관련 있는 정보의 경우 연결시켜 머릿속에 저장해 인지적 용량의 한계를 극복하기 위한 것이다(Reed, 2000). 제5장에서 언급한 비교, 범주화, 스키마 등은 이러한 과정에서 빈번히 사용되는 방식이다.

이를 고려할 때 특정 내적 단서 또는 외적 단서로 소비자가 기억하고 있던 특정 정보가 떠오르면 연결시켜 기억하고 있던 관련 정보 역시 떠오를 가능성이 크다. 연결된 정보들 간에 파생점화(spreading activation) 현상이 일어나기 때문이다(Anderson, 1995). 따라서 브랜드 연상 네트워크의 조밀도가 높아지면 각 연상의 접근성(accessibility)이 높아지고 브랜드 연상의 접근성이 높아지면 해당 브랜드 관련 정보를 더욱 정교하게 처리할 수 있다. 이러한 처리 결과 소비자는 해당 브랜드에 더 많은 가치를 부여하고, 가치가 지속해 축적되면 결국 브랜드 파워가 높아진다(Haugtvedt et al., 1994). 권준모와 한상만 (2000)의 연구에서도 연상조밀도의 이러한 긍정적 효과가 확인되었다. 셰이 (Hsieh, 2002) 역시 인지도가 높은 브랜드일수록 연상조밀도가 높다는 것을 보여주었다.

그러나 제7장에서 언급한 '선풍기 효과'를 고려하면 이와 같은 긍정적 효과가 항상 나타날 것으로 기대할 수는 없다. 특정 연상에 연결되어 있는 연상이 많아질수록 각 연상에 미치는 파생점화의 강도가 작아져 오히려 떠오르지 않는 연상이 생길 수 있기 때문이다. 브랜드 태도 및 구매 의도에 결정적 영향을 미치는 연상에 대해 이러한 현상이 나타나면 큰 문제가 아닐 수 없다. 따라서 연상조밀도의 긍정적 효과를 극대화하기 위해서는 선풍기 효과가 발생할 가능성을 제거하거나 감소시켜야 한다.

기존 연구에 따르면 이를 위해 가장 효과적인 방법은 서로 연결된 연상들을 아우를 수 있는 상위개념을 만든 뒤, 기존 연상들이 아닌 이 개념을 해당 브랜드에 연결하는 것이다. 이를 통해 브랜드에 연결된 연상들의 개수를 줄이면 선풍기 효과가 감소되어 해당 개념에 미치는 파생점화의 강도가 유지되거나 약화 정도를 최소화할 수 있다. 이로써 해당 개념이 떠오를 가능성이 커지면 이 개념에 연결되어 있는 하위개념들, 즉 기존 연상들의 파생

〈그림 9-4〉 마티에 대한 2가지 유형의 정보

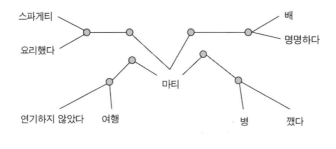

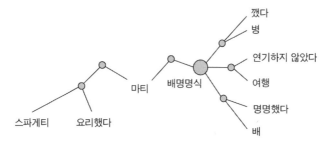

자료: Rehder and Anderson(1980).

점화 가능성 역시 커진다는 것이다(이재훈, 2007).

　레더와 앤더슨(Reder and Anderson, 1980)의 연구는 이러한 가능성을 입증한 대표적 연구이다. 이들은 두 그룹의 실험 참가자들에게 '마티(Marty)'라는 가상의 인물에 대한 4개의 정보(스파게티를 요리했다, 여행을 연기하지 않았다, 배에 이름을 붙였다, 병을 깼다)를 제시했다. 한 그룹에게는 각 정보에 대한 추가 정보 없이 앞의 네 문장만을 제시했다. 이는 곧 이들이 기억한 마티에 대한 정보가 〈그림 9-4〉의 왼쪽과 같은 형태를 띠고 있음을 의미한다. 반면 또 다른 그룹에게는 마티가 '배에 이름을 붙이기 위해 여행을 갔다. 이를 위해 여행을 연기하지 않았다. 여행을 가는 길에 병을 깼다'와 같이 4개 중 3개의 정보를 서로 연결시켜 제시했다. 즉 마티에 대한 정보를 〈그림 9-4〉의 오른쪽과 같은 형태로 기억하도록 한 것이다. 이어서 일정 시간이 지난 후 각 그룹에게 4개의 정보 중 1개의 정보를 다시 제시하고 해당 정보가 사전에 제시했던 정보 중 하나인지 '재인(recognition)' 여부를 질문했다. 결과는 예상과 같았다. 첫 번째 그룹에 비해 두 번째 그룹의 재인률이 훨씬 더 높았다.

앞에서 언급한 참이슬의 연상 네트워크에 대해서도 이러한 긍정적 효과를 기대할 수 있다. 초록색, 시원함, 아이유, 친환경, 투명함 등의 연상이 참이슬에 직접 연결되어 있다면 어떨까? 이 연상들이 서로 연결되어 있다 하더라도 선풍기 효과의 작용으로 떠오르지 않는 연상이 생길 수도 있다. 그렇지만 참이슬의 경우 〈그림 9-2〉에서와 같이 '깨끗함'이라는 연상이 선풍기 효과를 억제하고 있다. 브랜드 전략에서 브랜드 콘셉트의 결정이 중요한 이유이다.

한편 소비자는 특정 브랜드를 먼저 떠올린 뒤 이에 연결되어 있는 연상들을 떠올리기도 하지만 반대로 특정 연상을 먼저 떠올린 뒤 이에 연결되어 있는 브랜드를 떠올리기도 한다. 참이슬을 먼저 떠올리기보다는 '깨끗한 소주'를 먼저 떠올리는 경우이다. 이러한 경우 소비자가 해당 브랜드뿐만 아니라 경쟁 브랜드에 대해서도 동일한 연상을 갖고 있다면 해당 브랜드가 아닌 경쟁 브랜드가 먼저 떠오르고 이에 따라 경쟁 브랜드를 구매할 수 있다. 참이슬이 아닌 처음처럼을 구매하는 경우다. 이러한 가능성을 줄이기 위해서는 당연히 해당 브랜드와 해당 연상의 연결 강도를 강화해 소비자가 해당 연상을 떠올릴 때 경쟁 브랜드보다 해당 브랜드가 먼저 떠오르도록 해야 한다. 이러한 상황을 가리켜 해당 브랜드와 해당 연상 간에 '공명성(resonance)'이 형성되었다고 말한다(Keller, 1993).

그러나 이와 같이 공명성을 높이는 것은 기업에 큰 부담이다. 특정 연상

〈그림 9-5〉 두 연상 네트워크의 조밀도 및 공명성 차이

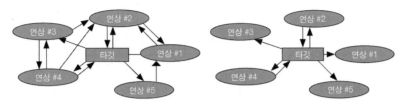

자료: Nelson et al.(1993).

의 강화를 위해 지속적인 광고 또는 마케팅이 필요하기 때문이다. 넬슨 외
(Nelson et al., 1993)의 연구 결과는 기업의 이러한 부담에 해결책이 될 수 있
다. 이들에 따르면 브랜드의 연상조밀도를 높이면 해당 브랜드와 각 연상
간의 공명성도 높아지는 경향이 있다. 예를 들어 〈그림 9-5〉와 같은 브랜
드 연상 네트워크를 생각해 보자. 왼쪽과 오른쪽 모두 타깃과 연상 #2, #4
간에 공명성(양방향 화살표)이 형성되어 있다. 연상 #2나 #4를 떠올리면 타깃
이 떠오르고, 타깃을 떠올리면 연상 #2 또는 #4가 떠오른다는 것이다. 그러
나 왼쪽의 경우 오른쪽에 비해 연상조밀도가 높다. 따라서 타깃과 연상 #2,
#4 간의 공명성 역시 오른쪽에 비해 왼쪽이 더 강하다는 것이다. 물론 연상
조밀도를 높이기 위해서도 지속적인 광고 또는 마케팅이 필요하다. 그러나
연상조밀도를 높이면 특정 연상뿐만 아니라 해당 브랜드에 연결되어 있는
여러 연상의 공명성을 동시에 높일 수 있다. 매우 효율적인 전략이라 할 수
있다.

4. 연상조밀도의 부정적 영향

앞에서 연상조밀도의 긍정적 영향을 설명했다. 그러나 부정적 영향도 무시할 수 없다. 앞서 언급한 것처럼 연상조밀도가 높아지면 해당 브랜드를 생각할 때 여러 연상이 떠오른다. 경우에 따라서는 소비자에게 부담이 될 수도 있다. 예를 들어 구매 결정에 필요한 시간이 많지 않을 경우 소비자는 몇 개의 핵심 연상만으로 결정을 내려야 한다. 마트에서 음료, 과자 등 저관여 제품을 구매하는 경우이다. 이때 특정 브랜드의 연상조밀도가 높아 다양한 연상이 떠오른다면 특정 연상이 미치는 영향력은 상대적으로 감소할 것이고, 따라서 오히려 구매 결정에 부정적 영향을 미칠 수 있다(지준형, 2010).

그러나 연상조밀도의 부정적 영향이 가장 우려되는 상황은 해당 브랜드에 뜻하지 않은 위기가 닥쳤을 때이다. 제품 결함 등으로 특정 연상에 부정적 영향이 미치면 해당 연상에 연결되어 있는 다른 연상들 또한 연쇄적으로 영향을 받을 수 있기 때문이다. 필자(지준형, 2015)는 실험 연구를 통해 이를 입증했다. 우선 MEGA^{pro}라는 가상의 노트북에 대한 실험 참가자들의 연상 네트워크를 형성하기 위해 〈그림 9-6〉의 지문과 〈그림 9-7〉의 인쇄광고를 제시했다.

이어서 'MEGA^{pro}의 처리 속도에 결함이 발견되었다'는 위기 상황과 함께 해당 기업이 이 위기 상황에 어떻게 대처했는지 설명하는 지문을 제시했다. 지문은 위기 상황에 대한 대처 방식에 따라 책임 전가, 변명, 보상 등 3가지로 구분했다(〈표 9-2〉).

마지막으로 3개의 서로 다른 그룹에게 각 지문을 제시한 뒤 MEGA^{pro}의 주요 속성(처리 속도, 모니터, 스피커, 대용량, 사진 및 동영상, 고품격 음악)에 대한 평가,

〈그림 9-6〉 MEGA^{pro}에 대한 연상 네트워크 형성을 위한 지문

プロ를 위한 노트북 MEGA^{pro} 탄생!

중견 노트북 생산업체 ABC(가명)가 '프로를 위한 노트북' MEGA^{pro}를 전격 출시했다. MEGA^{pro}는 노트북 사용 빈도가 많고, 노트북을 사용해 다양한 작업을 하는 전문가용 노트북으로서 같은 종류의 노트북 대비 최고의 사양을 갖추었다. 우선 '인텔코어 i7-4960x CPU'를 장착해 처리 속도를 향상시킴으로써 대용량 문서 및 데이터 작업에 소요되는 시간을 대폭 줄였다. 또한 '2100 × 1800 초고해상도 모니터'를 장착하여 선명한 사진 및 동영상의 감상이 가능하고, Harman/Kardon 내장 스피커를 장착해 고품질의 음악을 감상할 수 있다. ABC사는 MEGA^{pro}의 출시를 기념해 3개월에 걸쳐 정가의 70%에 해당하는 가격으로 특별 판매를 실시할 것이라고 발표했다.

〈그림 9-7〉 MEGA^{pro}에 대한 연상 네트워크 형성을 위한 인쇄광고

<표 9-2> MEGA^{pro}의 위기 상황 및 대처 방식

책임 전가	업계 관계자에 따르면 최근 ABC사가 출시한 프리미엄 노트북 MEGA^{pro}의 처리 속도에 결함이 발견되어 소비자 불만이 제기되고 있다고 한다. 노트북의 처리 속도는 대부분의 경우 CPU에 영향을 받는 것으로 알려져 있는데, MEGA^{pro}는 인텔코어 i7-4960x를 CPU로 사용하고 있다. 이에 대해 ABC사는 인텔 측에 결함의 원인을 파악하기 위해 최선을 다해줄 것을 촉구했으며, 결함이 발견될 경우 신속히 조치해줄 것을 요구하였다고 금일 발표하였다.
변명	업계 관계자에 따르면 최근 ABC사가 출시한 프리미엄 노트북 MEGA^{pro}의 처리 속도에 결함이 발견되어 소비자 불만이 제기되고 있다고 한다. 노트북의 처리 속도는 대부분의 경우 CPU에 영향을 받는 것으로 알려져 있는데, MEGA^{pro}는 인텔코어 i7-4960x를 CPU로 사용하고 있다. 이에 대해 ABC사는 이번 문제가 생산과정에서 발생할 수 있는 일이지만 재발방지를 위해 최선을 다하겠다고 금일 발표하였다.
보상	업계 관계자에 따르면 최근 ABC사가 출시한 프리미엄 노트북 MEGA^{pro}의 처리 속도에 결함이 발견되어 소비자 불만이 제기되고 있다고 한다. 노트북의 처리 속도는 대부분의 경우 CPU에 영향을 받는 것으로 알려져 있는데, MEGA^{pro}는 인텔코어 i7-4960x를 CPU로 사용하고 있다. 이에 대해 ABC사는 MEGA^{pro}의 처리 속도에 문제가 있는 소비자의 경우 제품교환 및 무상보상기간 연장 등을 실시하겠다고 금일 발표하였다.

브랜드 태도, 구매 의도를 질문했다. 이 그룹과의 비교를 위해 1개의 통제 그룹에는 〈표 9-2〉의 위기 상황과 대처 방식에 대한 지문을 제시하지 않고 브랜드 태도와 구매 의도만 질문했다. 결과는 예상과 같았다. 우선 실험 참가자들이 MEGA^{pro}에 대해 떠올린 연상들의 네트워크는 〈그림 9-8〉과 같았다. 제2장에서 언급한 BCM 방법을 사용해 도출한 그림이다.

MEGA^{pro}의 '처리 속도' 관련 결함에 대한 지문을 읽은 실험 집단의 경우 통제 집단에 비해 해당 브랜드의 처리 속도에 대한 평가가 낮았다. 그래서 브랜드 태도 및 구매 의도 역시 통제 집단에 비해 낮았다. 매우 당연한 결과이다. 그러나 실험 집단의 경우 위기 상황에서 언급하지 않았던 '대용량'에 대한 평가 역시 낮았다. 〈그림 9-8〉과 같이 실험 참가자들이 MEGA^{pro}의 대용량 관련 정보를 처리 속도에 연결해 기억하고 있었기 때문이다. 반면 처리 속도에 연결되어 있지 않은 나머지 속성들에 대한 평가는 차이가 없었

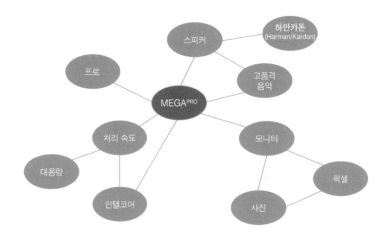

〈그림 9-8〉 MEGA^{pro}에 대한 실험 참가자들의 연상 네트워크

다. 한편 위기 상황에 대한 3가지 대응 방식 중 가장 효과적인 방식은 '보상'이었다.

　이상의 결과는 연상조밀도를 높이는 것이 항상 긍정적인 것은 아니라는 것을 보여준다. 그럼 기업은 어떻게 해야 할까? 우선 MEGA^{pro}의 경우 보상과 함께 후속 광고의 집행을 통해 처리 속도와 대용량의 연결 관계를 약화할 필요가 있다. 해당 제품이 대용량이라는 것을 강조하되 처리 속도를 언급하지 않는 방법이 효과적일 것이다. 또한 위기가 발생했을 때 이와 같은 전략의 신속한 수립이 가능하도록 사전에 해당 브랜드에 대한 소비자의 이미지를 분석해야 한다. 이를 통해 해당 브랜드의 이미지가 어떤 연상들로 구성되어 있는지, 어떤 연상들이 서로 연결되어 있는지 파악해 두어야 한다. 아울러 연상들 간의 연결 관계를 높여 긍정적 효과를 취하되 조밀도가 지나치게 높지 않도록 서로 분리된 연상들 또한 형성해 나가는 것이 바람직할 것이다. 이를 고려할 때 앞에서 언급한 참이슬의 연상조밀도는 매우 적절해 보인다. 깨끗함을 중심으로 한 연상들이 위기 상황을 맞는다 하더라도 '진로', '대중적', '술자리', '참이슬 Fresh'에 연결된 연상들을 통해 위기를 극복할 수 있을 것으로 판단되기 때문이다.

제10장

브랜드 연상을 활용한
효과적 마케팅 커뮤니케이션 전략 수립 방법

마케팅 커뮤니케이션 전략을 수립한다는 것은 '해당 브랜드의 현안을 해결하기 위해 타깃 소비자에게 전달해야 할 핵심 메시지를 결정하고 다양한 마케팅 커뮤니케이션 방법을 통해 이를 효과적으로 전달할 수 있는 표현 방식 및 매체 운용 방식을 결정하는 것'이다. 기업의 궁극적인 목적은 해당 브랜드의 매출을 증가시키는 것이다. 이를 위해 달성해야 할 다양한 목표 중 마케팅 커뮤니케이션 전략은 주로 커뮤니케이션 관련 목표, 즉 인지도, 태도, 선호도 등과 관련된 목표의 달성에 초점을 맞춘다.

켈러(Keller, 1993)에 따르면 이러한 목표들은 브랜드 연상에 관한 문제로 귀결된다. 브랜드 연상의 관점에서 볼 때 인지도, 태도, 선호도란 결국 소비자가 해당 브랜드를 생각할 때 얼마나 많은 연상이 떠오르는지, 그러한 연상 중 얼마나 많은 연상이 긍정적 또는 차별적인지와 관련된 문제이기 때문이다. 따라서 마케팅 커뮤니케이션 전략이란 결국 '타깃 소비자가 해당 브랜드를 생각할 때 어떤 긍정적이거나 차별적 연상이 떠오르도록 할지 결정하고, 소비자가 이러한 연상을 쉽고 빠르게 떠올릴 수 있도록 하기 위해 표현 방식 및 매체 운용 방식을 결정하는 것'이라고 재정의할 수 있다. 마케팅 커뮤니케이션 전략의 수립 및 집행을 통해 소비자가 해당 브랜드를 생각할 때 쉽고 빠르게 떠오르는 긍정적·차별적 연상이 많을수록 해당 브랜드를 구매할 가능성도 커진다는 것은 자명한 일이다.

그렇다면 특정 시점에서 마케팅 커뮤니케이션 전략을 수립할 때 소비자가 해당 브랜드에 대해 구체적으로 어떤 긍정적·차별적 연상을 떠올리도록 해야 하는가? 마케팅 커뮤니케이션 전략은 해당 브랜드의 정체성을 소비자에게 전달하는 역할을 한다. 이를 통해 소비자는 해당 브랜드에 대해 특정 이미지를 갖는다. 그러나 해당 브랜드에 대한 소비자의 이미지는 기업의 마케팅 커뮤니케이션뿐만 아니라 소비자의 개인적 경험 등 다양한 요인이 영향을 미칠 수 있다(Dobni and Zinkhan, 1990). 따라서 대부분의 경우 브랜드 정체성과 브랜드 이미지 간에는 차이가 발생한다. 이를 고려해 필자(지준형, 2016)는 브랜드 정체성과 브랜드 이미지의 비교 분석을 통해 효과적인 마케팅 커뮤니케이션 전략을 수립할 수 있는 방법을 제시했다. 1절에서는 먼저 브랜드 정체성과 브랜드 이미지에 대한 기존 연구를 간략히 정리한 뒤 필자(지준형, 2016)가 제시한 효과적인 마케팅 커뮤니케이션 전략 수립 방법을 소개하고자 한다.

1. 브랜드 정체성에 대한 기존 연구

브랜드 정체성에 대한 정의는 매우 다양하다. 우선 아커(Aaker, 1996)는 브랜드 정체성을 "기업이 창출하거나 유지해야 하는 특정 브랜드만의 독특한 연상 이미지의 집합"이라고 정의했다. 이 정의를 바탕으로 그는 브랜드 정체성을 해당 브랜드의 비전과 목표, 변하지 않는 본질과 가치, 다른 브랜드와의 차별점, 브랜드를 인식할 수 있는 상징 요소(브랜드명, 슬로건, 심벌, 로고, CI, BI 등) 등을 포함하는 개념으로 사용했다. 이와 달리 드 체르나토니(de Chernatony, 1999)는 브랜드 정체성을 "해당 브랜드의 차별성을 드러내는 정신(ethos), 목적 또는 가치"라고 정의했다. 또한 아커와 요아힘스탈러(Aaker and Joachimsthaler, 2000)는 브랜드 정체성을 "해당 기업이 장기간에 걸쳐 무엇을 할 수 있고 무엇을 하고자 하는지 나타내는 것"이라고 정의했다. 이러한 정의들 중 이 책의 취지에 가장 잘 부합하는 정의는 브랜드 정체성을 브랜드 연상의 관점에서 바라본 아커(Aaker, 1996)의 정의이다.

브랜드 정체성에 대한 정의 못지않게 구성요소에 대한 논의 또한 매우 다양하다. 그중 가장 대표적인 것은 캐퍼러(Kapferer, 1992)가 제안한 '브랜드 정체성 프리즘(Brand Identity Prism)'과 아커(Aaker, 1996)가 제안한 '브랜드 정체성 시스템(Brand Identity System)'이다. 우선 캐퍼러(Kapferer, 1992)는 브랜드 정체성이 ① 외형(physique: 해당 기업 또는 제품을 직접적·상징적으로 나타내는 제품 용기, 브랜드명, 로고, 심벌, 창업자 등), ② 개성(personality: 해당 기업이나 제품을 묘사하는 성격적 특징), ③ 관계(relationship: 해당 기업이나 제품이 공중과 형성하고자 하는 관계), ④ 문화(culture: 해당 기업의 조직 문화 또는 해당 제품이 형성하기 원하는 사회문화 현상), ⑤ 반영(reflection: 해당 제품을 사용하는 소비자들의 니즈), ⑥ 자아 이미지(self-image: 해당 제품을 사용하는 소비자들이 추구하는 이미지) 등과 같은 6개의 요소로 구성되어야 한다고 제안했다. 이 중 '외형'과 '개성'은 기업 또는 제품과 관련된 요소인 반면, '반영'과 '자아 이미지'는 소비자와 관련된 요소이다. 기업 또는 제품은 '관계'와 '문화'를 통해 반영(소비자의 니즈)과 자아 이미지를 충족시킨다. 또한 외형, 관계, 반영은 외적으로 드러나는 요소인 반면, 개성, 문화, 자아 이미지는 기업

〈그림 10-1〉 캐퍼러의 브랜드 정체성 프리즘

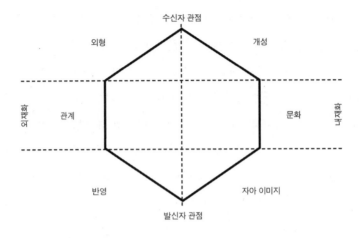

또는 제품의 활동, 소비자의 인식 속에 내재되어 있는 요소이다. 캐퍼러(Kapferer, 1992)가 제안한 브랜드 정체성 프리즘은 브랜드 정체성을 구성하는 6가지 구성요소들의 이러한 관계를 도식화한 것이다(〈그림 10-1〉).

브랜드 정체성만을 별도로 설명한 캐퍼러(Kapferer, 1992)와는 달리 아커(Aaker, 1996)는 브랜드 정체성 시스템을 통해 브랜드 정체성의 구성요소 및 체계를 설명하는 동시에 브랜드 정체성이 전체 마케팅 전략의 수립에서 담당하는 역할을 제시했다(〈그림 10-2〉). 이에 따르면 기업은 ① 제품, ② 조직, ③ 사람, ④ 심벌 등 4개의 관점에서 브랜드 전략을 수립할 수 있다. 그러나 어떤 관점에서 수립된 브랜드 전략이라 할지라도 해당 브랜드가 소비자에게 전달해야 할 '본질(brand essence: 브랜드 정체성 구성요소들 중 가장 핵심적인 것)', '핵심 정체성(core identity: 브랜드 정체성의 본질을 구현하거나 표현하기 위해 필요한 요소들)', '확장 정체성(extended identity: 본질 또는 핵심 정체성과 연결 지어 소구할 수 있는 것들)'을 결정해야 한다. 아커(Aaker, 1996)는 브랜드 정체성에 대한 이러한 결정이 소

〈그림 10-2〉 아커의 브랜드 정체성 시스템

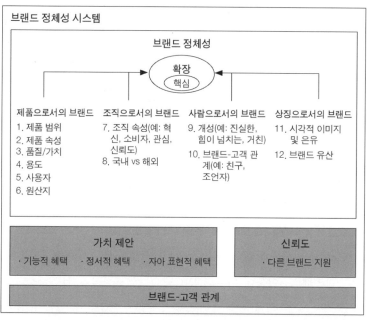

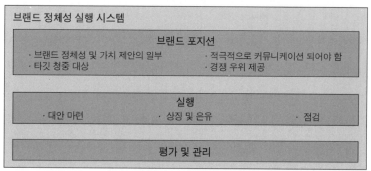

비자 분석, 경쟁사 분석, 제품 분석을 바탕으로 이루어져야 하며, 결정된 브랜드 정체성은 해당 기업 또는 제품의 가치 제안(value proposition), 신뢰도(credibility), 관계 형성(relationship)에 영향을 미친다고 주장했다.

브랜드 정체성이 미치는 영향에 대해서도 다양한 연구 결과가 제시되었다. 그중 하나인 반 더 스티그철 외(van der Stigchel et al., 2009)의 연구는 브랜드 정체성을 소비자에게 인지시키는 것이 왜 중요한지 보여주었다. 이 연구에 따르면 최근 매체가 다양해지고 동시에 다양한 매체를 사용하는 멀티태스킹이 늘어나면서 소비자가 특정 브랜드에 관심을 기울일 가능성 및 관련 정보를 심사숙고해 처리할 가능성이 줄어들었다. 이는 소비자의 브랜드 관련 반응이 정교한 의사결정 과정을 거쳐 이루어지기보다는 무의식적으로 이루어질 가능성이 크다는 것을 의미한다. 이러한 상황에서 소비자의 브랜드 관련 반응이 기업의 의도대로 이루어지기 위해서는 해당 브랜드의 정체성이 소비자에게 잘 인지되어야 한다는 것이다.

이와 관련해 매드하바람 외(Madhavaram, Badrinarayanan and McDonald, 2005)는 IMC(Integrated Marketing Communication), 즉 통합 마케팅 커뮤니케이션의 중요성을 강조했다. 이들에 따르면 IMC는 '브랜드 정체성 접점(brand identity contacts)', 즉 소비자에게 해당 브랜드의 정체성을 전달할 수 있는 요소들(예: 브랜드명, URL, 로고, 심벌, 캐릭터, 슬로건, 제품 용기 등)을 부각시킬 수 있도록 구성되어야 하고, 이렇게 구성된 IMC는 다시 다양한 브랜드 자산 접점(brand equity contacts)을 통해 소비자에게 영향을 미침으로써 해당 브랜드의 자산을 형성한다. 이를 고려할 때 기업은 '브랜드 정체성 접속(brand identity interface)', 즉 기업문화, 의사 결정자의 판단 등과 같이 브랜드 정체성의 결정에 영향을 미칠 수 있는 요소들과 '브랜드 자산 접속(brand equity interface)', 즉 IMC의 통합 정도 및 효과를 철저히 관리해 소비자가 해당 브랜드의 정체성을 경험할

〈그림 10-3〉 브랜드 자산 구축 모델

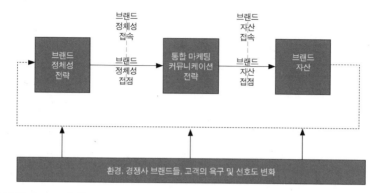

자료: Madhavaram, Badrinarayanan and McDonald(2005).

가능성을 높여야 한다(〈그림 10-3〉).

한편 버먼 외(Burmann, Zeplin and Riley, 2009)는 브랜드 자산을 '내적 자산 (internal assets)'과 '외적 자산(external assets)'으로 세분해 관리해야 한다고 주장 하면서 브랜드 정체성이 각 자산의 관리에 어떤 영향을 미치는지 설명했다. 이에 따르면 브랜드 정체성이 명확할 경우 해당 기업 임직원의 '브랜드 시민 의식(brand citizenship)', 즉 그 브랜드가 내 브랜드라는 의식과 해당 브랜드에 대한 '헌신(commitment)'과 같은 내적 자산이 증가할 뿐만 아니라, 해당 브랜 드에 대한 소비자의 인지도가 상승하고, 해당 브랜드가 제공하는 상징적· 실질적 혜택 및 그 외 브랜드 관련 속성들에 대한 소비자의 연상이 강화되 는 등 외적 자산 또한 증가한다. 이를 고려해 버먼 외(Burmann, Zeplin and Riley, 2009)는 시장에서 '챔피언 브랜드(champion brand)'가 되기 위해서는 내적 자산 과 외적 자산이 모두 축적되어야 한다고 주장했다. 반면 내적 자산은 축적 되어 있지만 외적 자산은 그렇지 못한 브랜드(potentially winning brand)의 경우 아직 소비자가 저평가하기는 하지만 효과적인 전략이 뒷받침된다면 성공할 가능성이 충분하다. 그러나 내적 자산이 축적되어 있지 않은 상태에서 외적 자산만 축적된 브랜드(endangered brand)의 경우 실제에 비해 소비자가 과대평가하는 상태이므로 곧 위기에 처할 가능성이 크며, 내적 자산과 외적 자산이 모두 축적되어 있지 않은 브랜드(loser brand)의 경우 성공 가능성이 없다는 것이다.

한편 브랜드 정체성과 관련해 가장 대표적인 오해는 브랜드 정체성을 한번 결정하면 결코 수정해서는 안 된다고 하는 인식이다. 이와 달리 브랜드 정체성은 일관성과 탄력성이 모두 있다. 브랜드 정체성의 구성요소를 고려하면 이러한 역설적 특징을 쉽게 이해할 수 있다. 예를 들어 아커(Aaker, 1996)가 제안한 브랜드 정체성 시스템에서 브랜드 정체성을 구성하는 본질(brand essence)과 핵심 정체성(core identity)은 일관성 있게 유지해야 한다. 그러나 확장 정체성(extended identity)은 상황에 따라 탄력적으로 바뀔 수 있다.

필립스 외(Phillips, McQuarrie and Griffin, 2014)의 연구 역시 브랜드 정체성의 구성요소들 중 어떤 요소를 일관성 있게 유지하고 어떤 요소를 탄력적으로 변화시킬 수 있는지 보여주었다. 구체적으로 캠벨 수프(Campbell's Soup)에서 인쇄광고를 제작할 때 따뜻한 느낌을 강조하고 용기 전체가 보이는 사진을 넣는 것 등은 같은 정체성을 드러낸다(〈그림 10-4〉의 왼쪽 그림). 한편 필립스 외(Phillips, McQuarrie and Griffin, 2014)는 〈그림 10-4〉의 오른쪽과 같이 광고의 분위기를 현대적으로 바꾸고 제품 사진 역시 용기 일부를 가린 채 삽입한 인쇄광고를 제작한 뒤 광고 전문가 그룹과 소비자 그룹에 각각 보여주었다. 우선 광고 전문가 그룹은 광고의 이러한 차이를 인지하고 실험에 사용된 광고에 부정적인 태도를 보였다. 반면 소비자 그룹은 이러한 변화를 인지하지 못했고 그에 따라 광고 태도 역시 차이가 없었다. 이는 소비자를 대상으로 한 광고의 경우 일부 정체성 요소를 변화시켜도 무방하다는 것을 시

〈그림 10-4〉 캠벨 수프의 실제 인쇄광고(좌측)와 실험용 인쇄광고(우측)

자료: Phillips, McQuarrie and Griffin(2014).

〈그림 10-5〉 SKYY와 Malibu의 실제 인쇄광고(상단)와 실험용 인쇄광고(하단)

자료: Phillips, McQuarrie and Griffin(2014).

사한다. 반면 또 다른 실험에서 광고에 삽입된 두 주류 브랜드(SKYY, Malibu)의 제품 용기 색깔을 바꿔 제시하자 해당 브랜드와 광고에 대한 소비자의 태도가 달라졌다(〈그림 10-5〉). 제품 용기의 경우 광고 관련 구성요소에 비해 브랜드 정체성의 일관성이 더 중요하다는 것을 시사한다.

2. 브랜드 이미지에 대한 기존 연구

브랜드 정체성에 대응하는 개념인 브랜드 이미지가 처음 사용되기 시작한 것은 브랜드 정체성보다 훨씬 오래 전인 1950년대이다. 1950년대는 미국의 광고 역사에서 '크리에이티브 혁명의 시대'로 불리던 시기이다. 이전 시기의 광고는 주로 제품 성능의 사실적 전달에 중점을 두었다. 'USP(Unique Selling Proposition)'는 이러한 분위기를 가장 잘 나타내는 개념이다. 그러나 1950년대에 들어와 같은 제품군 내에 다양한 브랜드가 출시되고 기술력이 전반적으로 향상되면서 브랜드들 간에 성능 차이가 줄어들었다. 따라서 소비자는 특정 브랜드의 구매를 결정할 때 성능만이 아닌 무형의 느낌을 고려한다. 이러한 변화는 광고의 역할에도 변화를 일으켰다. 즉 광고가 브랜드에 대한 소비자의 무형의 느낌을 형성하는 주요 수단으로 인식된 것이다. 현업을 중심으로 광고가 창출하는 이러한 무형의 느낌을 브랜드 이미지라고 부르기 시작했다. 데이비드 오길비(David Ogilvy), 리오 버넷(Leo Burnett), 빌 번백(Bill Bernbach) 등 유명 카피라이터들이 이 개념을 사용한 대표적 인물이다.

한편 브랜드 이미지가 학문적 연구 주제로 대두되기 시작한 것은 1955년에 벌리 가드너(Burleigh Gardner)와 시드니 레비(Sidney Levy)가 ≪하버드 비즈니스 리뷰(Harvard Business Review)≫에 「제품과 브랜드(The Product and the Brand)」라는 논문을 발표하면서부터이다. 이 논문에서 두 사람은 기존 연구들이 제품의 물리적인 부분, 즉 성능에만 집중해 왔다는 것을 비판하면서 이제부터는 제품의 사회적·심리적인 부분, 즉 '이미지'에 관심을 가져야 한다고 주장했다. 이들은 제품의 사회적·심리적인 면을 좀 더 구체적으로 "소비자가 브랜드에 대해 갖고 있는 아이디어, 느낌, 태도 등의 총합"이라고 표현했는데, 이것이 바로 브랜드 이미지에 대한 최초의 학술적 정의이다.

그 후 현업과 학계에서 간간이 논의되던 브랜드 이미지가 본격적으로 주목받기 시작한 것은 1980년대에 들어와 전 세계적으로 기업 간 인수합병이 활발히 이루어지면서부터이다. 인수합병이 진행될 때 논란이 많은 것 중 하나는 대상 기업 또는 제품 브랜드의 금전적 가치(brand value)를 평가하는 일이다. 일반적으로 브랜드 가치는 현재 가치와 미래 가치로 나눈다. 현재 가치란 해당 브랜드가 현재 모기업에 기여하는 정도를 금전적으로 환산한 것이다. 반면 미래 가치란 해당 브랜드가 앞으로 모기업에 얼마나 많은 기여를 할 수 있을지를 역시 금전적으로 환산한 것이다. 브랜드의 현재 가치와 미래 가치 모두에 가장 많은 영향을 미치는 것은 당연히 해당 브랜드의 판매 실적이다. 이를 고려할 때 브랜드의 현재 가치는 상대적으로 파악하기 쉽다. 현재의 판매 실적에 대한 구체적인 데이터가 있기 때문이다. 반면 해당 브랜드가 향후 어느 정도의 판매 실적을 거둘지는 장담할 수 없다. 따라서 미래 가치는 파악하기 어렵다. 그러나 인수합병을 위해서는 해당 브랜드의 현재 가치보다 미래 가치를 파악하는 것이 훨씬 더 중요하다. 따라서 해당 브랜드의 향후 판매 실적에 영향을 미칠 수 있는 다양한 요소를 고려해 미래 가치를 판단하는데 이러한 요소 중 하나가 바로 브랜드 이미지이다. 소비자들이 현재 해당 브랜드에 대해 어떤 이미지를 갖고 있는지에 따라 미래에 그 브랜드의 구입 여부가 달라질 수 있기 때문이다. 이로써 브랜드 이미지는 전 세계적으로 인수·합병이 성행했던 1980년대를 거치면서 브랜드 가치와 밀접한 관련이 있는 개념으로 사용되었다.

한편 이 시기를 거치면서 브랜드 이미지에 관한 다양한 연구가 진행되었다. 이러한 연구들을 통해 브랜드 이미지에 대한 다양한 정의 및 관점 역시 제시되었다. 1990년에 발표된 도브니와 진칸(Dobni and Zinkhan, 1990)의 논문에서는 이러한 연구들을 다음과 같이 5가지 유형으로 분류했다. ① 포괄적 정의(blanket definitions: 브랜드 이미지에 대해 명확한 정의를 내리기보다는 해당 브랜드에 대한 소비자들의 느낌이나 인식을 가리키는 포괄적 개념으로 브랜드 이미지를 사용한 연구들), ② 상징(emphasis on symbolism: 브랜드를 단순히 제품이 아니라 그 제품을 사용하는 소비자가 어떤 사람인지 표현하는 상징으로 규정하고, 브랜드 이미지란 바로 이러한 상징의 구체적인 내용이라고 정의한 연구들), ③ 의미 또는 메시지(emphasis on meanings and messages: ②번과 같이 브랜드를 단순히 제품이 아니라 그 제품을 사용하는 소비자에게 다양한 사회적·심리적 의미를 제공하는 것으로 규정하고, 브랜드 이미지란 바로 소비자가 해당 브랜드에 대해 갖는 이러한 의미들의 총합을 가리키는 것으로 정의한 연구들), ④ 의인화[Emphasis on Personification: 브랜드를 사람과 마찬가지로 개성이 있는 실체로 규정하고 브랜드 이미지를 브랜드 개성(Brand Personality) 과 같은 의미로 사용한 연구들], ⑤ 인지적·심리적 요소(Emphasis on Cognitive and Psychological Elements: ④번까지의 정의들이 소비자가 해당 브랜드에서 받는 감성적 느낌을 중심으로 브랜드 이미지를 정의한 반면, 이러한 감성적 느낌과 브랜드에 대한 이성적 생각, 즉 특정 성능에 대한 평가나 전반적인 만족도 등을 비롯해 모든 것을 포괄하는 광범위한 개념으로 브랜드 이미지를 정의한 연구들)이다.

이와 같이 브랜드 이미지에 대한 다양한 관점 가운데 이 책의 관점에 가장 부합하는 것은 ⑤번, 즉 브랜드 이미지를 해당 브랜드에 대한 소비자의 감성적 느낌과 이성적 생각을 포함하는 광범위한 개념으로 정의한 것이다.

⑤번의 관점에서 브랜드 이미지를 정의한 대표적 논문은 켈러(Keller, 1993)의 「브랜드 지식이 해당 브랜드의 마케팅에 대한 소비자 반응에 미치는 차별적 영향(Differential Effect of Brand Knowledge on Consumer Response to the Marketing of the Brand」이다. 이 논문에서 그는 브랜드 자산을 "브랜드 지식(brand knowledge)"이라 부른다. 브랜드 지식은 다시 '브랜드 인지도(brand awareness)'와 '브랜드 이미지(brand image)'로 구성된다. 여기서 브랜드 이미지란 해당 브랜드를 생각할 때 소비자의 머릿속에 떠오르는 연상들을 가리킨다. 이러한 연상들은 다시 ① 해당 브랜드의 속성(attributes), ② 해당 브랜드가 제공하는 혜택(benefits), ③ 해당 브랜드에 대한 소비자의 태도(attitudes)와 관련된 연상들로 세분된다. 또한 각 연상은 앞에서 언급한 바와 같이 '강도(strength)' 즉 소비자가 해당 브랜드를 생각할 때 얼마나 쉽고 빠르게 떠오르는지, '선호도(favorability)' 즉 긍정적·부정적 또는 중립적인지, '차별성(uniqueness)' 즉 경쟁사 브랜드 대비 얼마나 차별적인지 등에서 차이가 있다. 이를 고려할 때 자산가치가 높은 브랜드란 브랜드 인지도가 높을 뿐만 아니라 브랜드 이미지가 잘 형성되어 있는 브랜드, 다시 말해 소비자가 해당 브랜드를 생각할 때 긍정적인 동시에 차별적인 여러 연상이 쉽고 빠르게 떠오르는 브랜드를 일컫는다.

3. 효과적 마케팅 커뮤니케이션 전략 수립 방법

필자(지준형, 2016)는 브랜드 정체성과 브랜드 이미지의 차이를 고려할 때 마케팅 커뮤니케이션 전략은 다음과 같은 5가지 방향성 중 하나에 초점을 맞춰야 한다고 생각한다. ① 브랜드 정체성에서 의도했으나 브랜드 이미지에 포함되어 있지 않은 연상들을 새롭게 형성한다. ② 브랜드 정체성에서 의도했던 대로 브랜드 이미지에 포함되어 있는 연상들을 지속적으로 유지한다. ③ 브랜드 정체성에서 의도했던 연상들 중 브랜드 이미지에 포함되어 있으나 의도했던 것과는 다른 위치에 포함되어 있는 연상들을 강화 또는 약화한다. ④ 브랜드 정체성에서 의도했던 연상들 중 브랜드 이미지에 포함되어 있으나 의도했던 연상에 연결되어 있지 않은 연상들을 서로 연결시킨다. ⑤ 브랜드 정체성에서 의도하지 않았으나 브랜드 이미지에 포함되어 있는 연상들 중 부정적 연상들을 수정한다. 구체적인 방법은 다음과 같다.

1) 브랜드 정체성의 확인

마케팅 커뮤니케이션 전략을 수립할 때 가장 먼저 해야 할 일은 해당 브랜드의 정체성을 확인하는 것이다. 해당 브랜드가 신규 브랜드라면 추구하고자 하는 정체성을 결정해야 한다. 그러나 기존 브랜드라 할지라도 정체성이 결정되어 있지 않거나 결정되어 있어도 명확하지 않은 경우가 많다. 이 경우 기업은 해당 브랜드의 정체성을 재정립해야 한다.

이러한 작업을 진행할 때 중요한 것은 브랜드 이미지와의 체계적인 비교·분석을 위해 브랜드 정체성을 연상 네트워크 형태로 표현하는 것이다. 예를 들어 앞에서 언급한 아커(Aaker, 1996)의 브랜드 정체성 시스템을 연상 네트워크의 형태로 바꾸면 〈그림 10-6〉과 같은 형태를 띤다. 아커에 따르면 브랜드 본질은 브랜드 정체성 구성요소들 중 가장 핵심적인 것을 가리킨다. 해당 브랜드가 추구하는 비전이나 철학, 충족시키고자 하는 소비자의 궁극적 니즈 등이 이에 해당한다. 기업의 관점에서 보았을 때 이러한 요소들은 소비자가 해당 브랜드를 생각할 때 가장 먼저 떠올려 주기를 기대하는

<그림 10-6> 브랜드 연상 네트워크 형태로 변환한 아커의 브랜드 정체성 시스템

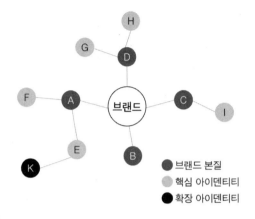

자료: 지준형(2016).

연상들이다. 따라서 브랜드 정체성을 연상 네트워크 형태로 바꿀 경우 브랜드 본질은 1단계 연상에 해당한다. 반면 핵심 정체성은 브랜드 정체성의 본질을 구현하거나 표현하기 위해 필요한 요소들이다. 해당 브랜드의 로고나 심벌, 브랜드 콘셉트, 주요 제품속성 등이 이에 해당한다. 기업의 관점에서 볼 때 이러한 연상들은 소비자가 해당 브랜드의 본질을 먼저 떠올린 후 파생적으로 떠올려 주길 기대하는 연상, 즉 2단계 연상들이다. 마지막으로 확장 정체성은 이와 같은 핵심 정체성과 연결 지어 소구할 수 있는 것들을 말한다. 광고 모델, 카피 또는 비주얼, 그 밖에 소비자가 해당 브랜드를 생각할 때 떠오르는 부수적인 생각이나 느낌 등이 이에 해당한다. 기업의 관점에서 보았을 때 이러한 연상들은 소비자가 해당 브랜드의 본질과 특정 핵심 정체성을 떠올린 후, 파생적으로 떠올려 주길 기대하는 3단계 연상에 해당한다.

그러나 소비자가 해당 브랜드를 생각할 때 실제로 떠오르는 연상들의 순서는 기업의 기대와 매우 다를 수 있다. 예를 들어 소비자의 경우 해당 브랜드의 최근 광고에서 들었던 특정 카피(1단계 연상)를 먼저 떠올리고 이와 관련한 제품속성(2단계 연상)을 떠올린 후, 해당 브랜드를 통해 충족할 수 있는 니즈(3단계 연상)를 유추할 수 있다. 또한 특정 비주얼(1단계 연상)에 대한 기억을 통해 해당 브랜드가 추구하는 비전(2단계 연상)을 유추할 수도 있다. 따라서 기업은 브랜드의 본질, 핵심 정체성, 확장 정체성을 사용해 브랜드 정체성을 구성하되, 연상 네트워크에서 이러한 연상들이 차지하는 위치는 소비자가 해당 브랜드를 생각할 때 실제로 어떤 연상들을 먼저 떠올릴지 고려해 결정해야 한다. 또한 앞에서 언급한 바와 같이 브랜드 정체성의 구성요소 및 각 요소 간의 연결 관계는 상황에 따라 변할 수 있다. 따라서 기업은 지속해서 브랜드 정체성 네트워크의 구조를 조정해야 한다. 이에 대해서는 뒤에서 좀 더 구체적으로 설명했다.

2) 브랜드 이미지의 파악

브랜드 정체성과 마찬가지로 브랜드 이미지 역시 연상 네트워크의 형태로 표현할 수 있다. 구체적인 방법에 대해서는 이미 이 책의 제2장에서 설명했다. 그러나 효과적인 마케팅 커뮤니케이션 전략의 수립을 위해서는 브랜드 정체성과 브랜드 이미지를 체계적으로 비교·분석할 수 있어야 한다. 또한 제2장에서 설명한 방법만으로는 브랜드 정체성과 브랜드 이미지의 차이를 산술적으로 분석할 수 없다. 이 문제를 해결하기 위해 필자(지준형, 2016)는 네트워크 분석에서 오랫동안 사용되어 온 UCINET을 사용해 브랜드 정체성과 브랜드 이미지의 차이를 산술적으로 분석하는 방법을 제시했다. 구체적인 방법은 다음과 같다.

우선 앞에서 언급한 바와 같이 기업은 해당 브랜드의 정체성을 구성하는 연상들을 결정한 뒤 각 연상(단어 또는 어구)을 작은 카드 1개에 1개씩 옮겨 적는다. 이 작업이 완료되면 타깃 소비자 그룹을 결정하고 그중 일정 수의 소비자를 섭외해 연구실로 방문하도록 한다. 각 소비자가 도착하면 사전에 준비한 연상 카드들을 보여주고 해당 브랜드를 생각할 때 떠오르는 연상이 적힌 카드만 뽑도록 한다. 한편 소비자가 해당 브랜드를 생각할 때 실제로 떠오르는 연상 중 기업이 제시한 카드들에 포함되어 있지 않은 것도 있을 수 있다. 이를 고려해 각 소비자에게 아무런 연상도 적혀 있지 않은 카드 4~5개를 추가로 제시하고 소비자 스스로 해당 브랜드에 대한 자신의 연상을 적어 넣도록 한다.

다음으로 해당 브랜드에 대한 각 소비자의 연상들을 네트워크 형태로 나타내기 위해 중앙에 브랜드명이 적혀 있는 종이를 제공하고 소비자 자신이 선택하거나 직접 적어 넣은 연상(카드)들 중 해당 브랜드를 생각할 때 어떤 연상들이 먼저 떠오르고, 그 연상들 때문에 어떤 연상들이 파생적으로 떠오르는지 고려해 연상들을 배치하도록 요청한다. 또한 서로 연결되어 있다고 생각하는 연상들의 경우 펜으로 선을 그어 표시하도록 한다. 마지막 단계는 앞에서와 같이 네트워크 형태로 표현한 각 소비자의 브랜드 이미지를 통합하는 것이다. 이를 위해서는 먼저 각 소비자의 연상 네트워크로부터 가장 대표적인 연상들을 선별해야 한다. 제2장에서 설명한 BCM(John et al., 2006)에 따르면 이러한 연상들은 조사에 참가한 모든 소비자의 연상 네트워크들 중 50% 이상의 연상 네트워크에 포함되어 있어야 한다. 예를 들어 100명의 소비자가 조사에 참여해 100개의 연상 네트워크를 작성했을 경우 50개 이상의 연상 네트워크에 해당 연상이 포함되어 있어야 한다는 것이다.

이와 같은 방법으로 가장 대표적인 연상들을 선별한 뒤에는 각 연상을 다시 네트워크 형태로 배치해야 한다. 이는 곧 해당 연상들 중 어떤 연상이 1 단계, 2단계, 3단계에 해당하는 연상인지, 어떤 연상과 어떤 연상이 서로 연결되는지 결정하는 것을 의미한다. 이를 위한 구체적인 방법은 이 책 제2장을 참고하기 바란다.

3) 브랜드 정체성과 브랜드 이미지의 차이 분석

앞에서와 같은 방법으로 브랜드 정체성과 브랜드 이미지를 연상 네트워크 형태로 표현하면 〈그림 10-7〉과 같이 육안으로도 차이를 파악할 수 있다. 그러나 UCINET을 사용하면 차이의 정도를 산술적으로 측정할 수 있다. 산술적 측정 방법은 다음 장에서 구체적으로 설명했다.

한편 브랜드 정체성과 브랜드 이미지의 차이를 바탕으로 마케팅 커뮤니케이션 전략을 수립하는 방법은 다음과 같다. 첫째, 브랜드 정체성에서 의도했으나 브랜드 이미지에 포함되어 있지 않은 연상들을 파악한다. 〈그림

〈그림 10-7〉 가상의 브랜드 정체성(좌측)과 브랜드 이미지(우측)

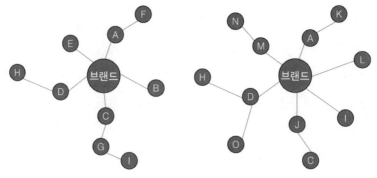

자료: 지준형(2016).

10-7〉의 경우 연상 B, 연상 E, 연상 F, 연상 G가 이에 해당한다. 소비자가 해당 브랜드를 생각할 때 머릿속에 떠오르지 않는 연상들이다. 이는 기업이 이 연상들과 관련된 메시지를 소비자에게 전달하지 않았거나 전달했다 하더라도 주목을 끌지 못해 소비자가 기억하지 못했음을 의미한다.

둘째, 브랜드 정체성에서 의도한 대로 브랜드 이미지에 포함되어 있는 연상들을 파악한다. 연상 D, 연상 H가 이에 해당한다. 연상 D의 경우 브랜드 정체성에서 1단계 연상으로 의도했던 대로 브랜드 이미지에서도 1단계 연상에 포함되어 있다. 이는 소비자가 해당 브랜드를 생각할 때 기업이 의도한 대로 연상 D가 가장 먼저 떠오를 가능성이 크다는 것을 의미한다. 연상 H 또한 브랜드 정체성에서 의도한 대로 연상 D에 연결된 2단계 연상으로 브랜드 이미지에 포함되어 있다. 이는 역시 기업이 의도한 대로 소비자가 해당 브랜드를 생각할 때 연상 D가 떠오르면 연상 H가 파생적으로 떠오른다는 것을 의미한다.

셋째, 브랜드 정체성에서 의도했던 연상들 중 브랜드 이미지에 포함되어 있으나 의도했던 것과는 다른 위치에 포함되어 있는 연상들을 파악한다. 연상 C와 연상 I가 이에 해당한다. 연상 C의 경우 브랜드 정체성에서는 1단계 연상이길 의도했으나 브랜드 이미지에서는 2단계 연상으로 포함되어 있다. 이는 소비자가 해당 브랜드를 생각할 때 가장 먼저 떠오르는 연상들 가운데 하나가 연상 C이길 바라는 기업의 기대와는 달리 실제로는 연상 J가 먼저 떠오른 뒤에야 연상 C가 파생적으로 떠오른다는 것을 의미한다. 반면 연상 I의 경우 브랜드 정체성에서는 3단계 연상이길 의도했으나 브랜드 이미지에서는 1단계 연상에 포함되어 있다. 이는 연상 I가 브랜드 정체성에서 차지하는 비중에 비해 소비자의 머릿속에 지나치게 강하게 기억되어 있음을 의미한다.

넷째, 브랜드 정체성에서 의도했던 연상들 중 브랜드 이미지에 포함되어 있으나 의도했던 연상에 연결되어 있지 않은 연상들을 파악한다. 연상 A가 이에 해당한다. 연상 A의 경우 브랜드 정체성에서 의도했던 바와 같이 1단계 연상으로 브랜드 이미지에 포함되어 있다. 그러나 의도했던 연상 F에 연결되어 있지는 않다. 이는 소비자가 해당 브랜드를 생각할 때 연상 A가 떠오른 후 연상 F가 파생적으로 떠오르길 바라는 기업의 기대와는 달리 소비자는 연상 A가 떠오른 후 생각을 멈추거나 또 다른 1단계 연상인 연상 D, I, J, L, M을 떠올린다는 것을 의미한다.

다섯째, 브랜드 정체성에서 의도하지 않았으나 브랜드 이미지에 포함되어 있는 연상들 중 부정적 연상들을 파악한다. 앞에서 언급한 바와 같이 소비자는 해당 브랜드를 생각할 때 기업이 의도하지 않았던 다양한 연상을 떠올릴 수 있다. 연상 J, K, L, M, N, O가 이에 해당한다. 이 연상 중 긍정적 또는 중립적 연상들은 해당 브랜드에 부정적 영향을 미치지 않는다. 경우에 따라서는 긍정적 연상들 중 일부를 적극적으로 반영해 브랜드 정체성을 재정립할 수도 있다. 반면 부정적 연상들은 해당 브랜드에 부정적 영향을 미칠 가능성이 크다. 이 연상들은 마케팅 커뮤니케이션 전략을 통해 적절한 대응이 필요하다. 이를 위한 구체적인 방법은 이어서 설명하겠다.

4) 마케팅 커뮤니케이션 전략의 방향성 결정

앞에서와 같이 브랜드 정체성과 브랜드 이미지의 차이를 분석하면 이를 바탕으로 마케팅 커뮤니케이션 전략의 방향성을 결정할 수 있다. 결정 가능한 방향성은 ① 형성, ② 유지, ③ 강화·약화, ④ 연결, ⑤ 수정 등 5가지이다. 첫째, 브랜드 정체성에서 의도했으나 브랜드 이미지에 포함되어 있지 않은 연상들의 경우 새롭게 형성해야 한다. 이를 위해 기업은 먼저 지금까지 집행했던 마케팅 커뮤니케이션 메시지를 분석해야 한다. 분석 결과 지금까지 집행했던 마케팅 커뮤니케이션 메시지가 해당 연상들과 관련된 메시지를 포함하지 않았거나 효과적으로 전달하지 못했다고 판단될 경우 이러한 연상들을 효과적으로 형성할 수 있는 메시지를 새롭게 개발해야 한다.

둘째, 브랜드 정체성에서 의도한 대로 브랜드 이미지에 포함되어 있는 연상들의 경우 지속해 유지해야 한다. 이러한 연상들은 소비자의 개인적 경험보다는 기업의 마케팅 커뮤니케이션에 의해 형성되었을 가능성이 크다. 문제는 이러한 마케팅 커뮤니케이션이 지속되지 않을 경우 해당 연상들이 소비자의 기억에서 사라질 가능성이 크다는 것이다. 따라서 이러한 연상들은 마케팅 커뮤니케이션을 통해 꾸준히 환기시켜야 한다. 연상들의 연결 관계 역시 마찬가지이다. 소비자가 현재 기업이 의도한 대로 연결시켜 기억하는 연상들이라 할지라도 기업이 지속해서 두 연상을 연결시켜 커뮤니케이션하지 않는다면 소비자는 머지않아 두 연상을 연결시켜 기억하지 못할 것이다. 브랜드와 광고 모델 간의 연결성이 대표적인 예이다. 소비자가 현재 특정 브랜드를 특정 모델과 연결해 기억하더라도 일정 기간 해당 브랜드의 광고에 그 모델이 등장하지 않는다면 소비자는 더 이상 해당 브랜드와 모델을 연결시켜 기억하지 못할 것이다. 따라서 특정 브랜드와 특정 모델의 연결성이 해당 브랜드의 정체성을 구성하는 중요한 요소라면 그 모델을 해당 브랜드의 광고에 지속해 등장시켜야 한다.

셋째, 브랜드 정체성에서 의도했던 연상 중 브랜드 이미지에 포함되어 있으나 의도했던 것과는 다른 위치에 포함되어 있는 연상들의 경우 강화하거나 약화해야 한다. 앞에서 언급한 바와 같이 어떤 연상들의 경우 소비자가 해당 브랜드를 생각할 때 떠오르기는 하더라도 기업이 의도한 것만큼 쉽고 빠르게 떠오르지는 않을 수 있다. 이러한 연상들의 경우 마케팅 커뮤니케이션의 양을 늘려 소비자가 해당 브랜드를 생각할 때 더 쉽고 빠르게 떠오를 수 있도록 해야 한다. 반면 어떤 연상들의 경우 소비자가 해당 브랜드를 생각할 때 기업이 의도했던 것보다 훨씬 더 쉽고 빠르게 떠오를 수 있다. 예를 들어 특정 브랜드의 신제품이 출시되었는데도 소비자가 여전히 이전 제품을 먼저 떠올린다면 신제품의 판매에 부정적 영향을 미칠 수 있다. 이러한 경우 마케팅 커뮤니케이션을 통해 소비자가 이전 제품이 아닌 신제품에 집중하도록 함으로써 해당 브랜드와 이전 제품 간의 연결 관계를 약화해야 한다.

넷째, 브랜드 정체성에서 의도했던 연상들 중 브랜드 이미지에 포함되어 있으나 의도했던 연상에 연결되어 있지 않은 연상들의 경우 서로 연결시켜야 한다. 소비자가 특정 두 연상을 서로 연결시켜 기억한다는 것은 두 연상 중 어느 한 연상이 떠오를 경우 다른 연상 또한 떠오를 가능성이 크다는 것을 의미한다. 나이키의 심벌 스우시(Swoosh)와 슬로건 "저스트 두 잇(just do it)"이 대표적인 예이다. 스우시와 저스트 두 잇 중 어느 하나가 떠오르면 다른 하나도 떠오를 가능성이 크다는 것이다. 소비자가 이와 같이 특정 두 연상을 연결시켜 기억하면 각 연상을 기억할 가능성이 더욱 높아진다. 이는 어떤 대상에 대한 기억 가능성을 높이기 위해서는 반복 학습이 필요한데(김재휘 외, 2009), 연결시켜 기억한 연상들의 경우 한 연상이 떠오르면 다른 연상도 파생적으로 떠올라 두 연상 모두 반복 학습되는 효과가 있기 때문이다. 그러나 소비자가 특정 브랜드와 관련해 어떤 두 연상을 연결시켜 기억하기는 쉽지 않다. 따라서 기업은 마케팅 커뮤니케이션을 통해 두 연상을 지속해 연결시켜 두 연상의 연결성에 대한 소비자의 기억을 환기시켜야 한다.

다섯째, 브랜드 정체성에서 의도하지 않았으나 브랜드 이미지에 포함되어 있는 연상 중 부정적 연상은 수정해야 한다. 소비자가 해당 브랜드에 대해 특정 부정적 연상을 떠올리는 이유는 매우 다양할 수 있다. 이 중 어떤 이유는 기업이 통제하기 어려운 것일 수도 있다. 그러나 기업의 통제가 어느 정도 가능한 것이라면 해당 연상을 제거하거나 적절히 대처할 필요가 있다. 부정적 연상으로 다른 긍정적 연상들이 약화될 수 있기 때문이다(지준형, 2015). 특히 부정적 연상이 1단계 연상일 경우 미치는 파급효과는 매우 크다. 마케팅 커뮤니케이션은 이러한 파급효과를 미연에 방지하는 적절한 수단일 수 있다.

5) 마케팅 커뮤니케이션 콘셉트의 결정

마케팅 커뮤니케이션 전략의 방향성이 결정되면 기업은 이에 부합하는 콘셉트를 결정해야 한다. 콘셉트를 결정하기 위해서는 당연히 철저한 상황 분석이 이루어져야 한다. 그러나 많은 기업이 상황 분석을 통해 콘셉트를 도출하는 과정에서 큰 어려움을 겪는다. 시장 분석, 제품 분석, 경쟁사 분석, 소비자 분석 등 상황 분석 방법은 매우 다양하지만, 어떻게 하면 각 분석의 결과를 바탕으로 효과적인 마케팅 커뮤니케이션 콘셉트를 도출할 수 있을지에 대해서는 아직 체계화된 방법이 없기 때문이다.

필자(지준형, 2016)는 앞에서와 같이 브랜드 정체성과 브랜드 이미지의 차이를 분석하면 이러한 작업을 매우 손쉽게 진행할 수 있음을 밝혔다. 마케팅 커뮤니케이션 전략의 방향성을 결정하는 동시에 구체적으로 어떤 연상에 초점을 맞춰야 하는지 결정할 수 있고, 마케팅 커뮤니케이션 콘셉트는 결국 이 연상을 소비자에게 효과적으로 소구할 수 있는 단어 또는 어구이기 때문이다. 예를 들어 최근 코카콜라의 브랜드 정체성과 브랜드 이미지를 구성하는 연상들 중 하나가 '해피니스(happiness)'라고 가정할 때, 이번 마케팅 커뮤니케이션 전략을 통해 소비자가 코카콜라를 생각할 때, 이 연상이 더 쉽고 빠르게 떠오르도록 강화하기로 했다면 콘셉트 역시 해피니스에 초점을 맞춰야 할 것이다. 어떤 구체적인 단어 또는 어구를 통해 해피니스를 소구할 것인지, 즉 콘셉트의 구체적인 단어 또는 어구는 기획이 아닌 제작의 영역으로서 이 책의 범위를 벗어나는 주제이다.

물론 이와 같은 방법을 통해 마케팅 커뮤케이션의 콘셉트를 결정한다고 해서 상황 분석이 필요하지 않은 것은 아니다. 크리에이티브 전략, 즉 결정된 콘셉트를 어떤 카피와 비주얼로 표현해야 하는지, 그리고 매체 전략, 즉 제작된 커뮤니케이션 콘텐츠(예: 동영상 광고, 인쇄광고 등)를 어떤 매체를 통해 집행해야 하는지에 대한 해결책도 제시할 수 없다. 그러나 이러한 방법이 없다면 동일한 상황 분석을 한다 하더라도 최종적으로 마케팅 커뮤니케이션 콘셉트를 결정하기까지 훨씬 더 많은 시간과 노력을 허비하게 된다. 이에 따라 다음 단계에서 효과적인 크리에이티브 전략과 매체 전략을 수립하는 데 충분한 시간과 노력을 쏟기 어려워진다.

한편 마케팅 커뮤니케이션 전략을 수립할 때 앞에서 제시한 5개의 방향성 중 반드시 1개의 방향성에 초점을 맞춰야 하는 것은 아니다. 특히 장기간에 걸친 캠페인의 경우 매체 또는 시점을 달리해 여러 방향성을 추구할 수 있다. 예를 들어 코카콜라에 대해 '칼로리가 많아 건강에 해롭다'는 부정적 연상이 형성되어 있다면 〈그림 10-8〉과 같이 TV광고와 인터넷 광고를 이용해 해피니스를 중점적으로 소구하는 동시에 인쇄광고와 이벤트를 이용해 이러한 부정적 연상의 수정을 시도할 수 있다. 또한 같은 시기에 서로 다른 메시지를 소구하는 커뮤니케이션 콘텐츠를 동시에 집행할 경우 소비자에게 혼란을 줄 수 있는 것을 고려해 각 콘텐츠의 집행 시기에 차이를 둘 수

〈그림 10-8〉 코카콜라의 매체별 마케팅 커뮤니케이션 전략의 예

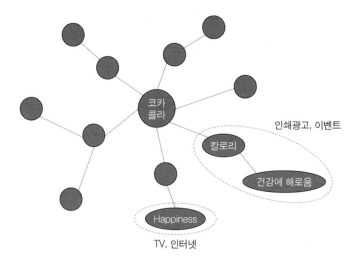

자료: 지준형(2016).

도 있다. 이처럼 필자(지준형, 2016)가 제시하는 방법은 단기뿐만 아니라 중·
장기 마케팅 커뮤니케이션 전략의 수립에 모두 사용될 수 있는 탄력성을 갖
추고 있다.

제11장
효과적 마케팅 커뮤니케이션 전략 수립의 예

제10장에서 제시한 효과적 마케팅 커뮤니케이션 전략 수립 방법은 제품 브랜드뿐만 아니라 다양한 유형의 브랜드에 적용될 수 있다. 이 장에서는 도시와 국가를 대상으로 한 브랜드 전략 관련 연구의 흐름을 간단히 정리한 뒤 필자(지준형, 2014)가 서울시를 대상으로 진행한 파일럿 연구 결과를 소개하고자 한다.

1. 도시와 국가 브랜드 관련 기존 연구

최근 전 세계적으로 지역, 국가, 도시, 마을 등 다양한 장소들 간에 관광객과 기업을 유치하기 위한 경쟁이 치열해지고 있다. 이에 따라 학계 및 관련 업계와 지자체 역시 장소 브랜딩(place branding)에 많은 관심을 기울이고 있다(Pike, 2009). 장소 브랜딩의 정의에 대해서는 아직 일치된 견해가 없다. 그러나 장소 이미지 관리의 중요성에 이의를 제기하는 사람은 많지 않다

(Cornelissen and Thorpe, 2001).

포코크와 허드슨(Pocock and Hudson, 1978)에 따르면 장소 이미지는 ① 지시적(designative) 이미지, 즉 무엇이 어느 장소에 있는지에 관한 기억과 ② 평가적(appraisive) 이미지, 즉 해당 장소의 선호도에 관한 기억으로 구성된다. 이 중 지시적 이미지 관련 연구의 시초는 케빈 린치(Kevin Lynch)가 1960년에 발표한 '도시 이미지(The Image of the City)'이다. 이 연구에서 린치는 직접 개발한 '인지 도식화(Mental Mapping)' 방법을 사용해 미국의 세 도시, 즉 보스턴, 저지 시티, 로스앤젤레스의 이미지를 분석했다. 인지 도식화의 기본 전제는 사물마다 사람이 인지하는 이미지의 강도가 다르다는 것이다. 린치는 이러한 차이를 "'이미지성(imageability)'의 차이"라고 불렀다. 그에 따르면 도시의 경우 길(paths), 주변(edges), 구역(districts), 교차점(nodes), 주요 시설(landmarks) 등이 이미지성의 차이를 야기하는 핵심 요소들이다. 따라서 도시의 이미지를 효과적으로 관리하기 위해서는 이러한 요소들을 체계적으로 계획해야 한다는 것이다.

린치(Lynch, 1960)의 연구로 장소 이미지와 관련된 무수히 많은 후속 연구들이 진행되었다. 그러나 그의 연구가 장소의 시각적·물리적 요소를 지나치게 강조한다는 지적도 많다. 예를 들어 런드리(Landry, 2006)는 장소 이미지란 해당 장소에 대한 시각적 기억뿐만 아니라 후각·청각·미각에 의한 기억, 더 나아가 페스티벌, 이벤트, 그 밖의 체험 등에 대한 다양한 기억을 가리키는 개념이라고 주장했다. 이러한 관점의 차이에도 린치와 런드리 모두 장소 이미지 관리의 필요성을 제기했다. 그러나 장소 이미지 관리의 중요성을 본격적으로 주장한 것은 어리(Urry, 1990)이다. 그에 따르면 특정 장소가 아무리 많은 이미지 요소를 갖추고 있다 하더라도 이러한 이미지가 소비자의 머릿속에 기억되기 위해서는 매체를 통해 가공되고 전달되어야 한다. 어리는 특히 관광지의 경우 이러한 관리가 절대적이라고 주장했다.

장소 이미지에 관한 최근 연구는 장소의 물리적 요소뿐만 아니라 장소에 대한 사람들의 기능적·정서적·상징적 필요 등에 대해 관심을 갖는다(Rainisto, 2003). 따라서 장소 이미지는 해당 장소가 이러한 필요를 얼마나 잘 충족시켜 주는지에 대한 평가를 포함하는 개념으로 사용된다(Kavaratzis, 2005). 앞에서 언급한 '평가적 이미지'란 장소 이미지의 이러한 특징을 가리킨다. 장소의 평가적 이미지를 측정하기 위해서는 구체적인 척도가 필요하다. 이를 위해 우파드야야(Upadhyaya, 2012)는 경치/자연경관, 물가/가격, 날씨, 관습/문화, 친절, 건물/빌딩, 유적지/박물관, 숙박시설, 사회기반시설/교통, 치안, 친근함, 접근성, 관광자원, 안락함, 상업화 정도 등 15개의 측정 항목(5점 척도)을 개발했다. 전 세계적으로 가장 많이 사용되는 Anholt-GMI City Brands Index 역시 존재감(presence), 장소(place), 사람(people), 생동감(pulse), 제반 시설(pre-requisites), 잠재력(potential) 등 6개의 측정 항목을 사용해 20개국의 50개 주요 도시를 평가한다. 앤홀트(Anholt, 2006)는 이러한 측정 항목을 가리켜 "도시 브랜드 육각형(The City Brand Hexagon)"이라고 부른다.

특정 장소의 마케팅 담당자는 앞에서와 같은 측정 항목을 사용해 해당 장소의 다양한 요소를 분석할 수 있다. 문제는 같은 장소라 할지라도 서로 다른 측정 항목을 사용할 경우 평가가 달라질 수 있다는 점이다. 따라서 마케팅 담당자는 해당 장소의 이미지를 관리하기 위해 어떤 측정 항목을 사용해야 하는지 판단해야 하는 어려움을 겪는다. 효과적인 장소 마케팅을 위해서는 다양성보다 일관성이 더 중요하다. 그래야만 해당 장소의 이미지를 체계적으로 관리할 수 있기 때문이다. 이를 고려할 때 측정 항목을 사용한 장소 이미지의 평가는 효과적 마케팅 커뮤니케이션 전략을 수립하기 위한 방법이 되기 어렵다. 필자는 제10장에서 제안한 방법, 즉 브랜드 정체성과 브랜드 이미지의 비교를 통한 전략 수립이 이를 위한 대안이 될 수 있다고 믿는다. 필자(지준형, 2014)는 제10장에서 제안한 방법을 서울시에 적용함으로써 이러한 가능성을 확인했다. 이 연구의 핵심 내용은 다음과 같다.

2. 서울시 이미지의 효과적 관리 방법에 대한 파일럿 연구

1) 개요

서울시는 2013년 10월에 '2030 서울 도시기본계획(이하 서울플랜)'을 발표했다. 2009년부터 서울 시민과 다양한 분야의 전문가들이 참여해 수립한 계획이다. 이 계획에 따르면 2030년까지 서울이 추구하고자 하는 미래상은 '소통과 배려가 있는 행복한 시민도시'이다. 이를 달성하기 위해 ① 차별 없이 더불어 사는 사람 중심 도시, ② 일자리와 활력이 넘치는 글로벌 상생 도시, ③ 역사가 살아 있는 즐거운 문화 도시, ④ 생명이 살아 숨 쉬는 안심 도시, ⑤ 주거가 안정되고 이동이 편한 주민 공동체 도시 등 5개의 핵심 목표를 설정했다.

브랜드의 관점에서 보면 이러한 핵심 목표는 서울시가 추구하는 브랜드 정체성의 구성요소에 해당한다. 한편 이와 같은 서울시의 목표를 달성하기 위해서는 서울 시민들이 서울시에 대해 이러한 이미지를 가져야 한다. 그러나 서울시가 목표의 달성을 위해 설정한 시점은 2030년이다. 따라서 아직까지는 서울시가 추구하는 브랜드 정체성과 서울 시민들의 서울시에 대한 브랜드 이미지 간에 큰 차이가 있을 것으로 예상된다. 이를 확인하기 위해 필자(지준형, 2014)는 서울플랜을 발표한 후 1년이 지난 2014년 10월 108명의 대학생과 일반 시민을 대상으로 서울시의 브랜드 이미지를 조사하고, 제10장에서 제시한 방법을 사용해 서울시의 브랜드 이미지와 브랜드 정체성의 차이가 어느 정도인지 분석했다. 구체적인 연구 방법과 연구 결과는 다음과 같다.

2) 연구 방법과 연구 결과

(1) 서울시의 브랜드 정체성 확인

제10장에서 제시한 방법을 사용하기 위해서는 먼저 서울시의 브랜드 정체성을 연상 네트워크 형태로 표현해야 한다. 이를 위해 필자(지준형, 2014)는 전(前) 서울시 홍보 관계자와 인터뷰를 진행했다. 우선 서울시가 서울플랜에서 제시한 5개의 핵심 목표와 관련해 서울 시민들이 어떤 연상을 떠올리길 기대하는지 논의했다. 이를 통해 도출한 연상은 ① 박원순 시장, ② 응답하는, ③ 소통, ④ 희망, ⑤ 안전함, ⑥ 친숙함, ⑦ 마을, ⑧ 쾌적함, ⑨ 따뜻함, ⑩ 민생복지, ⑪ 재생, ⑫ 함께하는, ⑬ 혁신적인, ⑭ 부패 없는, ⑮ 한양 도성, ⑯ 세련됨, ⑰ 첨단 IT 등 17개였다.

이어서 전 서울시 홍보 관계자에게 연상 네트워크의 일반적인 구조를 설명하고 방금 전 도출한 16개의 연상을 이러한 구조에 맞춰 배치해 줄 것을 요청했다. 이를 통해 도출한 서울시의 브랜드 정체성은 〈그림 11-1〉과 같다. 즉 서울 시민들이 서울시를 생각할 때 박원순 시장, 혁신적인, 친숙함, 따뜻함 등과 같은 연상이 먼저 떠오르고, 다른 연상들이 파생적으로 떠오르길 기대한다는 것이다. 이는 물론 홍보 관계자의 개인적인 기대일 뿐 서울시가 실제로 기대하는 브랜드 정체성은 아닐 수 있다. 앞에서 언급한 바와

〈그림 11-1〉 서울시의 브랜드 정체성

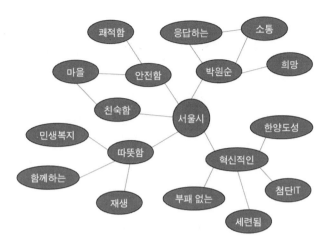

자료: 지준형(2014).

같이 필자(지준형, 2014)의 연구는 파일럿 연구로서 연구 결과의 정확성보다는
제10장에서 제시한 방법의 적용에 초점을 맞추었다.

(2) 서울시의 브랜드 이미지 파악

서울 시민들이 서울시에 대해 갖고 있는 브랜드 이미지를 파악하기 위해
필자(지준형, 2104)는 우선 서울 소재 대학교의 재학생 중 서울시에 최소한 10년
이상 거주한 학생 59명을 섭외했다. 이어서 이들을 개별적으로 연구실로 초
대해 제10장에서 제시한 방법대로 이들이 서울시 하면 떠올리는 연상들과
각 연상의 연결 관계를 파악했다. 서울시의 브랜드 정체성을 구성하는 연상
들 외에 또 다른 연상들이 떠오를 경우 추가로 나누어 준 5개의 빈 카드에
작성하도록 했다. 또한 학생들이 집으로 돌아가 같은 방법으로 부모님의 서
울시에 대한 이미지를 파악한 후 제출하도록 했다. 이를 통해 학부모 49명

<그림 11-2> 3개 지역 거주민의 서울시 이미지

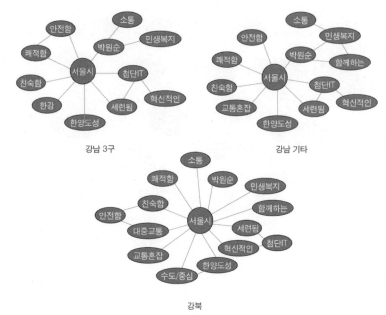

강남 3구

강남 기타

강북

자료: 지준형(2014).

이 서울시에 대해 갖고 있는 브랜드 이미지를 추가로 취합했다.

한편 서울시는 25개의 자치구로 구성되어 있다. 같은 서울시라 할지라도 발전 정도, 주거 환경, 거주민의 특징 등은 자치구마다 다르다. 따라서 서울시의 브랜드 이미지 또한 자치구에 따라 다를 수 있다. 그러나 필자(지준형, 2014)의 연구에서는 샘플 크기의 한계로 참가자들을 25개 자치구로 나누어 분석할 수는 없었다. 서울시에 대한 기존 연구들 역시 자치구 간의 유사성을 고려해 25개 자치구를 강북, 강남 3구, 강남 기타 자치구 등과 같이 3개 지역으로 분류했다(김기호·박상필·한은실 외, 2008). 이에 따라 필자(지준형, 2014) 역시 참가자들을 거주지에 따라 앞의 3개 지역으로 나눈 뒤, 지역

별로 서울시의 브랜드 이미지를 분석했다. 참가자들 중 강북, 강남 3구, 강남 기타 자치구 거주민의 숫자는 각각 N(강북)=50, N(강남 3구)=23 , N(강남 기타)=35였다. 이들이 서울시에 대해 갖고 있는 브랜드 이미지는 〈그림 11-2〉와 같았다.

(3) 서울시의 브랜드 정체성과 브랜드 이미지 차이 분석

앞에서 도출한 서울시의 브랜드 정체성과 브랜드 이미지 간에는 분명한 차이가 있다. 이에 대한 정성적 분석 결과는 다음과 같다. 우선 강남 3구 거주민의 서울시 이미지에는 서울시의 정체성을 구성하는 '마을, 응답하는, 희망, 따뜻함, 재생, 함께하는, 부패 없는' 등의 연상이 포함되어 있지 않았다. 반면 '혁신적인'의 경우 서울시 이미지에 포함되어 있기는 하지만 서울시 정체성에서 1단계 연상으로 의도했던 것과는 달리 2단계 연상에 포함되어 있

〈그림 11-3〉 강남 3구 거주민(N=23)의 서울시 이미지

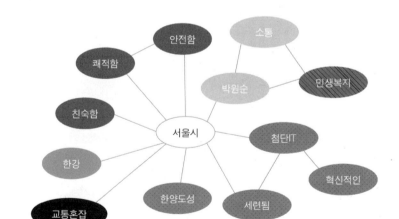

자료: 지준형(2014).

었다. 또한 '한양 도성'의 경우 서울시 정체성에서 '혁신적인'에 연결되길 의도했으나 이러한 연결 관계는 아직 형성되어 있지 않았다. 반면 서울시 정체성에서 의도하지 않았던 '한강', '교통 혼잡' 등의 연상이 서울시 이미지에 포함되어 있었다(〈그림 11-3〉).

강남 기타 자치구 거주민의 서울시 이미지 역시 강남 3구 거주민의 서울시 이미지와 매우 유사했다. 이들 역시 서울시 정체성에서 의도했던 연상들 중 '마을, 응답하는, 희망, 따뜻함, 재생, 부패 없는' 등의 연상은 떠올리지 못했다. '한양 도성' 역시 강남 3구 거주민과 마찬가지로 '혁신적인'에 연결되지 않았다. 한편 '쾌적함'과 '안전함,' '박원순 시장'과 '소통'의 경우 강남 3구 거주민과 달리 서로 연결되지 않았다. 또한 강남 3구 거주민과 마찬가지로 이들 역시 서울시 정체성에서 의도하지 않았던 부정적 연상인 '교통 혼잡'을 떠올렸다(〈그림 11-4〉).

마지막으로 강북 자치구 거주민 역시 서울시 정체성에서 의도했던 '마을,

〈그림 11-4〉 강남 기타 자치구 거주민(N=35)의 서울시 이미지

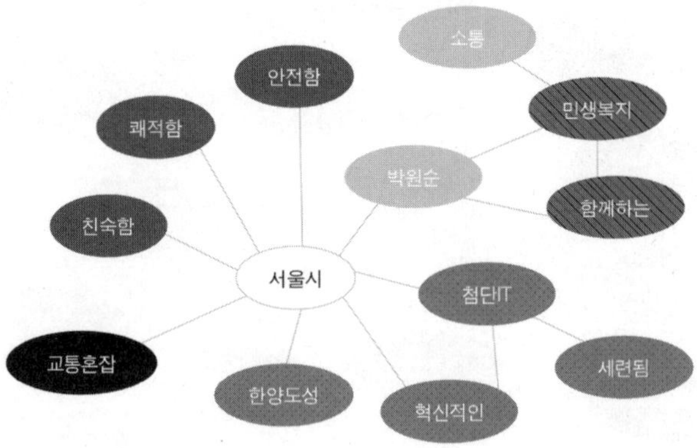

자료: 지준형(2014).

〈그림 11-5〉 강북 거주민(N=50)의 서울시 이미지

쾌적함
소통
박원순
친숙함
안전함
민생복지
대중교통
함께하는
서울시
교통혼잡
세련됨
수도/중심
첨단IT
혁신적인
한양도성

자료: 지준형(2014).

응답하는, 희망, 따뜻함, 재생, 부패 없는' 등의 연상을 떠올리지 못했다. '쾌적함'과 '안전함,' '한양 도성'과 '혁신적인,' '박원순 시장'과 '소통' 간의 연결 관계도 형성되어 있지 않았다. 한편 강남 3구 및 강남 기타 자치구 거주민과 마찬가지로 이들 역시 서울시 정체성에서 의도하지 않았던 연상인 '교통혼잡'을 떠올렸다. 반면 강남 3구 및 강남 기타 자치구 거주민과 달리 '수도/중심'이라는 연상이 서울시 이미지에 포함되어 있었다. '수도/중심'은 서울시 정체성에서 의도하지 않았던 연상이다(〈그림 11-5〉).

이와 같은 분석은 브랜드 정체성과 브랜드 이미지 간의 차이에 대한 정성적 분석이다. 이와 달리 UCINET의 QAP(Quadratic Assignment Procedure) 기능을 사용하면 이러한 차이의 정도를 정량적으로 분석할 수 있다. QAP는 두 네트워크 간의 상관관계(correlation), 즉 두 네트워크를 구성하고 있는 노드들 간의 연결 구조가 얼마나 유사한지 분석하는 방법이다. 이 방법을 사용해 브랜드 정체성과 브랜드 이미지의 차이를 분석하기 위해서는 브랜드 이

〈표 11-1〉 서울시의 정체성 및 이미지 간 상관관계

		브랜드 정체성	브랜드 이미지		
			강남 3구	강남 기타	강북
브랜드 정체성		-	0.305	0.296	0.329
브랜드 이미지	강남 3구	0.305	-	0.805	0.781
	강남 기타	0.296	0.805	-	0.907
	강북	0.329	0.781	0.907	-

주: p(유의확률) < .05
자료: 지준형(2014).

미지를 구성하는 연상들 중에서 브랜드 정체성에 포함되어 있지 않은 연상들을 제거해야 한다. QAP는 같은 연상들로 구성되어 있는 네트워크들만을 비교할 수 있기 때문이다. 따라서 QAP를 사용해 분석한 서울시의 정체성과 이미지 간의 상관관계는 서울시가 의도했던 정체성이 실제로 이미지에 반영된 정도를 의미한다.

UCINET의 QAP 기능을 이용해 분석한 서울시의 정체성과 이미지 간의 산술적 차이는 〈표 11-1〉과 같다. 이에 따르면 서울시의 정체성과 각 지역 거주민의 서울시 이미지 간에는 통계적으로 유의미한 상관관계가 있다. 그러나 상관관계의 정도에 대한 일반적인 판별 기준(0~0.2: 매우 약함, 0.2~0.4: 약함, 0.4~0.6: 중간, 0.6~0.8: 강함, 0.8~1.0: 매우 강함)을 고려하면 서울시의 정체성과 각 지역 거주민이 연상하는 서울시 이미지 간 상관관계는 '약한' 수준이다($r_{정체성-강남 3구}$=0.305/ $r_{정체성-강남 기타}$=0.296/ $r_{정체성-강북}$=0.329). 이와 달리 각 지역 거주민이 연상하는 서울시 이미지 간 상관관계는 강하거나($r_{강남 3구-강북}$=0.781) 매우 강한 수준($r_{강남 3구-강남 기타}$=0.805/ $r_{강남 기타-강북}$=0.907)이었다. 이는 서울시가 서울플랜을 통해 추

구하는 정체성이 아직 서울 시민들의 머릿속에 충분히 자리 잡지 못한 반면, 서울 시민들이 서울시에 대해 갖고 있는 이미지는 거주 지역에 관계없이 매우 유사하다는 것을 의미한다.

(4) 마케팅 커뮤니케이션의 방향성 결정

앞에서 언급한 바와 같이 필자(지준형, 2014)의 연구는 정밀한 가설 검증이 아니라 효과적 마케팅 커뮤니케이션 전략 수립을 위해 제10장에서 제시한 방법의 적용 가능성을 확인하기 위한 파일럿 연구였다. 따라서 앞의 연구 결과가 서울시의 정체성과 이미지에 대한 실제 현상을 반영한다고 볼 수는 없다. 이러한 한계를 전제로 서울시가 향후 추구해야 할 마케팅 커뮤니케이션 전략의 방향성을 제시하면 다음과 같다.

먼저 서울 시민들은 서울시를 생각할 때 '마을, 응답하는, 희망, 따뜻함, 재생, 함께하는, 부패 없는' 등의 연상을 떠올리지 못했다. 이러한 현상은 거주지와 관계없이 유사했다. 따라서 이 연상들을 강조하는 마케팅 커뮤니케이션 전략의 수립 및 집행이 필요하다. 또한 정체성에서 의도했던 몇몇 연상들의 경우 이미지에 포함되어 있기는 하지만 의도했던 연상들에 연결되지 않았다. 이는 서울 시민들이 아직 이러한 연상들을 연결시켜 생각하지 않는다는 것을 의미한다. 따라서 이러한 연상들을 연결시켜 소구하는 마케팅 커뮤니케이션 전략의 수립과 집행이 필요하다. '혁신적인'과 '한양도성', '쾌적함'과 '안전함', '박원순 시장'과 '소통' 등이 이에 해당하는 연상들이다. 특정 인물을 특정 도시의 정체성에 포함시키는 것은 흔히 사용하는 전략이다. 그러나 시장의 경우 재임 여부에 따라 해당 도시의 정체성 구성요소에 지속적으로 포함할지가 달라진다. 박원순 시장도 마찬가지이다. 이는 제10장에서 언급한 브랜드 정체성의 조정 필요성을 보여주는 예이다. 따라서 서울시의 마케팅 커뮤니케이션 전략은 장기적 관점에서 '혁신적인'과 '한양 도성', '쾌적함'과 '안전함'의 연결성에 초점을 맞추는 것이 타당하다.

정체성에서 의도하지 않았던 부정적 연상을 수정하는 것도 서울시의 중요한 과제이다. 필자(지준형, 2014)의 연구 결과에 따르면 서울 시민들이 서울시에 대해 갖고 있는 가장 대표적인 부정적 연상은 '교통 혼잡'이다. 마케팅 커뮤니케이션 전략을 통해 이를 수정하는 것은 쉽지 않을 것이다. 그러나 서울시에 대한 강북 거주민의 이미지를 통해 '교통혼잡'이라는 연상의 해결을 위한 정책 아이디어를 얻을 수 있다. 〈그림 11-5〉에서 보면 강북 자치구 거주민은 서울시에 대해 '대중교통'이라는 연상을 떠올렸다. 더 나아가 이 연상은 서울시의 정체성 구성요소들 중 하나인 '안전함'에 연결되어 있다. 이는 강북 자치구 거주민들의 경우 '서울시의 대중교통은 안전하다'고 생각하고 있다는 것을 의미한다. 그러므로 향후 서울시는 개인 승용차의 사용을 억제하고 대중교통의 사용을 장려하는 동시에 대중교통의 품질을 지속적으로 개선해 나감으로써 '서울시는 교통이 혼잡하다'는 부정적 연상을 약화할 필요가 있다.

마지막으로 정체성에 포함되지 않았던 긍정적 연상을 활용해 정체성을 재정립할 필요가 있다. '한강'과 '수도/중심'이 이러한 연상이 될 수 있다. 이 연상들의 경우 서울시 이미지에 이미 포함되어 있는 연상들을 강화하거나 아직 포함되어 있지 않은 연상들을 포함시키기 위한 매개체로 활용할 수 있기 때문이다. 예를 들어 '한강'을 쾌적하고 안전한 장소로 더욱 부각시켜 서울시의 정체성에서 의도했던 '쾌적함'과 '안전함'이라는 연상을 강화할 수 있을 것이다. '수도/중심'도 마찬가지이다. 강북 자치구 거주민의 경우 이 연상을 '한양 도성'과 연결시키고 있다(〈그림 11-5〉). 그러므로 서울시의 정체성에서 의도했던 것처럼 향후 '한양 도성'을 '혁신적인'과 연결하기 위한 마케팅 커뮤니케이션 전략을 수립할 때, '수도/중심'이라는 연상을 매개체로 활용하면 효과적일 것으로 판단된다.

제12장
나가며: 후속 연구를 위한 제언

　브랜드 연상은 인지심리학을 근간으로 한다. 따라서 지난 100여 년에 걸친 인지심리학 분야의 연구 결과가 두루 활용될 수 있다. 또한 브랜드라는 주제의 특징상 경영학, 마케팅학, 광고학 등 다양한 분야의 연구가 결합될 수 있다. 매우 방대한 주제가 아닐 수 없다. 이 책에서 이러한 연구 결과를 모두 다룰 수는 없다. 아마도 평생에 걸쳐 연구하고 끊임없이 정리해야 할 것이다. 그럼에도 브랜드 연상 관련 연구 결과의 핵심을 다루었다고 자부한다. 또한 이를 바탕으로 향후 브랜드 연상과 관련해 어떤 연구들이 진행되어야 하는지 가늠해 볼 수 있다. 각 장의 주제별로 이를 정리하면 다음과 같다.

　먼저 제2장에서는 브랜드 연상의 도출 방법을 설명했다. 브랜드 연상을 연구하기 위해서는 소비자의 머릿속에 들어 있는 브랜드 연상을 파악해야 한다. 가장 기본적인 연구이다. 그러나 브랜드 연상 관련 연구에서 가장 어려운 연구이기도 하다. 제2장에서는 브랜드 콘셉트 맵, 잘트먼 은유유도 기법, 네트워크 분석 등 3가지 대표적 방법을 소개했다. 그러나 3가지 방법 모두 한계가 있다.

우선 브랜드 콘셉트 맵의 경우 언어적 기억, 즉 해당 브랜드에 대한 언어적 정보 또는 소비자가 언어로 설명할 수 있는 기억만을 대상으로 한다. 그러나 언어적 기억은 소비자의 머릿속에 들어 있는 기억들 중 극히 일부에 지나지 않는다. 해당 브랜드의 사용 또는 경험과 관련된 기억, 무의식적으로 이루어졌던 행동에 대한 기억, 따라서 그러한 기억을 한다는 것조차 의식하지 못하다가 특별한 단서가 주어질 경우에만 깨닫는 기억(implicit memory) 등 다양한 기억이 존재한다(Koll, Wallpach and Kreuzer, 2010). 오후 시간에 배가 출출해지자 며칠 전 햄버거 세트를 사 먹었던 맥도날드 매장의 장면이 떠오르는 경우이다. 이러한 기억들의 경우 시각적으로 떠오르는 경우가 많다. 문제는 소비자에게 특정 브랜드에 대한 연상을 언어로 설명하도록 할 경우 이러한 시각적 기억을 떠올린다 하더라도 장면 하나하나를 설명하지 않거나 충분히 설명하지 못하는 경우가 많다는 것이다. 그러므로 해당 브랜드에 대한 소비자의 태도와 구매에 결정적 영향을 미쳤을지도 모를 중요한(시각적) 연상을 파악하지 못할 수 있다.

잘트먼 은유유도 기법은 이러한 한계를 극복하기 위해 개발된 방법이다. 그러나 사진 또는 그림 등 시각적 보조 수단을 사용할 뿐 소비자의 머릿속에 들어 있는 시각적 연상을 있는 그대로 도출할 수 없다는 한계는 동일하다. 또한 '은유'의 특성상 소비자의 기억에 필요 이상의 의미를 부여하거나 실제와 다른 왜곡된 해석이 이루어질 가능성이 크다. 예를 들어 맥도날드에서 햄버거 세트를 사 먹었던 장면과 함께 당시의 편안하고 즐거웠던 기분이 떠오른 소비자의 경우 이를 설명하기 위해 어린아이가 해맑게 웃고 있는 사진을 제시할 수 있다. 이에 따라 소비자가 의도했던 '편안함'과 '즐거움' 외에도 '부모의 사랑' 등 맥도날드에서의 경험과 직접적으로 연결되지 않는 과도한 해석이 이루어질 수 있다. 이러한 해석으로 광고 메시지를 결정하거나 이를 마케팅 커뮤니케이션 전략에 반영한다면 큰 낭패를 초래할 수도 있다.

마지막으로 네트워크 분석의 경우 개별적 연상보다는 연상들 간의 연결 관계에 초점을 맞추고 있다. 이 책의 제7장(개수), 제8장(중심성), 제9장(조밀도) 에서 다룬 브랜드 연상의 구조적 특징을 분석하기 위해 반드시 필요한 방법 이다. 그러나 연상들 간의 연결 관계를 분석하기 위해서는 개별적 연상의 도출이 선행되어야 한다. 따라서 앞에서 언급한 연상 도출 방법의 개선이 훨씬 더 시급한 문제이다. 또한 네트워크 분석을 통해 특정 브랜드의 연상 네트워크를 파악하면 연상들 간의 연결 관계가 고정되어 있거나 일정 기간 일관되게 유지된다는 인상을 줄 수 있다. 그러나 심리학에 따르면 연상들 간의 연결 관계는 매우 가변적이다. 주어진 상황 또는 단서에 따라 서로 다 른 연상들과 연결될 수 있다는 것이다. 사람의 기억에 대한 '연결주의적 (connectionist)' 관점의 연구들(McClelland, McNaughton and O'Reilly, 1995)이 대표적 이다. 최근 활발하게 진행되는 뇌과학은 기억의 이러한 가변성을 이해하는 데 큰 도움을 줄 것으로 기대된다. 브랜드 전략 분야에서도 이미 뇌파 측정 (EEG: Electroencephalogram), 자기공명영상(fMRI: functional Magnetic Resonance Imaging) 등을 사용한 연구를 진행하고 있다. 브랜드 연상 관련 연구가 나아 가야 할 방향이라고 믿는다.

한편 이 책의 제3장(강도), 제4장(호감도), 제5장(차별성 vs 공통성), 제6장(구체성 vs 추상성)에서는 브랜드 연상의 개별적 특징을 설명했다. 우선 제3장에서는 소비자가 브랜드 연상을 기억하는 방식에 대한 대표적 이론들, 즉 '인간 연 상 기억 이론'과 '변형 네트워크 이론'을 설명했다. 전자에 따르면 브랜드 연 상은 반복 노출의 결과이다. 즉 특정 브랜드와 관련해 같은 연상을 반복해 경험하면 할수록 해당 브랜드와 연상을 연결해 기억할 가능성이 크다. 이와 달리 후자에 따르면 브랜드 연상은 선행 노출의 결과이다. 즉 소비자가 특정 브랜드와 특정 연상을 연결해 기억하기 위해서는 해당 연상을 다른 브랜드가 아닌 해당 브랜드와 먼저 연결해 기억해야 한다.

제3장에서 설명한 바와 같이 두 이론은 상호보완적이다. 다양한 요인에 따라 전자 또는 후자 이론이 작용하기 때문이다. 반오셀라와 재니스체프스키(van Osselaer and Janiszewski, 2001)는 브랜드 관련 정보 처리에 대한 소비자의 동기와 과거 경험의 회상 여부가 이러한 요인이 될 수 있음을 보여주었다. 특히 과거 경험의 회상을 통해 브랜드 연상을 형성할 경우와 그렇지 않을 경우를 가리켜 각각 후방 연상, 전방 연상이라 부른다. 즉 브랜드 연상의 연결 관계에는 방향성이 존재한다는 것이다. 따라서 동일한 연상이라 하더라도 2가지 방식 중 어떤 방식으로 브랜드에 연결되는지에 따라 효과가 매우 달라진다. 이러한 차이의 구체적인 내용에 대해서는 아직 많은 연구가 진행되지 않았다. 권준모와 한상만(2000)의 연구에서 발견된 브랜드에 대한 정서적 반응과 인지적 반응의 차이를 연결시켜 분석한다면 매우 의미 있는 결과가 도출될 수 있을 것으로 기대한다.

아울러 연상 강도의 측정 방법에 대한 지속적인 연구가 필요하다. 제3장에서는 컴퓨터를 사용해 모니터에 특정 연상 단어를 제시한 뒤 소비자가 키보드를 눌러 반응하는 속도를 측정하는 방법을 설명했다. 연상 강도를 측정하는 전통적 방법이다. 이러한 방법은 여전히 유효하다. 그러나 연상의 '재인(recognition)'만을 측정한다는 한계가 있다. 연상 강도에 영향을 미치는 다양한 요인(제품 관여도 및 친숙도, 연상의 구체성 vs 추상성 등)에 대한 연구들 역시 재인에 초점을 맞추고 있다. 한편 기억의 또 다른 방식인 '회상(recall)'은 재인과 전혀 다른 방식으로 작동한다(김재휘 외, 2009). 연상의 회상 강도에 영향을 미치는 요인 역시 매우 다를 수 있다. 따라서 브랜드 연상의 회상 강도 측정 방법의 개발이 시급하다.

다음으로 제4장에서는 연상의 '호감도'를 설명했다. 특히 부정적 연상의 체계적인 관리 필요성을 강조했다. 기업은 대부분 긍정적 연상의 형성에는 관심이 많으나 부정적 연상의 억제나 제거에는 큰 관심이 없다. 그러나 '부정성 효과'를 고려할 때 부정적 연상의 관리는 긍정적 연상의 관리 못지않게 중요하다. 따라서 부정적 연상이 브랜드에 대한 소비자의 반응에 미치는 영향에 관한 심도 있는 연구가 필요하다. 또한 이러한 연구 결과를 현업에 적용함으로써 효과적으로 부정적 연상을 관리하는 방법을 개발할 필요가 있다.

한편 긍정적 연상의 형성 및 관리는 브랜드 전략에서 가장 중요한 부분이다. 긍정적 연상 대부분은 광고, PR, 이벤트 등 기업의 전략에 의해 형성된다. 그러나 제4장에서 설명한 바와 같이 기업이 의도하지 않았는데도 소비자의 개인적 경험으로 형성되는 긍정적 연상도 있다. 이러한 연상의 전략적 활용 방법에 대한 연구는 아직 많지 않다. 특히 기업이 의도한 긍정적 연상과 소비자가 형성한 긍정적 연상 간의 상호작용에 대한 연구가 필요하다. 또한 긍정적 연상의 형성 방식에 대한 3가지 이론, 즉 조건화(classical conditioning), 합리적 판단(expected value theory & expected utility theory), 제한적 합리성(heuristics)이 적용되는 상황과 상호작용 방식에 관한 연구 역시 필요하다.

이와 함께 '긍정 파생성'에 대한 후속 연구도 시급하다. 이 개념은 필자(지준형, 2010)가 처음 제안한 개념으로서 긍정적 연상으로부터 파생되는 연상들의 긍정성과 부정성 정도를 의미한다. 기업이 특정 연상을 형성하고자 할 때 해당 연상뿐만 아니라 그 연상의 영향으로 소비자가 파생적으로 떠올릴 것으로 예상되는 2단계, 3단계 연상들도 고려해야 한다는 것을 강조한다. 기업의 광고 메시지 결정 작업에 중요한 시사점을 제공할 수 있다. 그러나 이에 대한 연구 역시 부족하다. 파생점화에 대한 최근 연구 결과 등을 활용한 후속 연구가 진행되어야 한다.

다음으로 제5장에서 설명한 차별성·공통성은 언급한 바와 같이 매우 복잡한 개념이다. 관련 이론도 범주 이론, 대조 이론, 스키마 이론, 구조적 정렬 이론 등 매우 다양하다. 따라서 각 이론의 연결 관계에 대한 체계적 정리가 필요하다. 가장 최근 이론인 구조적 정렬 이론은 이러한 체계화에 필요한 기본 틀을 제공할 수 있다. '대조 모델'과 '스키마 이론'은 '구조적 정렬 이론'의 핵심 개념인 비정렬적 차이 및 정렬적 차이에 각각 초점을 맞추기 때문이다. '범주 이론' 역시 구조적 정렬 이론의 또 다른 핵심 개념인 공통성에 초점을 맞춘다. 브랜드 전략을 수립할 때 기업은 대부분 공통성보다 차별성에 초점을 맞춘다. 그러나 제5장에서 언급한 바와 같이 공통성은 차별성 못지않게 중요하다. 특히 포지셔닝 전략을 수립할 때 차별성만을 지나치게 강조하면 특정 타깃만을 대상으로 하는 니치 브랜드로 전락할 수 있다. 이와 달리 구조적 정렬 이론의 관점에서 브랜드 전략을 수립하면 차별성과 공통성을 균형감 있게 활용할 수 있다. 차별성 역시 정렬적 또는 비정렬적 차이로 세분해 분석함으로써 더욱 풍부한 전략의 수립이 가능하다. 구조적 정렬 이론을 활용한 브랜드 연상 관련 연구가 활발히 진행되어야 하는 이유이기도 하다.

제6장에서 설명한 구체성·추상성 역시 차별성·공통성 못지않게 복잡한 개념이다. 특히 구체성 및 추상성을 구분하는 2가지 이론, 즉 '이중 부호화 이론'과 '위계적 범주화 이론' 간의 관계에 대해서는 아직 많은 연구가 필요하다. 한편 브랜드 관련 메시지(예: 광고카피)를 구체적 또는 추상적으로 작성하는 것과 이러한 메시지를 접한 소비자가 해당 메시지를 구체적 또는 추상적으로 머릿속에 기억하는 것은 본질적으로 다른 문제이다. 따라서 이러한

정보처리가 어떤 과정을 거쳐 진행되는지, 이렇게 처리된 정보가 추후 해당 브랜드에 대한 소비자의 반응에 어떤 영향을 미치는지에 대한 연구도 필요하다.

앞에서는 브랜드 연상의 개별적 특징과 관련해 추후 진행되어야 할 연구 과제를 설명했다. 한편 이 책의 제7장(개수), 제8장(중심성), 제9장(조밀도)에서는 브랜드 연상의 구조적 특징을 다뤘다. 이러한 구조적 특징 역시 많은 후속 연구가 필요하다. 우선 '개수'와 관련해 해당 브랜드를 생각할 때 소비자의 머릿속에 떠오르는 연상이 많은 것이 좋을지 아니면 적은 것이 좋을지는 기업에 매우 중요한 질문이다. 전자의 경우라면 소비자에게 해당 브랜드와 관련해 다양한 메시지를 전달해야 할 것이고, 후자의 경우라면 특정 메시지만을 집중해서 전달해야 할 것이기 때문이다. 그러나 이에 대한 연구 결과는 혼재되어 있다. 특히 연상의 개수와 관련해 빈번히 사용되는 두 이론 '선풍기 효과'와 '부분목록 단서 효과'에 대한 후속 연구가 필요하다. 두 이론 모두 연상의 개수가 많아지면 떠오르지 않는 연상의 개수도 그만큼 많아지는 이유를 설명한다. 따라서 대부분의 경우 연상의 개수가 소비자의 브랜드 반응에 미치는 부정적 효과에 대한 근거로 사용된다. 그러나 두 이론을 사용해 연상의 개수가 소비자의 브랜드 반응에 미치는 긍정적 효과를 설명할 수도 있다. 이는 다양한 조절 변인이 존재한다는 것을 의미한다. 따라서 후속 연구를 통해 이러한 요인들을 파악할 필요가 있다.

다음으로 제8장에서는 연상의 중심성을 설명했다. 네트워크 분석에서 사용하는 핵심 개념이다. 네트워크 분석은 1930년대에 개발된 방법으로서 역사가 매우 길다. 적용 분야도 매우 다양하다. 제2장에서 언급한 바와 같이 브랜드 연상의 도출 방법 중 하나로도 사용되고 있다. 그러나 네트워크 분석과 관련된 연구 결과, 특히 중심성과 관련된 연구 결과를 브랜드 연상의 분석에 적용한 연구는 매우 드물다. 제8장에서는 3가지 대표적 중심성(정도 중심성, 사이 중심성, 근접 중심성)이 브랜드에 대한 소비자의 반응에 미치는 영향을 설명했다. 대부분 저자의 추론이다. 따라서 후속 연구를 통한 입증이 필요하다.

최근 활발히 사용되고 있는 연관 검색어 분석은 이러한 중심성 관련 연구의 좋은 주제가 될 수 있다. 제8장에서 설명한 바와 같이 소비자는 특정 제품군에 대해 주요 속성들의 인과관계, 각 속성을 통해 달성할 수 있는 목적들 간의 인과관계, 어떤 브랜드가 어떤 속성에 대해 성능이 좋은지에 관한 연상 등이 있다. 허프먼과 휴스턴(Huffman and Houston, 1993)에 따르면 이러한 연상들이 해당 제품군에 속한 특정 브랜드를 대하는 소비자의 반응에 영향을 미친다. 한편 인터넷 검색이 보편화됨에 따라 이러한 연상들만으로 제품 구매를 결정하는 경우는 매우 드물다. 그러나 이와 같은 연상들의 네트워크 구조에서 어떤 연상이 중심적 역할을 하는지에 따라 인터넷 검색의 방식 및 검색 결과의 활용 방식이 달라질 수 있다. 매우 재미있는 후속 연구가 될 것이다.

제9장에서 설명한 '조밀도'는 또 하나의 미개척 분야이다. 제7장에서는 연상 개수의 많고 적음에 대한 판단이 기업에 중요한 결정 사항이었다. 이러한 연상들을 서로 연결해 기억하도록 하는 것이 좋을지, 아니면 서로 분리해 기억하도록 하는 것이 좋을지 역시 이에 못지않게 중요한 문제이다. 대부분의 경우와 마찬가지로 다양한 조절 변인(예: 제품 관여도)이 있을 것으로 예상된다. 이를 밝히기 위한 후속 연구가 시급하다. 특히 연결성의 유형이 조밀도에 미치는 영향에 대한 분석이 필요하다. 제9장에서 언급한 바와 같이 연상들의 연결성은 개념적이거나 상황적일 수 있다. 참이슬의 경우 깨끗함, 초록색, 시원함, 친환경, 투명함 등이 개념적 연결성의 예인 반면, 술자

리, 구토, 속 쓰림 등이 상황적 연결성의 예였다. 대개의 경우 상황적 연결성은 개념적 연결성에 비해 구체적이다. 소비자 스스로의 경험을 바탕으로 형성되기 때문이다. 따라서 연상의 조밀도가 해당 브랜드에 대한 소비자의 반응에 미치는 영향 역시 연결성의 유형에 따라 다를 것으로 예상된다.

한편 연상의 조밀도에 대한 후속 연구는 위기관리 연구에 새로운 방향성을 제시할 수 있다. 위기관리는 브랜드 자산의 장기적 관리를 위해 반드시 필요하다. 관련 연구도 무수히 많다. 그러나 브랜드 연상의 관점에서 위기관리를 다룬 연구는 많지 않다. 무엇보다도 조밀도의 개념을 적용한 연구가 필요하다. 특정 위기 상황에서 어떤 연상이 부정적 영향을 받을 수 있고 이러한 영향을 최소화하기 위해 필요한 최선의 전략이 무엇인지 판단할 수 있기 때문이다. 제9장에서 언급한 필자(지준형, 2015)의 연구는 이러한 연구들 중 하나이다. 더 나아가 산술적으로 조밀도를 측정하는 방식을 적용하면 위기 상황이 해당 브랜드에 미치는 부정적 영향을 정량적으로 제시할 수도 있다. 브랜드 전략의 정교화에 크게 기여할 것으로 예상된다.

마지막으로 제10장에서는 브랜드 연상의 관점에서 브랜드 전략을 수립하는 방법을 설명했다. 브랜드 정체성과 브랜드 이미지를 비교해 5가지 전략의 방향성(형성, 유지, 강화/약화, 연결, 수정)을 고려해야 한다는 것이 핵심이다. 제2장에서 다룬 브랜드 연상 도출 방법이 더욱 개선된다면 브랜드 이미지를 더욱 명확히 파악할 수 있으므로 브랜드 정체성과 브랜드 이미지의 비교 역시 더욱 정확하게 이루어질 수 있다. 또한 제3장에서 다룬 연상 강도 관련 핵심 이론인 '인간 연상 기억 이론'과 '변형 네트워크 이론'을 적용하면 브랜드 전략의 각 방향성에 맞춰 소비자에게 가장 효과적인 메시지 전달 방식(반복 집행 vs 선행 집행)을 결정하는 데 유용하다. 특히 연상들의 '연결' 전략을 결정하는 데 큰 도움이 될 것이다. 제4장에서는 부정적 연상 관리의 필요성을 강조했다. '수정' 전략의 이론적 토대가 될 것이다. 아울러 긍정적 연상의 형성 방식에 대한 3가지 이론, 즉 조건화, 합리적 판단, 제한적 합리성을 활용하면 효과적인 커뮤니케이션 메시지와 표현 방식을 결정하는 데 도움을 줄 것이다. 다만 해당 메시지와 표현 방식으로 형성될 연상뿐만 아니라 이를 통해 파생될 연상들의 긍정성 정도, 즉 '긍정 파생성'을 염두에 두어야 한다. 다음으로 제5장에서는 차별성 못지않게 공통성도 중요함을 강조했다. 지금까지의 브랜드 전략이 경쟁사 대비 차별성을 부각하는 데 치우치지 않았는지 검토하는 계기가 되길 바란다. 구조적 정렬 이론은 이러한 균형 감각을 유지하는 데 매우 유용한 이론이다. 현업에 적용해 보길 적극 권한다. 제6장에서 다룬 구체성·추상성은 학문적으로 좀 더 연구 및 정리가 필요한 개념이다. 따라서 현업에 적극 적용하기는 아직 이르다고 판단된다. 그러나 브랜드 전략을 통해 의도된 구체적 또는 추상적 메시지가 소비자에게 동일한 정도의 구체적 또는 추상적 의미로 받아들여지는지, 혹시라도 간극이 있다면 그러한 간극은 왜 발생하는지, 해당 브랜드에 대한 소비자의 반응에는 어떤 영향을 미치는지 등을 파악하는 것은 브랜드 전략의 효과를 평가하는 데 매우 유용한 작업이 될 것이다.

브랜드 전략의 효과를 높이기 위해서는 앞에서와 같은 개별적 연상에 대한 분석 외에 연상들의 연결 구조에 대한 분석도 필요하다. 우선 '개수'와 관련해 브랜드 정체성을 구성하는 연상들이 지나치게 적거나 많지 않은지 점검이 필요하다. 제7장에서 설명한 선풍기 효과 및 부분목록 단서 효과를 고려할 때 브랜드 연상의 개수가 많아지면 오히려 전략적으로 중요한 연상이 떠오르지 않을 가능성 역시 커지기 때문이다. 한편 제10장에서 언급한 바와 같이 브랜드 이미지, 즉 소비자가 해당 브랜드에 대해 실제로 떠올리는 연상들은 기업이 의도한 브랜드 정체성과 다를 수 있다. 따라서 브랜드 정체성이 적절한 개수의 연상들로 구성되어 있다 하더라도 브랜드 이미지를 구성하는 연상들이 지나치게 적거나 많지 않은지에 대한 분석 역시 필요하다. 어느 쪽도 문제가 될 수 있기 때문이다.

다음으로 제8장에서 설명한 중심성 개념을 적용하면 브랜드 정체성에서 의도한 연상들 중 어떤 연상을 중점적으로 형성, 유지, 강화/약화, 연결, 수정해야 하는지 판단할 수 있다. 당연히 중심성이 높은 연상이다. 그러나 설명한 바와 같이 중심성에는 3가지 대표적 유형(정도 중심성, 사이 중심성, 근접 중심성)이 있다. 따라서 어떤 유형의 중심성이 높은 연상인지에 따라 전략적 판단 역시 달라져야 한다. 우선 브랜드 정체성에서 의도한 연상들 중 정도 중심성이 높은 연상의 경우 브랜드 이미지에 반드시 '형성'되어 있어야 한다. 파생되어야 할 연상들이 많기 때문이다. 이미 형성되어 있다면 '유지'하거나 더욱 '강화'해야 한다. 반면 의도하지 않았던 연상의 정도 중심성이 높을 경우 '약화'해야 한다. 의도하지 않았던 연상들이 파생적으로 떠오를 가능성이 크기 때문이다. 또한 브랜드 정체성에서 의도한 연상들 중 사이 중심성이 높은 연상의 경우 의도했던 연상들에 '연결'하는 작업이 중요하다. 그래야만 소비자가 해당 브랜드를 생각할 때 다양한 관점의 연상들이 떠오를 수 있기 때문이다. 아울러 소비자가 해당 브랜드에 대해 떠올리는 부정적 연상들 중 근접 중심성이 높은 연상이 있을 경우 '수정'해야 한다. 이러한 연상의 경우 다른 연상들을 떠올린다 하더라도 파생되어 떠오를 가능성이 크기 때문이다.

마지막으로 제9장에서 설명한 조밀도는 브랜드 전략 중 커뮤니케이션 메시지를 결정하는 데 매우 유용한 개념이다. 예를 들어 일정 기간에 걸친 광고 캠페인을 진행할 때 단일 메시지만을 전달할지, 아니면 여러 메시지를 전달할지 결정하는 것은 매우 중요한 문제이다. 브랜드 정체성을 구성할 때

미리 적정 수준의 조밀도를 결정해 두면 이러한 결정을 훨씬 더 쉽게 내릴 수 있다. 브랜드 이미지의 현재 조밀도를 분석해 비교하면 조밀도를 더 높여야 할지, 아니면 더 낮춰야 할지 판단할 수 있기 때문이다. 제9장에서 소개한 프렌치와 스미스(French and Smith, 2013)의 방법을 적용하면 정량적 분석도 가능하다.

브랜드 전략은 '유레카'에 의존하면 안 된다. 체계적 분석을 바탕으로 한 논리적 결정이어야 한다. 그래야만 브랜드 자산의 장기적인 축적이 가능하다. 물론 유레카도 필요하다. 그러나 체계적 분석과 논리적 결정의 파급력을 높이는 데 사용되어야 한다. 유레카를 지나치게 강조하면 체계적 분석과 논리적 결정의 중요성이 간과된다. 더 나아가 브랜드 전략이 일관성을 잃고, 또 다른 유레카를 기대하게 된다. 유레카를 매번 얻을 수 있다면 유레카가 아닐 것이다. 이 책에서 제시한 내용들이 브랜드 전략의 체계성과 논리성을 높이는 데 기여할 수 있길 바란다.

참고문헌

제1장 들어가며

김재휘·박은아·손영화·우석봉·유승엽·이병관. 2009. 『광고심리학』. 커뮤니케이션북스.
권준모·한상만. 2000. 「상표연상강도의 측정방법과 그 영향에 관한 연구」. ≪광고학연구≫,
　　　11(4), 187~209쪽.

Aaker, D. A. 1991. *Managing brand equity: Capitalizing on the value of a brand name*.
　　　New York: The Free Press.

Aaker, D. A. and K. L. Keller. 1990. "Consumer evaluations of brand extensions."
　　　Journal of Marketing, 54(1), pp.27~41.

Agres, S. J. and T. M. Dubitsky. 1996. "Changing needs for brands." *Journal of
　　　Advertising Research*, 36(1), pp.21~30.

Alba, J. W. and J. W. Hutchinson. 1987. "Dimensions of consumer expertise." *Journal of
　　　Consumer Research*, 13(4), pp.411~454.

Axelrod, J. 1993. "The definition and measurement of brand equity." Paper presented at
　　　ARF Brand Equity Research Day. New York, October 27.

Bartlett, F. C. 1932. *Remembering: An experimental and social study*. Cambridge, UK:
　　　Cambridge University Press.

Beattie, G. 1983. *Talk: An analysis of speech and non-verbal behavior in conversation*.
　　　Milton Keyes: Open University Press.

Biel, A. L. 1992. "Converging image into equity." in D. A. Aaker and A. L. Biel(eds.).
　　　Brand equity & Advertising: Advertising's role in building strong brands,
　　　pp.67~82. New York: Psychology Press.

Bjork, R. A. 1972. "Theoretical implications of directed forgetting." in A. W. Melton and
　　　E. Martin(eds.). *Coding processes in human memory*, pp.217~235. New York:
　　　Wiley.

Boivin, Y. 1986. "A free response approach to the measurement of brand perceptions." *International Journal of Research in Marketing*, 3(1), pp.11~17.

Brucks, M. 1985. "The effects of product class knowledge on information search behavior." *Journal of Consumer Research*, 12(1), pp.1~16.

Chase, W.G. and H. A. Simon. 1973. Perception in chess. Cognitive Psychology, 4(1), pp.55~81.

Chaudhuri, A. 1999. Does brand loyalth mediate brand equity outcomes? Journal of Marketing Theory and Practice, 7(2), pp.136~146.

Chi, M. T. H., R. Glaser and E. Rees. 1981. "Expertise in problem solving." in Sternberg(ed.). *Advances in the psychology of human intelligence*. Hillsdale, NJ: Lawrence Erlbaum.

Conrad, R. 1964. "Acoustic confusions in immediate memory." *British Journal of Psychology*, 55(1), pp.75~84.

Craik, F. I. M. and E. Tulving. 1975. "Depth of processing and the retention of words in episodic memory." *Journal of Experimental Psychology: General*, 104(3), pp.268~294.

Craik, F. I. M. and R. S. Lockhart, 1972. "Levels of processing: A framework for memory research." *Journal of Verbal Learning and Verbal Behavior*, 11(6), pp.671~684.

Cravens, K. S. and C. Guilding. 1999. "Strategic brand valuation: A cross-functional perspective." *Business Horizons*, July-Aug, 53

Dyson, P., A. Farr, N. S. Hollis. 1996. "Understanding, measuring, and using brand equity." *Journal of Advertising Research*, 36(6), pp.9~21.

Engel, J. F., D. B. Roger and P. W. Miniard. 1993. *Consumer behavior*. Orlando, FL: The Dryden Press.

Faircloth, J. B., L. M. Capella and B. Alford. 2001. "The effect of brand attitude and brand image on brand equity." *Journal of Marketing Theory and Practice*, 9(3), pp.61~75.

Farquhar, P. H. 1990. "Managing brand equity." *Journal of Advertising Research*, 30(August-September), RC7-RC12.

Feldwick, P. 1996. "What is brand equity anyway, and how do you measure it?" *International Journal of Market Research*, 38(2), pp.1~17.

Fiske, S. T. 1982. "Schema-triggered affect: Applications to social perception." in S. C. Margaret and S. T. Fiske(eds.). *Affect and cognition: The 17th annual carnegie symposium on cognition*, pp.55~78. Hillsdale, NJ: Erlbaum.

Gardner, B. B. and S. J. Levy. 1955. "The product and the brand." *Harvard Business Review*, 33(March-April), pp.33~39.

Gentner, D. and A. B. Markman. 1997. "Structure mapping in analogy and similarity." *American Psychologist*, 52(1), pp.45~56.

Godden, D. R. and A. D. Baddeley. 1975. "Context-dependent memory in two natural environments: On land and underwater." *British Journal of Psychology*, 66(3), pp.325~331.

Huffman, C. and M. J. Houston. 1993. "Goal-oriented experiences and the development of knowledge." *Journal of Consumer Research*, 20(2), pp.190~207.

Keller, K. L. 1993. "Conceptualizing, measuring, and managing customer-based brand equity." *Journal of Marketing*, 57(1), pp.1~22.

Krishnan, H. S. 1996. "Characteristics of memory associations: A consumer-based brand equity perspective." *International Journal of Research in Marketing*, 13(4), pp.389~405.

Lassar, W., B. Mittal and A. Sharma. 1995. "Measuring customer-based brand equity." *Journal of Consumer Marketing*, 12(4), pp.11~19.

Lawson, R. 1998. "Consumer Knowledge structures: Networks and frames." *Advances in Consumer Research*, 25, pp.334~340.

Light, L. 1994. "Brand loyalty marketing key to enduring growth." *Advertising Age*, October 3, p.20.

Miller, G. A. 1956. "The magical number seven, plus or minus two: Some limits on our capacity for processing information." *Psychological Review*, 63(2), pp.81~97.

Miller, K. E. and J. L. Ginter. 1979. "An investigation of situational variation in brand choice behavior and attitude." *Journal of Marketing Research*, 16(1), pp.111~123.

Park, C. W. and V. P. Lessig. 1981. "Familiarity and its impact on consumer decision biases and heuristics." *Journal of Consumer Research*, 8(2), pp.223~230.

Park, C. W., D. L.Mothersbaugh and L. Feick. 1994. "Consumer knowledge assessment." *Journal of Consumer Research*, 21(1), pp.71~82.

Rudell, F. 1979. *Consumer food selection and nutrition information.* New York: Praeger.

Saporito, B. 1986. "Has-been brands go back to work." *Fortune*, April 28, pp.123~124.

Simon, C. J. and M. W. Sullivan. 1993. "The measurement and determinants of brand equity: A financial approach." *Marketing Science*, 12(1), pp.28~52.

Smith, S. M. 1979. "Remembering in and out of context." *Journal of Experimental Psychology: Human Learning and Memory*, 5(5), pp.460~471.

Swait, J., T. Erdem, J. Louviere and C. Dubelaar. 1993. "The equalization price: A measure of consumer-perceived brand equity." *International Journal of Research in Marketing*, 10(1), pp.23~45.

Tauber, E. M. 1981. "Brand franchise extension: New product benefits from existing brand names." *Business Horizons*, 24(2), pp.36~41.

Tobin, J. 1969. "A general equilibrium approach to monetary theory." *Journal of Money, Credit and Banking*, 1(1), pp.15~29.

Watkins, M. J. 1975. "Inhibition in recall with extralist 'cues'." *Journal of Verbal Learning & Verbal Behavior*, 14, pp.294~303.

Williams, M. D. and J. D. Hollan. 1981. "The process of retrieval from very long-term memory." *Cognitive Science*, 5(2), pp.87~119.

Yoo, B., N. Donthu and S. Lee. 2000. "An examination of selected marketing mix elements and brand equity." *Journal of the Academy of Marketing Science*, 28(1), pp.195~211.

제2장 브랜드 연상의 도출 방법

지준형. 2010. 「브랜드 연상 네트워크의 도출 방법과 연구 과제에 대한 고찰」. ≪한국광고홍
　　보학보≫, 12(3), 128~151쪽.

Boivin, Y. 1986. "A free response approach to the measurement of brand perceptions."
　　International Journal of Research in Marketing, 3(1), pp.11~17.

Friendly, M. L. 1977. "In search of the M-gram: The structure of organization in free
　　recall." *Cognitive Psychology*, 9, pp.188~249.

Greicius, M. D., B. Krasnow, A. L. Reiss and V. Menon. 2003. "Functional connectivity
　　in the resting brain: A network analysis of the default mode hypothesis."
　　*Proceedings of the National Academy of Sciences of the United States of
　　America*, 100(1), pp.253~258.

Haythornthwaite, C. 1996. "Social network analysis: An approach and technique for the
　　study of information exchange." *Library and Information Science Research*,
　　18(4), pp.323~342.

Henderson, G. R., D. Iacobucci and B. J. Calder. 1998. "Brand diagnostics: Mapping
　　branding effects using consumer associative networks." *European Journal of
　　Operational Research*, 111(2), pp.306~327.

Henderson, G. R., D. Iacobucci and B. J. Calder. 2002. "Using network analysis to
　　understand brands." *Advances in Consumer Research*, 29, pp.397~405.

John, D. R., B. Loken, K. Kim and A. B. Monga. 2006. "Brand concept maps: A
　　methodology for identifying brand association networks." *Journal of Marketing
　　Research*, 43(4), pp.549~563.

Keller, K. L. 1987. "Memory factors in advertising: The effect of advertising retrieval cues
　　on brand evaluations." *Journal of Consumer Research*, 14(3), pp.316~333.

Kelly, E. L. 1955. "Consistency of the adult personality." *American Psychologist*, 10(11),
　　pp.659~681.

Knoke, D. and J. H. Kuklinski. 1982. *Network analysis*. Beverly Hills, CA: Sage

Publications.

Koll, O., S. von Wallpach and M. Kreuzer. 2010. "Multi-method research on consumer-based associations: Comparing free associations, storytelling, and collages." *Psychology & Marketing*, 27(6), pp.584~602.

Luce, R. D. and A. D. Perry. 1949. "A method of matrix analysis of group structure." *Psychometrika*, 14(2), pp.95~116.

Mahutga, M. C. 2006. "The persistence of structural inequality? A network analysis of international trade, 1965-2000." *Social Forces*, 84(4), pp.1863~1889.

Nelson, D. L., D. J. Bennett, N. R. Gee, T. A. Schreiber and V. M. McKinney. 1993. "Implicit memory: Effects of network size and interconnectivity on cued recall." *Journal of Experimental Psychology: Learning, Memory, and Cognition*, 19(4), pp.747~764.

Scott, J. W. 1991. "The evidence of experience." *Critical Inquiry*, 17(4), pp.773~797.

Ward, J. C. and P. H. Reingen. 1990. "Sociocognitive analysis of group decision making among consumers." *Journal of Consumer Research*, 17(3), pp.245~262.

Zaltman, G. and R. H. Coulter. 1995. "Seeing the voice of the customer: Metaphor-based advertising research." *Journal of Advertising Research*, 35(4), pp.35~51.

Zenker, S., F. Eggers and M. Farsky. 2013. "Putting a price tag on cities: Insights into the competitive environment of places." *Cities*, 30, pp.133~139.

제3장 브랜드 연상의 개별적 특징 1: 강도

권준모·한상만. 2000. 「상표연상강도의 측정방법과 그 영향에 관한 연구」. ≪광고학연구≫, 11(4), 187~209쪽.

Alba, J. W. and L. Hasher. 1983. "Is memory schematic?" *Psychological Bulletin*, 93(2), pp.203~231.

Alba, J. W., J. W. Hutchinson, J. G. Lynch. 1991. "Memory and decision making." in T.

S. Robertson and H. H. Kassasrjian(eds.). *Handbook of consumer Behavior*, pp.1~49. Englewood Cliffs, NJ: Prentice Hall.

Anderson, J. R. and G. H. Bower. 1972. *Human associative memory*. New York: Psychology Press.

Baker, C. I., C. R. Olson, M. Behmann. 2004. "Role of attention and perceptual grouping in visual statistical learning." *Psychological Science*, 15, pp.460~466.

Burnkrant, R. E. and H. R. Unnava. 1995. "Effects of self-referencing on persuasion." *Journal of Consumer Research*, 22(1), pp.17~26.

Collins, A. M. and E. F. Loftus. 1975. "A spreading-activation theory of semantic processing." *Psychological Bulletin*, 82(6), pp.407~428.

Crocker, J. 1981. "Judgment of covariation by social perceivers." *Psychological Bulletin*, 92(2), pp.272~292.

Cunha, M. Jr., M. R. Forehand and J. W. Angle. 2015. "Riding coattails: When co-branding helps versus hurts less-known brands." *Journal of Consumer Research*, 41(5), pp.1284~1300.

Fazio, R. H., H. Sanbonmatsu, D. M. Powell, C. Martha, F. R. Kardes. 1986. "On the automatic activation of attitudes." *Journal of Personality and Social Psychology*, 50(2), pp.229~238.

Feldman, J. M. and J. Lynch. 1987. "Self-generated validity and other effects of measurement on belief, attitude, intention, and behavior." *Journal of Applied Psychology*, 73(3), pp.421~435.

Graf, P., G. Mandler, P. E. Haden. 1982. "Simulating amnesic symptoms in normals." *Science*, 218, pp.1243~1244.

Herr, P. M., F.R. Kardes and J. Kim. 1991. "Effects of word-of-mouth and product-attribute information on persuasion: An accessibility-diagnosticity perspective." *Journal of Consumer Research*, 17(4), pp.454~462.

Hutchinson, J. W. and M. Zenor. 1986. "Product familiarity and the strength of brand-attribute associations: A signal detection theory approach." *Advances in Consumer Research*, 13, pp.550~553.

Jacoby, L. L. and M. Dallas. 1981. "On the relationship between autobiographical memory and perceptual learning." *Journal of Experimental Psychology: General*, pp.306~340.

Johnson, M. G. 1970. "A cognitive-feature model of compound free associations." *Psychological Review*, 77(4), pp.282~293.

Keller, K. L. 1998. *Strategic brand management: Building, managing and measuring brand equity.* Upper Saddle River, NJ: Prentice Hall.

Lei, J., N. Dawar and J. Lemmink. 2008. "Negative spillover in brand portfolios: Exploring the antecedents of asymmetric effects." *Journal of Marketing*, 72(3), pp.111~123.

MacInnis, D. J., C. Moorman and B. J. Jaworski. 1991. "Enhancing and measuring consumers' motivation, opportunity, and ability to process brand information from ads." *Journal of Marketing*, 55(4), pp.32~53.

Meyer, D. E. and R. W. Schvaneveldt. 1971. "Facilitation in recognizing pairs of words: Evidence of a dependence between retrieval operations." *Journal of Experimental Psychology*, 90(2), pp.227~234.

Perdue, C. W., J. F. Dovidio, M. B. Gutman and R. B. Tyler. 1990. "Us and them: Social categorization and the process of intergroup bias." *Journal of Personality and Social Psychology*, 59(3), pp.475~486.

Rao, A. R. and R. W. Ruekert. 1994. "Brand alliances as signals of product quality." *Sloan Management Review*, 36(Fall), pp.87~97.

Rescorla, R. A. and A. R. Wagner. 1972. "A theory of Pavlovian conditioning: Variations in the effectiveness of reinforcement and nonreinforcement." in A. H. Black and W. F. Prokasy(eds.). *Classical conditioning II: Current research and theory*, pp.64~99. New York: Appleton Century Crofts.

Smith, R. E. and W. R. Swinyard. 1983. "Attitude-behavior consistency: The impact of product trial versus advertising." *Journal of Marketing Research*, 20(3), pp.257~267.

Tulving, E. and Z. Pearlstone. 1966. "Availability versus accessibility of information in memory for words." *Journal of Verbal Learning and Verbal Behavior*, 5(4), pp.381~391.

van Osselaer, S. M. J. and C. Janiszewski. 2001. "Two ways of learning brand associations." *Journal of Consumer Research*, 28(2), pp.202~223.

제4장 브랜드 연상의 개별적 특징 2: 호감도

안광호·이학식·하영원. 2006. 『소비자행동』. 법문사.

지준형. 2010. 「브랜드 연상 네트워크의 도출 방법과 연구 과제에 대한 고찰」. ≪한국광고홍보학보≫, 12(3), 128~151쪽.

_____. 2015. 「제품결함에 대한 기업의 위기관리 방식이 소비자의 브랜드 태도 및 구매 의도에 미치는 영향: 브랜드 연상 네트워크를 중심으로」. ≪한국광고홍보학보≫, 17(1), 273~307쪽.

Ahluwalia, R. 2002. "How prevalent is the negativity effect in consumer environments?" *Journal of Consumer Research*, 29(2), pp.270~279.

Alba, J. W. and J. W. Hutchinson. 1987. "Dimensions of consumer expertise." *Journal of Consumer Research*, 13(4), pp.411~454.

Allen, C. T. and C. A. Janiszewski. 1989. "Assessing the role of contingency awareness in attitudinal conditioning with implications for advertising research." *Journal of Marketing Research*, 26(1), pp.30~43.

Barich, H. and P. Kotler. 1991. "A framework for marketing image management." *Sloan Management Review*, 32(2), pp.94~104.

Bettman, J. R., E. J. Johnson and J. W. Payne. 1991. "Consumer decision making." in T. S. Robertson and H. H. Kassarjian(eds.). *Handbook of consumer behavior*, pp.50~84. Englewood Cliffs, NJ: Prentice Hall.

Bierley, C., F. K. McSweeney and R. Vannieuwker. 1985. "Classical conditioning of preferences for stimuli." *Journal of Consumer Research*, 12(3), pp.316~323.

Brendl, C. M., A. Chattopadhyay, B. W. Pelham and M. Carvallo. 2005. "Name letter branding: Valence transfers when product specific needs are active." *Journal of Consumer Research*, 32(3), pp.405~415.

Coombs, W. T. 2004. "Impact of past crises on current crisis communication: Insights from situational crisis communication theory." *International Journal of Business Communication*, 41(3), pp.265~289.

Dacin, P. A. and D. C. Smith. 1994. "The effect of brand portfolio characteristics on consumer evaluations of brand extensions." *Journal of Marketing Research*, 31(2), pp.229~242.

Dearborn, D. C. and H. A. Simon. 1958. "Selective perception: A note on the departmental identifications of executives." *Sociometry*, 21(2), pp.140~144.

Gorn, G. J. 1982. "The effects of music in advertising on choice behavior: A classical conditioning approach." *Journal of Marketing*, 46(1), pp.94~101.

Greenwald, A. G., M. R. Banaji, L. A. Rudman, S. D. Farnham, B. A. Nosek and D. S. Mellott. 2002. "A unified theory of implicit attitudes, stereotypes, self-esteem, and self-concept." *Psychological Review*, 109(1), pp.3~25.

Heider, F. 1946. "Attitudes and cognitive organization." *The Journal of Psychology*, 21, pp.107~112.

John, D. R., B. Loken, K. Kim and A. B. Monga. 2006. "Brand concept maps: A methodology for identifying brand association networks." *Journal of Marketing Research*, 43(4), pp.549~563.

Jones, J. T., B. W. Pelham, M. Carvallo, M. Mauricio and C. Matthew. 2004. "How do I love thee? Let me count the Js: Implicit egotism and interpersonal attraction." *Journal of Personality and Social Psychology*, 87(5), pp.665~683.

Kahneman, D. and A. Tversky. 1974. "Judgment under uncertainty: Heuristics and biases." *Science*, 185(4157), pp.1124~1131.

_____. 1979. "On the interpretation of intuitive probability: A reply to Jonathan Cohen." *Cognition*, 7(4), pp.409~411.

_____. 1984. "Choice, values, and frames." *American Psychologist*, 39, pp.341~350.

Kardes, F. R. 1986. "Effects of initial product judgments on subsequent memory-based judgments." *Journal of Consumer Research*, 13(1), pp.1~11.

Keller, K. L. 2001. "Building customer-based brand equity: A blueprint for creating strong brands." *Marketing Management*, 10(3), pp.15~19.

_____. 2003. "Brand synthesis: The multidimensionality of brand knowledge." *Journal of Consumer Research*, 29(4), pp.595~600.

Koll, O. and S. von Wallpach. 2014. "Intended brand associations: Do they really drive consumer response?" *Journal of Business Research*, 67(7), pp.1501~1507.

Krishnan, H. S. 1996. "Characteristics of memory associations: A consumer-based brand equity perspective." *International Journal of Research in Marketing*, 13(4), pp.389~405.

McQueen, J., C. Foley and J. Deighton. 1993. "Decomposing a brand's consumer franchise into buyer types." in D. Aaker and A. Biel(eds.). *Brand equity and advertising: Advertising's role in building strong brands*, pp.235~246. Hillsdale, NJ: Lawrence Erlbaum Associates.

McSweeney, F. K. and C. Bierley. 1984. "Recent developments in classical conditioning." *Journal of Consumer Research*, 11(2), pp.619~631.

Medin, H., K. Nyborg and I. Bateman. 2001. "The assumption of equal marginal utility of income: How much does it matter?" *Ecological Economics*, 36(3), pp.397~411.

Nuttin, J. M. 1985. "Narcissism beyond Gestalt and awareness: The name letter effect." *European Journal of Social Psychology*, 15(3), pp.353~361.

Pavlov, I. P. 1927. *Conditioned reflexes*. London: Oxford University Press.

Punj, G. N. and C. L. Hillyer. 2004. "A cognitive model of customer-based brand equity for frequently purchased products: Conceptual framework and empirical results." *Journal of Consumer Psychology*, 14(1-2), pp.124~131.

Rescorla, R. A. and A. R. Wagner. 1972. "A theory of Pavlovian conditioning: Variations in the effectiveness of reinforcement and nonreinforcement." in A. H. Black and W. F. Prokasy(eds.). *Classical conditioning II: Current research and theory*, pp.64~99. New York: Appleton Century Crofts.

Schnittka, O., H. Sattler and S. Zenker. 2012. "Advanced brand concept maps: A new approach for evaluating the favorability of brand association networks." *International Journal of Research in Marketing*, 29(3), pp.265~274.

Simon, H. A. 1955. "A behavioral model of rational choice." *The Quarterly Journal of Economics*, 69(1), pp.99~118.

Spears, N., T. J. Brown and P. A. Dacin. 2006. "Assessing the corporate brand: The unique corporate association valence (UCAV) approach." *Journal of Brand Management*, 14(1-2), pp.5~19.

von Neumann, J. and O. Morgenstein. 1944. *Theory of games and economic behavior*. Princeton, NJ: Princeton Univeristy Press.

Weigelt, K. and C. Camerer. 1988. "Reputation and corporate strategy: A review of recent theory and applications." *Starategic Management Journal*, 9(5), pp.443~454.

Zajonc, R. B. 1968. "Attitudinal effects of mere exposure." *Journal of Personality and Social Psychology*, 9(2), pp.1~27.

Kahneman, D. and A. Tversky. 1979. "Prospect theory: An analysis of decision under risk." *Econometrica*, 47(2), pp.263~291.

제5장 브랜드 연상의 개별적 특징 3: 차별성 vs 공통성

Aaker, D. A. 1991. *Managing brand equity: Capitalizing on the value of a brand name*. New York: The Free Press.

Aaker, D. A. and G. Shansby. 1982. "Positioning your product." *Business Horizons*, 25(3), pp.56~62.

Alpert, H. B., L. D. Goldman, C. M. Kilroy and A. W. Pike. 1992. "Gryzmish toward an understanding of collaboration." *Nursing Clinics of North America*, 27(1), pp.47~59.

Barsalou, L. W. 1990. "On the indistinguishability of exemplar memory and abstraction in category representation." in T. K. Srull and R.S. Jr. Wyer(eds.). *Advances in social cognition*, Vol. 2, pp.61~88. Hillsdale, NJ: Lawrence Erlbaum.

Barwise, P. and S. Meehan. 2004. "Don't be unique, be better." *MIT Sloan Management Review*, 45(4), pp.23~26.

Bettman, J. R. 1979. "Memory factors in consumer choice: A review." *Journal of Marketing*, 43(2), pp.37~53.

Broniarczyk, S. M. and J. W. Alba. 1994. "The importance of the brand in brand extension." *Journal of Marketing Research*, 31(2), pp.214~228.

Bruner, J. S., J. S.Goodnow and G. A. Austin. 1956. *A study of thinking*. New York: Wiley.

Celsi, R. L. and J. C. Olson. 1988. "The role of involvement in attention and comprehension processes." *Journal of Consumer Research*, 15(2), pp.210~224.

Cohen, J. P. 1982. "Convergence rates for the ultimate and pentultimate approximations in extreme-value theory." *Advances in Applied Probability*, 14(4), pp.833~854.

Coombs, C. H. and G. S. Avrunin. 1977. "Single-peaked functions and the theory of preference." *Psychological Review*, 84(2), pp.216~230.

Craik, F. I. M. and R. S. Lockhart. 1972. "Levels of processing: A framework for memory research." *Journal of Verbal Learning and Verbal Behavior*, 11(6), pp.671-684.

Davidson, H. J. 1976. "Why most new consumer brands fail." *Harvard Business Review*, 54(2), pp.117~122.

Fiske, S. T. and M. A. Pavelchak. 1984. "Category-based versus piecemeal-based affective responses: Developments in schema-triggered affect." in R. M. Sorrentino and E. T. Higgins(eds.). *The handbook of motivation and cognition: Foundations of social behavior*. New York: Guilford Press.

Hawkins, S. A. and S. J. Hoch. 1992. "Low-involvement learning: Memory without evaluation." *Journal of Consumer Research*, 19(2), pp.212~225.

Houston, D. A. and S. J. Sherman. 1995. "Cancellation and focus: The role of shared and unique features in the choice process." *Journal of Experimental Social*

Psychology, 31(4), pp.357~378.

Keller, K. L. 1993. "Conceptualizing, measuring, and managing customer-based brand equity." *Journal of Marketing*, 57(1), pp.1~22.

Keller, K. L., B. Sternthal and A. Tybout. 2002. "Three questions you need to ask about your brand." *Harvard Business Review*, 80(9), pp.80~89.

Krishnan, H. S. 1996. "Characteristics of memory associations: A consumer-based brand equity perspective." *International Journal of Research in Marketing*, 13(4), pp.389~405.

Malkoc, S. A., G. Zauberman and C. Ulu. 2005. "Consuming now or later? The interative effect of timing and attribute alignability." *Psychological Science*, 16(5), pp.411~417.

Mandler, G. 1982. "The structure of value: Accounting for taste." in M. S. Clark and S. T.Fiske(eds.). *Affect and cognition: The 17th annual Carnegie symposium*, pp.3~36. Hillsdale, NJ: Erlbaum.

Markman, A. B. and D. Gentner. 2000. "Structure mapping in the comparison process." *American Journal of Psychology*, 113, pp.501~538.

Markman, A. B. and D. Medin. 1995. "Similarity and alignment in choice." *Organizational Behavior and Human Decision Processes*, 63(2), pp.117~130.

Meyers-Levy, J. 1991. "Elaborating on elaboration: The distinction between relational and item-specific elaboration." *Journal of Consumer Research*, 18(3), pp. 358~367.

Meyers-Levy, J. and A. M. Tybout. 1989. "Schema congruity as a bias for product evaluation." *Journal of Consumer Research*, 16(1), pp.39~54.

Nowlis, S. M. and I. Simonson. 1996. "The effect of new product features on brand choice." *Journal of Marketing Research*, 33(1), pp.36~46.

Pechmann, C. and S. Ratneshwar. 1991. "The use of comparative advertising for brand positioning: Association versus differentiation." *Journal of Consumer Research*, 18(2), pp.145~160.

Porter, M. E. 1976. "Interbrand choice, media mix and market performance." *The*

American Economic Review, 66(2), pp.398~406.

Punj, G. and J. Moon. 2002. "Positioning options for achieving brand association: A psychological categorization framework." *Journal of Business Research*, 55(4), pp.275~283.

Romaniuk, J. and E. Gaillard. 2007. "The relationship between unique brand associations, brand usage and brand performance: Analysis across eight categories." *Journal of Marketing Management*, 23(3-4), pp.267~284.

Rosch, E. 1978. "Principles of categorization." in E. Rosch and B. Lloyd(eds.). *Cognition and categorization*. Hillsdale, NJ: Erlbaum.

Rosch, E. and C. B. Mervis. 1975. "Family resemblances: Studies in the internal structure of categories." *Cognitive Psychology*, 7(4), pp.573~605.

Sujan, M. and J. R. Bettman. 1989. "The effects of brand positioning strategies on consumers' brand and category perceptions: Some insights from schema research." *Journal of Marketing Research*, 26(4), pp.454~467.

Torgerson, W. S. 1958. *Theory and methods of scaling*. Oxford, England: Wiley.

Trout, J. and A. Ries. 1980. *Positioning: The battle for your mind*. New York: McGraw-Hill.

Tversky, A. 1972. "Elimination by aspects: A theory of choice." *Psychological Review*, 79(4), pp.281~299.

_____. 1977. "Features of similarity." *Psychological Review*, 84(4), pp.327~352.

Zhang, S. and A. B. Markman. 1998. "Overcoming the early entrant advantage: The role of alignable and nonalignable differences." *Journal of Marketing Research*, 35(4), pp.413~426.

_____. 2001. "Processing product unique features: Alignability and involvement in preference construction." *Journal of Consumer Psychology*, 11(1), pp.13~27.

Zhang, S., F. R. Kardes and M. L. Cronley. 2002. "Comparative advertising: Effects of structural alignability on target brand evaluations." *Journal of Consumer Psychology*, 12(4), pp.303~311.

제6장 브랜드 연상의 개별적 특징 4: 구체성 vs 추상성

지준형. 2013. 「TV광고 구성장면의 회상도 및 제품관련 메시지 포함 정도가 제품태도에 미치는 영향에 대한 연구: 즉각적 태도 형성과 기억에 입각한 태도 형성 간의 비교를 중심으로」. ≪한국광고홍보학보≫, 15(4), 5~37쪽.

Barsalou, L. W. 1999. "Language comprehension: Archival memory or preparation for situated action?" *Discourse Processes*, 28(1), pp.61~80.

Begg, I. 1972. "Recall of meaningful phrases." *Journal of Verbal Learning and Verbal Behavior*, 11, pp.431~439.

Begg, I. and A. Paivio. 1969. "Concreteness and imagery in sentence meaning." *Journal of Verbal Learning and Verbal Behavior*, 8, pp.821~827.

Brewer, W. F. 1988. "Postscript: Imagery and text genre." *Text*, 8, pp.431~438.

Davis, R. A. 2001. "A cognitive-behavioral model of pathological Internet use." *Computers in Human Behavior*, 17(2), pp.187~195.

Dickson, P. R. 1982. "Person-situation: Segmentation's missing link." *Journal of Marketing*, 46(4), pp.56~64.

Feldman, L. B., M. J. Pastizzo and D. Basnight-Brown. 2006. "Semantic influences on morphological facilitation: Concreteness and family size." *The Mental Lexicon*, 1, pp.59~84.

Gourville, J. T. and D. Soman. 2005. "Overchoice and assortment type: When and why variety backfires." *Marketing Science*, 24(3), pp.305~523.

Holcomb, P. J., J. Kounios, J. E. Anderson and W. C. West. 1999. "Dual-coding context-availability, and concreteness effects in sentence comprehension: An electrophysiological investigation." *Journal of Experimental Psychology: Learning, Memory, and Cognition*, 25(3), pp.721~742.

Johnson, M. D. 1984. "Consumer choice strategies for comparing noncomparable alternatives." *Journal of Consumer Research*, 11(3), pp.741~753.

Kanwar, R., J. C. Olson and L. S. Sims. 1981. "Toward conceptualizing and measuring cognitive structures." *Advances in Consumer Research*, 8, pp.122~127.

Keller, K. L. 1998. "Strategic brand management: Building, managing and measuring brand equity." *Upper Saddle River*, NJ: Prentice Hall.

Kintsch, W. and T. A. Van Dick. 1978. "Toward a model of text comprehension and production." *Psychological Review*, 85, pp.363~394.

Kisielius, J. and B. Sternthal. 1984. "Detecting and explaining vividness effects in attitudinal judgments." *Journal of Marketing Research*, 21(1), pp.54~64.

Klee, H. and M. W. Eysenck. 1973. "Comprehension of abstract and concrete sentences." *Journal of Verbal Learning and Verbal Behavior*, 12, pp.522~529.

MacKenzie, S. B., J. L. Richard and G. E. Belch. 1986. "The role of attitude toward the ad as a mediator of advertising effectiveness: A test of competing explanations." *Journal of Marketing Research*, 23(2), pp.130~143.

Malkoc, S. A., G. Zauberman and C. Ulu. 2005. "Consuming now or later? The interative effect of timing and attribute alignability." *Psychological Science*, 16(5), pp.411~417.

Marschark, M. 1985. "Imagery and organization in the recall of prose." *Journal of Memory and Language*, 24, pp.734~745.

Paivio, A. 1965. "Abstractness, imagery, and meaningfulness in paired-associate laearning." *Journal of Verbal Learning and Verbal Behavior*, 4, pp.32~38.

Paivio, A. 1971. *Imagery and verbal processes*. New York: Holt, Rinehart, and Winston, Inc.

Percy, L. 1982. "Psycholinguistic guidelines for advertising copy." *Advances in Consumer Research*, 9, pp.107~111.

Rosch, E. 1978. "Principles of categorization." in E. Rosch and B. Lloyd(eds.). *Cognition and categorization*. Hillsdale, NJ: Erlbaum.

Taylor, S. E. and S. C. Thompson. 1982. "Stalking the elusive "vividness" effect." *Psychological Review*, 89(2), pp.155~181.

Wattenmaker, W. D. and E. J. Shoben. 1987. "Context and the recallability of concrete and abstract sentences." *Journal of Experimental Psychology: Learning,*

Memory, and Cognition, 13(1), pp.140~150.

Wiemer-Hastings, K. K. and X. Xu. 2005. "Content differences for abstract and concrete concepts." *Cognitive Science*, 29(5), pp.719~736.

제7장 브랜드 연상의 구조적 특징 1: 연상의 개수

김재휘·박은아·손영화·우석봉·유승엽·이병관. 2009. 『광고심리학』. 커뮤니케이션북스.

지준형. 2013. 「TV광고 구성장면의 회상도 및 제품관련 메시지 포함 정도가 제품태도에 미치는 영향에 대한 연구: 즉각적 태도 형성과 기억에 입각한 태도 형성 간의 비교를 중심으로」. ≪한국광고홍보학보≫, 15(4), 5~37쪽.

_____. 2017. 「TV광고와 인쇄광고의 효과적인 연동방법에 대한 연구: 인쇄광고에 삽입된 TV광고 장면의 현저성과 메시지 전달력을 중심으로」. ≪사회과학연구≫, 30(1), 223~252쪽.

Alba, J. W. and J. W. Hutchinson. 1987. "Dimensions of consumer expertise." *Journal of Consumer Research*, 13(4), pp.411~454.

Bettman, J. R. 1979. "Memory factors in consumer choice: A review." *Journal of Marketing*, 43(2), pp.37~53.

Bolls, P. D., D. D. Muehling and K. Yoon. 2003. "The effects of television commercial pacing on viewers' attention and memory." *Journal of Marketing Communication*, 9(1), pp.17~28.

Chen, A. C. 2001. "Using free association to examine the relationship between the characteristics of brand associations and brand equity." *Journal of Product & Brand Management*, 10(7), pp.439~451.

Collins, A. M. and E. F. Loftus. 1975. "A spreading-activation theory of semantic processing." *Psychological Bulletin*, 82(6), pp.407~428.

Dolnicar, S. and J. R. Rossiter. 2007. "The low stability of brand-attribute associations is partly due to market research methodology." *International Journal of Research in Marketing*, 25(2), pp.104~108.

Eysenck, H. J. 1979. "Personality factors in a random sample of the population." *Psychological Reports*, 44(3), pp.1023~1027.

Hall, C. and E. Buckolz. 1981. "Recognition memory for movement patterns and their corresponding pictures." *Journal of Mental Imagery*, 5(1), pp.97~104.

Keller, K. L. 1987. "Memory factors in advertising: The effect of advertising retrieval cues on brand evaluations." *Journal of Consumer Research*, 14(3), pp.316~333.

_____. 1993. "Conceptualizing, measuring, and managing customer-based brand equity." *Journal of Marketing*, 57(1), pp.1~22.

Kent, R. J. and C. T. Allen. 1994. "Competitive interference effects in consumer memory for advertising: The role of brand familiarity." *Journal of Marketing*, 58(3), pp.97~105.

Koll, O. and S. von Wallpach. 2009. "One brand perception? Or many? The heterogeneity of intra-brand knowledge." *Journal of Product & Brand Management*, 18(5), pp.338~345.

Krishnan, H. S. 1996. "Characteristics of memory associations: A consumer-based brand equity perspective." *International Journal of Research in Marketing*, 13(4), pp.389~405.

Lei, J., N. Dawar and J. Lemmink. 2008. "Negative spillover in brand portfolios: Exploring the antecedents of asymmetric effects." *Journal of Marketing*, 72(3), pp.111~123.

Loftus, E. F. and G. R. Loftus. 1980. "On the permanence of stored information in the human brain." *American Psychologist*, 35(5), pp.409~420.

Lynch, J. G. Jr. and T. K. Srull. 1982. "Memory and attentional factors in consumer choice: Concepts and research methods." *Journal of Consumer Research*, 9(1), pp.18~37.

Meyers-Levy, J. 1989. "The influence of a brand's name's association set size and word frequency on brand memory." Journal of Consumer Research, 16(2), pp.197~207.

Miniard, P. W., S. Bhatla and R. L. Rose. 1990. "On the formation and relationship of ad and brand attitudes: An experimental and causal analysis." *Journal of Marketing Research*, 27(3), pp.290~303.

Nelson, D. L., D. J. Bennett, N. R. Gee, T. A. Schreiber and V. M. McKinney. 1993. "Implicit memory: Effects of network size and interconnectivity on cued recall." *Journal of Experimental Psychology: Learning, Memory, and Cognition*, 19(4), pp.747~764.

Rossiter, J. R. 1982. "Visual imagery: Applications to advertising." *Advances in Consumer Research*, 9, pp.101~106.

Rossiter, J. R., R. B. Silberstein, P. G. Harris and G. Nield. 2001. "Brain-imaging detection of visual scene encoding in long-term memory for TV commercials." *Journal of Advertising Research*, 41(2), pp.13~21.

Rothschild, M. L. and Y. J. Hyun. 1990. "Predicting memory for components of TV commercials from EEG." *Journal of Consumer Research*, 16(4), pp.472~478.

Rundus, D. 1973. "Negative effects of using list items as recall cues." *Journal of Verbal Learning and Verbal Behavior*, 12, pp.43~50.

Schnittka, O., H. Sattler and S. Zenker. 2012. "Advanced brand concept maps: A new approach for evaluating the favorability of brand association networks." *International Journal of Research in Marketing*, 29(3), pp.265~274.

Tversky, A. 1977. "Features of similarity." *Psychological Review*, 84(4), pp.327~352.

제8장 브랜드 연상의 구조적 특징 2: 중심성

Ahn, W. 1998. "Why are different features central for natural kinds and artifacts? The role of causal status in determining feature centrality." *Cognition*, 69(2), pp.135~178.

Ahn, W., N. S.Kim, M. E. Lassaline and M. J. Dennis. 2000. "Causal status as a determinant of feature centrality." *Cognitive Psychology*, 41(4), pp.361~416.

Broniarczyk, S. M. and J. W. Alba. 1994. "The importance of the brand in brand extension." *Journal of Marketing Research*, 31(2), pp.214~228.

Crocker, J. 1981. "Judgment of covariation by social perceivers." *Psychological Bulletin*, 90(2), pp.272~292.

Ebadi, A., J. L. D. da Rocha, D. B. Nagaraju, F. Tovar-Moll, I. Bramati, G. Coutinho, R. Sitaram, and P. Rashidi. 2017. "Ensemble classification of Alzheimer's disease and mild cognitive impairment based on complex graph measures from diffusion tensor images." *Frontiers in Neuroscience*, 11, pp.1~17.

Fazio, R. H., M. C. Powell and C. J. Williams. 1989. "The role of attitude accessibility in the attitude-to-behavior process." *Journal of Consumer Research*, 16(3), pp.280~288.

Fishbein, M. and I. Ajzen. 1975. *Belief, attitude, intention and behavior: An introduction to theory and research.* Reading, MA: Addison-Wesley.

Huffman, C. and M. J. Houston. 1993. "Goal-oriented experiences and the development of knowledge." *Journal of Consumer Research*, 20(2), pp.190~207.

Jee, J., D. Sohn and W. Lee. 2005. "Schematic processing of brand information: The impact of causally central attributes on the responses to brands." *Advances in Consumer Research*, 32, pp.155~160.

Johnson, B. C. 1989. "On the nature of product attributes and attribute relationships." *Advances in Consumer Research*, 16, pp.598~604.

Keller, K. L. 1993. "Conceptualizing, measuring, and managing customer-based brand equity." *Journal of Marketing*, 57(1), pp.1~22.

Loken, B. and J. Ward. 1990. "Alternative approaches to understanding the determinants of typicality." *Journal of Consumer Research*, 17(2), pp.111~126.

Medin, D. L. and J. D. Coley. 1998. "Concepts and categorization." in J. Hochberg(eds.). *Handbook of perception and cognition*, Vol. 2, pp.403~439.

Nedungadi, P. and J. W. Hutchinson. 1985. "The prototypicality of brands: Relationships with brand awareness, preference and usage." *Advances in Consumer Research*, pp.498~503.

Rehder, B. and R. Hastie. 2001. "Causal knowledge and categories: The effects of causal beliefs on categorization, induction, and similarity." *Journal of Experimental Psychology: General*, 130(3), pp.323~360.

Rosch, E. and C. B. Mervis. 1975. "Family resemblances: Studies in the internal structure of categories." *Cognitive Psychology*, 7(4), pp.573~605.

Wasserman, S. and K. Faust. 1994. *Social network analysis*. Cambridge, UK: Cambridge University Press.

제9장 브랜드 연상의 구조적 특징 3: 조밀도

권준모·한상만. 2000. 「상표연상강도의 측정방법과 그 영향에 관한 연구」. ≪광고학연구≫, 11(4), 187~209쪽.

이재훈. 2007. 「브랜드 이미지 연상의 구조적 특성과 효과 연구: 연상 네트워크 기억 모형을 중심으로」. 박사학위논문. 한국외국어대학교.

지준형. 2010. 「브랜드 연상 네트워크의 도출 방법과 연구 과제에 대한 고찰」. ≪한국광고홍보학보≫, 12(3), 128~151쪽.

_____. 2015. 「제품결함에 대한 기업의 위기관리 방식이 소비자의 브랜드 태도 및 구매 의도에 미치는 영향: 브랜드 연상 네트워크를 중심으로」. ≪한국광고홍보학보≫, 17(1), 273~307쪽.

Anderson, J. R. 1995. *Cognitive psychology and its implications(4th ed.)*. New York: W. H. Freeman.

French, A. and G. Smith. 2013. "Measuring brand association strength: A consumer based brand equity approach." *European Journal of Marketing*, 47(8), pp.1356~1367.

Haugtvedt, C. P., D. W. Schumann, W. L. Schneier, W. L. Warren. 1994. "Advertising repetition and variation strategies: Implications for understanding attitude strength." *Journal of Consumer Research*, 21(1), pp.176~189.

Hsieh, M. H. 2002. "Identifying brand image dimensionality and measuring the degree of brand globalization: A cross-national study." *Journal of International Marketing*, 10(2), pp.46~67.

Keller, K. L. 1993. "Conceptualizing, measuring, and managing customer-based brand equity." *Journal of Marketing*, 57(1), pp.1~22.

Nelson, D. L., D. J. Bennett, N. R. Gee, T. A. Schreiber and V. M. McKinney. 1993. "Implicit memory: Effects of network size and interconnectivity on cued recall." *Journal of Experimental Psychology: Learning, Memory, and Cognition*, 19(4), pp.747~764.

Reder, L. M. and J. R. Anderson. 1980. "A pratial resolution of the paradox of interference: The role of integrating knowledge." *Cognitive Psychology*, 12, pp.447~472.

Reed, S. K. 2000. *Cognition theory and applications: Study guide for Reed's Cognition (5th ed.)*. Belmont, CA: Wadsworth/Thompson Learning.

Wasserman, S. and K. Faust. 1994. *Social network analysis*. Cambridge, UK: Cambridge University Press.

제10장 브랜드 연상을 활용한 효과적 마케팅 커뮤니케이션 전략 수립 방법

김재휘·박은아·손영화·우석봉·유승엽·이병관. 2009. 『광고심리학』. 커뮤니케이션북스.

지준형. 2015. 「제품결함에 대한 기업의 위기관리 방식이 소비자의 브랜드 태도 및 구매 의도에 미치는 영향: 브랜드 연상 네트워크를 중심으로」. ≪한국광고홍보학보≫, 17(1), 273~307쪽.

_____. 2016. 「브랜드 아이덴티티와 브랜드 이미지의 차이를 바탕으로 한 효과적인 광고전략 수립 방법」. ≪광고연구≫, 111, 40~67쪽.

Aaker, D. A. 1996. "Measuring brand equity across products and markets." *California Management Review*, 38(3), pp.102~120.

Aaker, D. A. and E. Joachimsthaler. 2000. *Brand leadership*. New York: Free Press.

Burmann, C., S. Zeplin and N. Riley. 2009. "Key determinants of internal brand management success: An exploratory empirical analysis." *Journal of Brand Management*, 16(4), pp.264~284.

de Chernatony, L. 1999. "Brand management through narrowing the gap between brand identity and brand reputation." *Journal of Marketing Management*, 15(1-3), pp.157~179.

Dobni, D. and G. M. Zinkhan. 1990. "In search of brand image: A foundation analysis." *Advances in Consumer Research*, 17, pp.110~119.

Gardner, B. B. and S. J. Levy. 1955. "The product and the brand." *Harvard Business Review*, 33(March-April), pp.33~39.

John, D. R., B. Loken, K. Kim and A. B. Monga. 2006. "Brand concept maps: A methodology for identifying brand association networks." *Journal of Marketing Research*, 43(4), pp.549~563.

Kapferer, J. 1992. *Strategic brand management: New approaches to meaning and managing brand equity*. London: Kogan Page.

Keller, K. L. 1993. "Conceptualizing, measuring, and managing customer-based brand equity." *Journal of Marketing*, 57(1), pp.1~22.

Madhavaram, S., V. Badrinarayanan and R. E. McDonald. 2005. "Integrated marketing communication (IMC) and brand identity as critical components of brand equity strategy: A conceptual framework and research propositions." *Journal of Advertising*, 34(4), pp.69~80.

Phillips, B. J., E. F. McQuarrie and W. G. Griffin. 2014. "How visual brand identity shapes consumer response." *Psychology & Marketing*, 31(3), pp.225~236.

van der Stigchel, S., A. V. Belpolsky, J. C. Peters, J. G. Wijnen, M. Meeter and J. Theeuwes. 2009. "The limits of top-down control of visual attention." *Acta Psychologica*, 132(3), pp.201~212.

제11장 효과적 마케팅 커뮤니케이션 전략 수립의 예

김기호·박상필·한은실. 2008. 「서울의 물리적 이미지 요소 해석」. ≪한국도시설계학회지≫, 7(1), 23~36쪽.

지준형. 2014. 「서울시의 아이덴티티와 이미지 연구: 강남 거주민과 강북 거주민의 차이를 중심으로」. 서울연구원 연구보고서.

Anholt, S. 2006. "Anholt city brand index: How the world views its cities(2nd ed.)." *Global Market Insight*, Bellevue.

Cornelissen, J. P. and R. Thorpe. 2001. "The organization of external communication disciplines in UK companies: A conceptual and empirical analysis of dimensions and determinants." *Journal of Business Communication*, 38(4), pp.413~438.

Kavaratzis, M. 2005. "Place branding: A review of trends and conceptual models." *The Marketing Review*, 5(4), pp.329~342.

Landry, C. 2006. *The art of city making*. London: Earthscan.

Lynch, K. 1960. *The image of the city*. Cambridge: MIT Press.

Pike, S. 2009. "Destination brand positions of a competitive set of near-home destinations." *Tourism Management*, 30(6), pp.857~866.

Pocock, D. and R. Hudson. 1978. *Images of the urban environment*. London: Macmillan Press.

Rainisto, S. K. 2003. "Success factors of place marketing: A study of place marketing practices in Northern Europe and the United States." Doctoral dissertation, Helsinki University of Technology.

Upadhyaya, M. 2012. "Influence of destination image and destination personality: An empirical analysis." *Journal of Marketing Communication*, 7(3), pp.40~47.

Urry, J. 1990. *The tourist gaze: Leisure and travel in contemporary societies*. London: Sage.

제12장 나가며: 후속 연구를 위한 제언

권준모·한상만. 2000. 「상표연상강도의 측정방법과 그 영향에 관한 연구」. ≪광고학연구≫, 11(4), 187~209쪽.

김재휘·박은아·손영화·우석봉·유승엽·이병관. 2009. 『광고심리학』. 커뮤니케이션북스.

지준형. 2010. 「브랜드 연상 네트워크의 도출 방법과 연구 과제에 대한 고찰」. ≪한국광고홍보학보≫, 12(3), 128~151쪽.

_____. 2015. 「제품결함에 대한 기업의 위기관리 방식이 소비자의 브랜드 태도 및 구매 의도에 미치는 영향: 브랜드 연상 네트워크를 중심으로」. ≪한국광고홍보학보≫, 17(1), 273~307쪽.

French, A. and G. Smith. 2013. "Measuring brand association strength: A consumer based brand equity approach." *European Journal of Marketing*, 47(8), pp.1356~1367.

Huffman, C. and M. J. Houston. 1993. "Goal-oriented experiences and the development of knowledge." *Journal of Consumer Research*, 20(2), pp.190~207.

Koll, O., von S. Wallpach and M. Kreuzer. 2010. "Multi-method research on consumer-based associations: Comparing free associations, storytelling, and collages." *Psychology & Marketing*, 27(6), pp.584~602.

McClelland, J. L., B. L. McNaughton and R. C. O'Reilly. 1995. "Why there are complementary learning systems in the hippocampus and neocortex: Insights from the successes and failures of connectionist models of learning and memory." *Psychological Review*, 102(3), pp.419~457.

van Osselaer, S. M. J. and C. Janiszewski. 2001. "Two ways of learning brand associations." *Journal of Consumer Research*, 28(2), pp.202~223.

지은이
●
지준형

현재 국민대학교 언론정보학부 광고홍보학 전공교수로 재직 중이다. 2017년부터 2019년까지 국민대학교 대외협력처장을 지냈다. 2005년부터 2009년까지 미국 텍사스 주립대학교에서 교수로 재직했고, 1996년부터 1999년까지 제일기획에서 AE로 재직했다. 2017년에 한국광고PR실학회 회장, 2013년부터 2015년까지 부산국제광고제 영스타즈 부문 운영위원장을 역임했다. 그 밖에 광고홍보 관련 다양한 활동과 연구를 진행하고 있다. 연구 주제는 브랜드 전략, 특히 브랜드 연상이다.

한울아카데미 2190

브랜드 연상
소비자는 브랜드를 보며 무엇을 떠올리는가

ⓒ 지준형, 2019

지은이 ㅣ 지준형
펴낸이 ㅣ 김종수
펴낸곳 ㅣ 한울엠플러스(주)
편집책임 ㅣ 최진희
편집 ㅣ 박준혁

초판 1쇄 인쇄 ㅣ 2019년 8월 12일
초판 1쇄 발행 ㅣ 2019년 8월 29일

주소 ㅣ 10881 경기도 파주시 광인사길 153 한울시소빌딩 3층
전화 ㅣ 031-955-0655
팩스 ㅣ 031-955-0656
홈페이지 ㅣ www.hanulmplus.kr
등록 ㅣ 제406-2015-000143호

Printed in Korea.
ISBN 978-89-460-7190-2 93320 (양장)
      978-89-460-6811-7 93320 (학생판)

이 저서는 2016년 정부(교육부)의 재원으로 한국연구재단의 지원을 받아 수행된 연구임
(NRF-2016S1A6A4A01019856)